KB042316

참여형
공공갈등관리의
이해

김정인

Understanding of
Participatory Public Conflict Management

박영사

머리말

사회가 발전하고 시민의식이 더욱 강화되면서 복잡하고 다양한 갈등들을 어떻게 효과적으로 관리할 것인가에 대한 고민이 깊어졌다. 우리나라에서도 주로 개인적 영역으로 간주되었거나 부정적 인식이 너무 강해 가시적으로 표면화되는 것이 꺼려지던 갈등이 이제는 체계적이고 합리적으로 관리되어야 할 현상으로 이해되고 있다. 뿐만 아니라, 복잡하고 예측 불가능한 급격한 환경변화에 의해 더 이상 개인이나 단일 기관에서 독자적으로 문제를 해결하는 것이 불가능해짐에 따라 사회 곳곳에 만연한 경제적, 사회적, 정치적, 기술적 문제들을 해결하는 데 다양한 이해관계자들(정부, 시민사회, 시장 등)이 개입하게 되었다. 이에 따라 갈등 발생의 가능성과 갈등 유형은 더욱 다양해졌으며, 공공갈등의 발생 빈도 역시 매우 높아지게 되었다. 그러나 공공갈등관리 필요성에 대한 우리 사회의 인식은 여전히 부족하며, 체계적인 공공갈등관리에 대한 법·제도 마련은 아직도 제자리걸음을 하는 중이다.

저자는 대학에서 학생들에게 갈등관리에 대한 수업을 진행할 때 종종 '갈등이 싫다', '갈등이 없었으면 좋겠다'라는 이야기를 듣는다. 여전히 많은 사람들에게 갈등은 부정적 인식의 대상이 되고 있는 듯하다. 하지만 안타깝게도 앞으로의 우리 삶은 더욱 많은, 그리고 복잡하고 다양한 갈등의 가능성들을 포함하고 있다. 이제 갈등은 무조건 회피할 대상이 아니라 더욱 적극적으로 분석하고, 정확하게 이해하며, 적절하게 관리해야 할 대상으로 인식될 필요가 있다. 우리 사회도 마찬가지이다. 많은 사람들이 상호작용하는 사회 속에서 갈등의 공공성은 더욱 커지고 있다. 신고리 5·6호기 공사 재개와 중단을 결정하기 위해 2017년 7월 구성된 신고리 5·6호기 공론화위원회에서 첨예하게 대립되었던 우리 사회의 공공갈등을 효과적으로 관리했듯이, 이제는 다양한 사회 구성원이 직·간접적으로 참여하여 공공갈등을 관리하는 '참여형 공공갈등관리'를 보다 활성화할 필요가 있다.

감사하게도 저자는 지난 신고리 5·6호기 공론화위원회의 공론화위원으로 활동하면서, 직접 역사적인 현장에서 시민들이 공공갈등을 어떻게 슬기롭게 풀어나가는지를 목도할 수 있었다. '숙의'와 '경청'이라는 두 단어가 시민참여단이 모인 모든 자리에서 빛을 발하였던 당시를 생각하면 지금도 가슴이 뭉클해짐을 느낀다. 열린 마음으로 경청하고, 소통하며 서로를 이해하려는 노력이 공공갈등관리의 가장 핵심이라고 해도 과언이 아닐 것이다. 이는 모든 갈등해결의 실마리이기도 할 것이다. 본서를 통해 공공갈등관리의 필요성, 특히 참여형 공공갈등관리의 필요성에 대한 이해와 공감이 더욱 깊어질 수 있기를 바란다.

본서의 출판을 위해 도움을 주신 가족, 스승님, 동료들께 깊은 감사의 말씀을 드리고 싶다. 또한 본서의 출판에 아낌없는 지원을 해주신 박영사 문선미 과장님과 이영조 차장님, 그리고 박영사 관계자들께 감사의 말씀을 드린다. 유난히도 뜨거웠던 2018년 여름의 한가운데에서도 많은 분들의 도움 덕분에 이 책이 출판될 수 있었다. 감사하고, 또 감사한 일이다. 부디 이 책이 누군가에게 힘이 되고 도움이 될 수 있기를 간절히 바라 본다.

목 차

* 본서는 학술지에 게재된 저자의 논문들{행정형 ADR 기구 유형 재분류에 관한 연구(한국행정논집, 2015, 27(3): 761－787), 숙의민주주의 활성화를 위한 mini－publics의 유형과 적용에 관한 탐색적 연구(한국공공관리학보, 2018, 32(1): 133－160), 한국 사회에서의 숙의민주주의 제도화 가능성에 관한 연구: 일본 삿포로 시 제설정책 사례를 중심으로(한국정책과학학회보, 2018, 22(1): 1－25), 공론화에 대한 이론적 논의와 적용: 일본의 에너지·환경 공론화 사례를 중심으로(한국거버넌스학회보, 2018, 25(1): 65－93), 정책결정 과정에서의 공론화 적용 가능성에 관한 연구: 공론조사의 국가적 특수성, 대표성과 집합적 합리성을 중심으로(정부학연구, 2018, 24(1): 343－375)}을 재인용 및 재구성하였습니다.

제 1 부

참여형 공공갈등관리 개관

제 1 장

서 론

1. 공공갈등관리의 필요성

한국 사회의 갈등 수준은 매우 높은 편이다. 한국보건사회연구원의 사회갈등지수 조사 결과에 의하면 2009년부터 2011년 사이에 한국은 OECD 34개 회원국 중에서 5위를 차지하였다(정영호·고숙자, 2014; 서울경제, 2017). 한국은 사회갈등 수준은 매우 높은 반면 그에 비해 사회갈등 관리수준은 낮은 실정이다(KBS, 2017). 한국은 표면적인 사회갈등지수가 높음과 동시에 이로 인해 국민들이 인식하는 사회갈등에 대한 부정적인 인식이 높은 것으로 나타났다(윤인진, 2015). 2007년, 2010년, 2014년, 세 차례에 거쳐 시행된 '한국인의 사회갈등 인식조사'에 의하면 국민들의 사회갈등 인식 수준은 다소 높게 나타났다. 특히 2014년에 조사된 '한국인의 사회갈등 인식조사'에 의하면 갈등 수준을 10점 만점으로 고려했을 때 우리 국민들이 인식하고 있는 사회갈등 인식은 평균이 6.87점으로 매우 높게 나타났다. 한국 갈등상황의 심각성을 묻는 질문에 대한 응답은 '심각하지 않다' 3.9%, '보통' 20.9%에 그쳤다. 이에 반해서 사회갈등이 '매우 심각하다'고 응답한 국민들은 약 75.1%에 이르러 한국 국민들의 사회갈등 인식 수준은 매우 높다고 할 수 있다(윤인진, 2015). 특히 주목할 만한 국민들의 사회갈등 인식 특징은 시간이 지날수록 사회갈등에 대한 부정적인 인식이 더욱 심각해지고 있다는 것이다. 2014년 '한국인의 사회갈등 인식조사' 설문조사에 의하면 '5년 전에 비해 사회갈등이 완화되었다'고 답한 응답자의 비율은 약 10.5%에 머무르고 있다. 하지만, '사회갈등이 더욱 심각해졌다'고 답한 응답자의 비율은 45.9%로 나타났다. 이러한 점을 고려해 볼 때 국민들이 인식하는 한국 사회의 갈등은 매우 심각한 수준이며, 우리 사회의 갈등은 원만히 해결되기보다는 더욱 심각해지고 있다는 것을 알 수 있다.

사회갈등과 공공갈등은 분명하게 구분할 수 있는 것이 아니며, 매우 높은 연관성을 지닌다. 사회갈등에 비해 공공갈등이 정부정책과 관련된 갈등행위라는 특징(예: 정용덕, 2010)을 제외하면 사회갈등과 공공갈등을 구별하기는 쉽지가 않다. 사회구성원들의 갈등이 구성원 사이의 문제를 넘어서 공적영역에까지 확대되고, 정부의 관여가 필요하다고 판단된다면 사회갈등은 공공갈등으로 이전될 수 있는 것이다. 복잡하고 불확실한 오늘날의 사회에서 정부의 역할과 기능이 중요하게 고려되는 공공갈등의 사례가 빈번하게 발생하고 있으며, 갈등의 정도 또한 더욱 심각해지고 있다(이주형 외, 2014).

　　최근 들어 한국 사회에서 공공갈등의 수가 증가하고 그 심각성이 더욱 커지고 있는 것은 행정환경의 변화와도 연관이 있다(예: 국회예산정책처, 2016). 오늘날에는 과거와는 달리 다원화, 민주화, 지방화, 정보화 등 행정환경 변화로 정책과정에 다양한 행위자들이 적극적으로 참여하고 있다. 즉 과거 발전국가시대의 기술관료 중심 정책에서 벗어나 이익집단, 시민단체, 언론, 여론, 일반시민, 전문가 등 다양한 행위자들이 정책에 참여하고 있는 것이다. 이처럼 다양한 행위자들의 정책과정 참여는 시민들의 자기결정권, 대응성, 민주성 등을 증진시킬 수 있지만(예: 박천오, 2002), 정책과정에의 시민참여 확대가 오히려 공공갈등의 확산을 초래할 수도 있다. 다시 말해, 과거 정부 기술관료 중심의 행정에서는 정부정책 수립과 이행과정에서 우월한 권력을 지닌 소수의 기술관료들에 의해 무의사결정(non–decision making)이 일어나기도 했다. 즉 배타적이고 제한된 참여자들에 의해서 정책의제가 의도적으로 선택되거나 배제되기도 하였으며, 다수의 가치와 의견이 반영되지 못하는 등 비합리적인 정책결정이 일어날 가능성이 높았다. 그러나 특정 계층에 집권화된 권력 등에 의해 갈등이 표면화 되는 일은 많지 않았다. 그러나 현대 행정환경 변화에 따른 다양한 행위자들의 참여확대는 오히려 공공정책의 전반적 과정에서 갈등을 증폭시키는 계기가 되고 있다. 대표적인 예로 한국 사회에서 민주화가 증진되면서 사회간접자본(Social Overhead Capital)과 관련된 정책갈등이 빈번하게 발생하고 있다(박치성·정창호, 2014). 우리나라 국가 발전 역사를 고려해보면, 개발도상국가 시기에는 사회간접자본에 대한 개발이 소수 엘리트 관료들에 의해 권위적이고 일방적으로 이루어졌다면, 1인당 국내총생산(GDP)이 3만 달러를 넘어선 2018년 6월[1] 현재의 우리나라는 정부에서 사회간접자본을 개발할 때 다양한 가치와 이해관계자들의 요구 반영을 중요하게 고려하고 있다. 또한 개인의 재산권을 중요하게 고려하다 보니 갈등은 더욱 가시화 되고 있다. 즉 사회가 다양화되고 민주화되면서 보다 많은 이해관계자들이 발생하다보니 갈등을 피하기는 어려운 부분이 있다. 그러나 갈등 발생이 반드시 부정적인 영향만을 미치는 것은 아니기 때문에 갈등관리에 더욱 관심을 기울일 필요가 있다. 다시 말해 갈등의 효과를 부정적으로만 볼 수는 없기 때문에 무조건적으로 갈등을 통제해야 한다고만 보는 과거의 시각에는 한계가 있을 수밖에 없다(대통령자문 지속가능발전위원회, 2005). Robbins & Judge(2014)에 따르면, 갈등은 구성원들의 상호이해 과정에서 발생하는 자연스런 현상이며, 어느 정도의 갈등이 존재할 때 조직과 사회의 창의성과 성장을 증대시키는 동력으로 작용할 수 있다는 것이다.

그럼에도 불구하고 사회 내에서 조정할 수 있는 수준을 넘어서는 갈등 즉, 공공갈등은 사회에 부정적인 영향을 미치게 된다. 예를 들어 국가의 사회갈등지수가 증가할수록 1인당 GDP가 감소하며 이로 인해 사회갈등은 경제성장에 부정적인 영향을 미친다는 것이다(정영호·고숙자, 2014). 이와 같은 경제적 차원 측면에서의 부작용뿐만 아니라 갈등이 증가하면 정부신뢰가 감소하는 현상도 나타나게 된다(김호정, 2009). 이와 같이 갈등의 증가가 정부와 사회 전반의 성과 향상에 부

---

[1] International Monetary Fund(2018) 참조. http://www.imf.org/external/index.htm

정적인 영향을 미친다는 연구결과는 다양한 분야에서 제시되고 있는 실정이다(예: 현대경제연구원, 2016). 따라서 현대 사회에서는 공공갈등의 효과적인 관리를 중요하게 논의해야 하며, 정부와 국가 전체의 성장과 신뢰를 증진시키기 위해서는 반드시 고려해야 할 정부의 의무라고도 할 수 있는 것이다.

2. 공공갈등관리 방안 전환 필요성

공공갈등을 효과적으로 관리하기 위해서는 갈등문제의 특성, 사회적 맥락, 행정환경 등을 우선적으로 이해할 필요가 있다. 이러한 특성 및 환경 등을 고려하여 적합한 공공갈등관리 방안을 선택해야 하는 것이다. 유일최선(one best)의 공공갈등관리 방안은 존재하지 않는다. 특히 다원화, 민주화, 정보화 등 행정환경의 급격한 변화에 따라 공공갈등관리 주체의 권력관계, 공공갈등관리 수단의 적합성 등도 다양하게 살펴볼 필요가 있다.

과거 경제발전에 국가의 모든 역량을 집중하였던 시기에는 국정목표가 소수 권력자에 의해 폐쇄적으로 설정되었으며, 목표달성을 위해 많은 이해관계자들의 일방적인 희생이 강요되기도 하였다. 공공갈등에 있어서 갈등 당사자들은 최종 갈등해결 방안으로 사법적 소송수단을 활용함으로써 많은 사회적 비용을 초래하였다. 이와 같은 과거 공공갈등관리 방안은 오늘날 더 이상 적실성이 없을 뿐 아니라, 만약 이와 같은 방안으로 공공갈등을 해결하려고 한다면 과거보다 더 많은 사회적 비용을 초래하게 될 것이다. 또한 조직 혹은 사회구성원 사이의 갈등 폭은 더욱 커질 가능성이 높다. 따라서 본서에서는 행정환경 변화와 공공갈등관리 본연의 목적에 적합한 효과적인 공공갈등관리 방안으로 '참여형 공공갈등관리' 방안을 제시하고자 한다. 다시 말해, 본서에서는 공공갈등 이해관계자뿐만 아니라 일반 시민을 포함

하는 다수의 참여자들이 공공갈등관리 과정에 참여하는 참여형 공공
갈등관리 방안에 대해 논의하고자 한다.

최근 협상, 조정뿐만 아니라 공론조사, 시나리오 워크숍, 시민배
심원제 등의 방법을 포함한 공론화 등 다양한 형태의 참여형 공공갈
등관리 방안이 제시되고 있다(장창석 외, 2016; 지남석·이현국, 2017).[2]
2017년 신고리 5·6호기 공론화 사례에서는 정부, 갈등당사자, 시민
단체 등 제한된 인원만이 갈등해결과정에 참여했던 기존의 갈등해결
방안과는 달리 직접적인 이해관계가 없는 일반 시민들이 적극적으로
참여하여 일정기간 동안의 학습과정을 통해 갈등을 해결하는 방안 즉
공론조사 방안을 활용하였다(신고리 5·6호기 공론화위원회, 2017). 공론화
는 다양한 시각을 지닌 일반시민들이 참여하는 과정을 중요시하기 때
문에 대표적인 참여형 갈등해결 방안이라고 할 수 있다. 따라서 본서
에서는 공공갈등관리에 대한 종합적 논의와 참여형 공공갈등관리 방
안으로 최근 우리 사회에서 큰 주목을 받고 있는 공론화와 갈등관리
의 사회적 비용절감에 중요한 기여를 하고 있는 대안적 분쟁해결 방
안 즉 ADR(Alternative Dispute Resolution, 이하 ADR)에 대해 보다 구체
적으로 살펴볼 것이다.

3. 본서의 구성

본서는 다음과 같이 구성된다. 1부의 1장에서는 지금까지 논의한
바와 같이 공공갈등관리의 필요성 등을 살펴본다. 2장에서는 일반적
인 공공갈등관리에 대한 이론적 논의를 제시할 것이다. 특히 2장에서
는 공공갈등의 의의, 공공갈등의 종류와 원인, 그리고 공공갈등 해결
방안에 대해서 논의하도록 한다. 그리고 3장에서는 참여형 공공갈등

---

2) 다양한 형태의 참여형 공공갈등관리 방안에 대한 보다 구체적인 설명은 본서 제3장에
  서 제시될 것이다.

관리 방안에 대한 필요성, 효과, 그리고 유형을 살펴볼 것이다. 4장은 참여형 공공갈등관리 방안으로서의 ADR에 대해 논의한다. ADR의 이론적 배경 및 한국에서 시행되고 있는 행정형 ADR 기구에 대해 살펴볼 것이다. 그리고 2부의 5장부터 9장까지는 대표적인 참여형 공공갈등관리 방안으로서 공론화에 대하여 설명할 것이다. 구체적으로 5장에서는 공론화의 의의, 6장에서는 공론화의 유형, 7장에서는 정책과정에서의 공론화 적용 가능성, 8장에서는 한국과 외국에서 시행된 대표적인 공론화 사례, 9장에서는 공론화를 제도화시킬 수 있는 효과적인 방안에 대해 논의할 것이다.

　　본서는 공공갈등관리에 관한 기존의 연구와는 달리 ADR과 공론화라는 대표적인 참여형 공공갈등관리 방안에 대하여 상세히 논의할 것이다. 특히 이론적 논의뿐만 아니라 이를 통해 한국에서 효과적으로 활용될 수 있는 참여형 공공갈등관리 방안에 대해 살펴보고자 하는 것이 본서의 목적이다.

제 2 장

공공갈등관리에 대한 이론적 논의

1. 공공갈등의 의미

1) 갈등의 의미와 기능

공공갈등의 의미를 논의하기 이전에 일반적인 갈등의 의미를 살펴볼 필요가 있다. 갈등은 "한 개인이 그가 소중히 여기는 어떤 것에 대해 다른 사람이 부정적인 영향을 미쳤거나 미칠 것이라 인식할 때 시작되는 과정"으로 정의될 수 있다(Robbins & Judge, 2014: 530). 또한 갈등은 "개인·집단·국가 등의 관계에 목표나 이해관계의 차이가 발생함에 따라 나타나는 현상"(김영학, 2015: 44)의 의미로도 정의될 수 있으며, "복수의 이해당사자들이 희소한 가치나 자원에 대한 양립할 수 없는 목표를 추구하며 상호작용하는 역동적인 상황"(주재복·한부영, 2006: 7), 또는 "소자원이나 업무의 불균형배분 또는 처리, 목표, 가치, 인지 등에 있어서의 차이와 같은 원인과 조건으로 인해 개인, 집단, 조직의 심리, 행동 또는 그 양면에 일어나는 대립적 상호작용"(오세덕, 1987: 8) 등과 같이 다양한 의미로 정의될 수 있다.

갈등을 자신의 목표 달성을 위해 상대방을 배제시켜야 하는 것으로만 해석한다면(유민봉, 2015) 갈등은 부정적인 의미로 이해될 수 있을 것이다. 뿐만 아니라, 이러한 갈등은 제거하는 것이 바람직할 것이다. 특히 전통적 관점에서 갈등은 대부분 발생해서도 안 되며 발생 시 이를 적극적으로 해결해야 하는 부정적인 문제로 인식되었다. 그러나 최근 갈등은 다양한 이해관계자들이 지속적으로 상호영향을 주고받으며 발생된다는 점을 고려해 볼 때 갈등을 단순히 부정적으로만 해석할 수는 없을 것이다. 특히 '상호작용적 견해(interactional view of conflict)'에 의하면 갈등은 변화와 혁신에 있어 필수요소가 되며, 오히려 갈등이 없는 정적이고 냉담한 집단은 무기력하고 무감각해지기 쉽다는 것이다(진종순 외, 2016). 따라서 어느 정도의 갈등은 집단의 활력, 변화,

역동성 증진을 위해 필요하다고 보는 것이다(김정인, 2016a). 다시 말해, 갈등이 존재할 때 구성원들의 생동감이 증진되며, 창조적 사고가 가능하고, 갈등 당사자들 간의 경쟁을 촉발시켜 상호간 의사결정의 질을 향상시킬 수 있다는 것이다(김호정, 2009). 이와 같이 "갈등의 역기능을 최소화하고 순기능을 최대화하도록 관리"(진종순 외, 2016: 287)하는 상호작용적 시각이 오늘날 적실성을 얻고 있다.

〈표 2-1〉 관점별 갈등의 역기능과 순기능의 비교

기 준	갈등의 역기능적 관점	갈등의 순기능적 관점
관점	갈등은 역사의 산물	갈등은 역사 변동의 원동력
기능	평형상태의 상실과 부조화 등 갈등의 역기능 강조	사회발전·통합을 위한 구조적 필연성 등 갈등의 순기능 강조
방법	갈등은 제도적, 권위적, 강압적 방법으로 관리, 통제, 해소 가능	갈등은 합리적이고 공정한 과정을 통해 해결, 변화 가능
초점	법과 질서	절차와 상호작용
건강한 사회	갈등이 없거나 가시적 갈등이 나타나지 않는 사회	갈등이 평화적·건설적 동력으로 전화되는 제도와 문화가 있는 사회

출처: 대통령자문 지속가능발전위원회(2005) 참조

이러한 갈등의 순기능에도 불구하고 지나친 갈등은 사회적으로 더욱 큰 부정적 영향을 미칠 수 있다. 따라서 갈등을 효과적으로 관리할 필요가 있는 것이다. 갈등이 유발하는 사회적 비용을 고려해 볼 때 효과적인 갈등관리는 더욱 절실하게 요구된다. 한국보건사회연구원(2014), 삼성경제연구소(2009), 현대경제연구원(2016) 등의 조사에 따르면 한국의 사회갈등지수와 사회갈등비용이 매우 높게 나타난다. 물론 각 기관마다 사회갈등지수 및 사회갈등비용을 산출한 기준 시기 및 측정 기준이 서로 달라 수치의 절대적인 비교는 불가능하지만, 각 기관에서 조사한 결과의 공통적인 특징은 한국은 OECD 국가들 중에서 사회갈등이 매우 높은 수준이며, 이로 인해 상당한 사회갈등비용을 치러야 한다는 것이다. 예를 들어 삼성경제연구소(2009)에 의하면 한국의 사회갈등지수는 OECD 국가 중 4위이며, 한국보건사회연구원

(2014)은 OECD 국가 중 5위, 현대경제연구원(2016)은 OECD 국가 중 7위로 한국의 사회갈등지수를 제시하고 있다.

〈표 2-2〉 조사기관별 사회갈등지수 측정 기준 및 결과

	삼성경제연구소 (2009)	한국보건사회연구원 (2014)	현대경제연구원 (2016)
사회갈등지수	(사회갈등 유발요인) / (사회갈등 관리역량)		
사회갈등 유발요인 지표	지니계수	정치, 경제, 민족문화, 인구스트레스의 4가지 갈등지수	지니계수 정치적 안정도
사회갈등 관리역량 지표	민주주의지수 정부정책수행능력지수	정부효과성 규제의 질 부패 통제정도 정부소비지출비중	정부효과성 법치주의
측정결과	0.71 (2009년)	0.857 (2011년)	0.62 (2009~2013년 평균)
국제비교	OECD 27개국 중 4위	OECD 24개국 중 5위	OECD 29개국 중 7위

출처: 국회예산정책처(2016) 참조

2) 공공갈등의 의미와 범위

공공갈등은 기본적으로 공적영역에서 발생하는 갈등으로 이해될 수 있을 것이다. 2007년에 제정된 「공공기관의 갈등 예방과 해결에 관한 규정」에 의하면 (공공)갈등을 "공공정책(법령의 제정·개정, 각종 사업계획의 수립·추진을 포함)을 수립하거나 추진하는 과정에서 발생하는 이해관계의 충돌"이라고 정의하고 있다(국가법령센터, 2018). 이에 따르면 공공갈등은 공공기관이 각종 사업을 수립하거나 추진하는 과정에서 발생하는 갈등이라고 해석할 수 있다. 보다 구체적으로 공공갈등은 "중앙정부, 지방자치단체, 정부투자기관 등의 공공기관이 주요 이해관계자이자 갈등의 당사자가 되는 갈등으로서 국민의 권리와 의무에 영향을 미치는 정책, 법령, 사업의 추진과정에서 공공기관과 국민 또는 공공기관 상호 간의 이해관계 충돌로 인해 발생하는 갈등과 분쟁"이라고 정의할 수 있다.

공공갈등은 공적영역에서 발생하는 갈등이기에 공적영역을 어떻게 정의할 것인가에 대한 논의는 매우 중요하다. 공적영역의 범위를 좁게 설정하면 공공갈등의 범위는 제한적으로 해석될 수 있지만, 이를 광범위하게 설정한다면 공공갈등의 범위 역시 확대되어 해석될 수 있다. 공적영역의 범위는 여전히 논쟁의 대상이 되고 있지만, 분명한 것은 오늘날 과거보다는 공적영역의 범위가 확대되고 있다는 점이다. 최근 공적영역의 확대는 공공성의 의미변화와도 관련이 있다. 과거에는 공공성의 의미가 공조직에만 국한되는 것으로 간주되었기에 공적영역의 범위는 정부나 공공기관 등으로 제한되어 해석될 수밖에 없었다. 하지만 현대 행정에서는 다양한 행위자들이 공적영역에 참여함으로써 공공성의 범위가 점차 확대되고 있다(이명석, 2010).

이처럼 공적영역의 확대로 다양한 이해관계자들이 참여하게 되면서 공공갈등의 범위 역시 과거에 비해 상대적으로 확대되고 있으며, 이와 같은 맥락으로 공공갈등의 의미 역시 변화하고 있다. 보다 구체적으로, 협의의 의미로 공공갈등은 '공공기관' 주체가 '공공정책'을 수립 또는 집행하는 과정에서 발생하는 갈등이라고 정의할 수 있다. 하지만 광의의 의미로 공공갈등은 '공적영역의 다양한 주체'와 관련된 갈등으로 정의할 수 있을 것이다. 예를 들어 지극히 개인적인 갈등으로 이해되던 개인간의 사적행위에 따른 갈등도 오늘날에는 사회 공동체의 다른 구성원들에게 영향을 미칠 수 있다면 이를 공공갈등의 범위에 포함시킬 수 있다는 것이다(정용덕, 2010).

이와 같은 의미에서 공공갈등은 다음과 같은 특징을 지닌다(대통령자문 지속가능발전위원회, 2005: 40-41). 첫째, 공공갈등 당사자와 관련해서 갈등 이해당사자들을 명확하게 규정하기가 어렵다. 일반적으로 갈등 당사자들은 어떤 문제와 관련된 직접적인 이해관계가 존재하기 마련이다(예: 노사갈등). 그러나 공공갈등은 직접적인 갈등 이해관계자뿐만 아니라 공공정책과 관련된 간접적인 이해관계자까지 포함하며,

더 나아가 정책에 간접적인 영향을 받는 일반 시민들까지 포함할 수 있다는 것이다. 예를 들어 신고리 5·6호기 원전 건설 재개 여부와 관련한 갈등문제는 단순히 신고리 5·6호기 건설 당사자나 해당 지역 주민만이 관련된 문제가 아니었다. 이는 모든 국민의 에너지 사용과 관련된 사항이었기 때문에 일반 국민들 역시 갈등의 당사자에 포함될 수 있었다. 이와 같이 공공갈등 대상자의 범위는 매우 넓고 다양하다고 할 수 있다.

둘째, 공공갈등의 원인은 단편적인 것이 아니라 상당히 복합적이라는 것이다(대통령자문 지속가능발전위원회, 2005: 41). 갈등은 하나의 원인에 의해서만 발생하는 것이 아니라 다양한 측면에서 발생한다는 것이다. 공공갈등은 이익갈등의 성격을 지니면서 동시에 가치(이념)갈등의 성격을 지닌다고 할 수 있다. 예를 들어 대부분의 국책사업관련 갈등들은 이해관계자들의 비용과 편익에 영향을 줄 수 있는 갈등이지만, 동시에 관련 이해관계자들의 가치나 이념과도 밀접한 관련이 있다. 특히 우리나라의 한탄강댐 건설 갈등 사례에 있어서는 개발 가치(이념)를 우선시하는 이해관계자들과 환경 가치(이념)를 우선시하는 이해관계자들 사이의 충돌로도 볼 수 있다.[1]

2. 한국의 공공갈등 현황과 주요 공공갈등 사례

1) 한국의 공공갈등 현황

공공갈등의 범위를 어떻게 설정하느냐에 따라 공공갈등 현황은 달라질 수 있다. 예를 들어 공공갈등을 ① 갈등 전 과정에서 연인원 500명 이상 참여자가 집단적으로 행동하는 경우, ② 최소 100명 이상의 참여자가 집단적으로 행동을 조직하는 횟수가 적어도 1회 이상인 경우, ③ 대립되는 둘 이상의 갈등주체들이 7일 이상 분쟁을 지속하는

1) 공공갈등 가치(이념)는 갈등 프레임과도 관련이 있다.

현상이라고 정의할 때, 1990년부터 2013년까지 한국의 공공갈등은 총 844건으로 나타났으며, 연평균 35.2건의 공공갈등이 나타난 것으로 조사되었다(이주형 외, 2014). 보다 구체적인 1990년대 이후 한국의 연도별 공공갈등 건수는 〈그림 2-1〉을 통해 알 수 있다. 또한 〈표 2-3〉에서는 김영삼 정부 이후의 공공갈등 현황을 제시하고 있다.

〈그림 2-1〉 한국의 연도별 공공갈등 발생건수

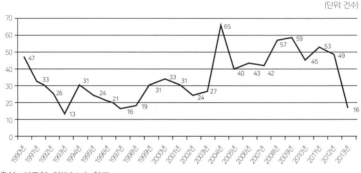

(단위: 건수)

출처: 이주형 외(2014) 참조

물론 〈표 2-3〉에서는 〈그림 2-1〉에서 활용한 공공갈등 정의와 다른 정의 방법을 활용하였기에 우리나라의 공공갈등 현황이 다소다르게 제시되고 있다. 하지만 각기 다른 학자들의 연구(예: 이주형 외, 2014; 김광구, 2014)에서 비슷한 공공갈등 경향이 제시됨을 알 수 있다. 갈등 주체에 따른 역대 정부별 공공갈등 발생 현황을 조사한 김광구 (2014)의 연구에 따르면, 김영삼 정부 이후의 민간-민간 간 갈등, 정부-민간 간 갈등, 정부-정부 간 갈등에 있어서 갈등의 지속적인 증가가 나타나고 있음을 알 수 있다.

〈표 2-3〉 갈등 주체에 따른 역대 정부별 공공갈등 발생 현황

(단위: 건수)

	민-민 갈등	관-민 갈등	관-관 갈등	계
김영삼 정부	36	64	5	105
김대중 정부	30	107	6	143
노무현 정부	67	131	15	213
이명박 정부	48	182	29	259
계	181	484	55	720

출처: 김광구(2014) 참조

특히 정부-민간, 그리고 정부-정부 간 갈등이 큰 폭으로 증가하고 있음을 확인할 수 있다. 이러한 공공갈등의 발생 증가는 민주화, 다원화, 정보화 등과 같은 행정환경 변화로 인해 과거 내재되어 있던 여러 유형의 갈등들이 표출되면서 발생되는 현상으로 이해될 수 있을 것이다(국회예산정책처, 2016).

2) 한국의 공공갈등 주요 사례

본 장에서는 대표적인 공공갈등 사례로 한탄강댐 건설 사례를 제시하고자 한다. 한탄강댐 건설 사례는 2004년 정부가 우리나라 최초로 사회적 합의협성 기구인 '갈등조정위원회'를 설치하여 대립하는 이해관계자뿐만 아니라 다양한 이해관계자들의 의견을 반영하고자 노력하였으며, 이를 통해 사회적 합의를 달성하고자 시도한 사례인 것이다. 그러나 당시 갈등조정위원회는 제 역할을 다하지 못하였으며, 오히려 한탄강댐 건설관련 이해관계자들의 대립은 더욱 증폭되었고 결국 행정소송으로까지 확대되었다(배귀희·임승후, 2010: 119).

한탄강댐 건설사례[2]는 1996년, 1998년, 1999년 세 차례에 걸쳐 파주, 연천 등 경기북부지역과 철원지역의 집중호우로 인해 산사태·하천범람과 같은 대규모 홍수피해가 발생하자 1999년 건설교통부가

---

[2] 한탄강댐 사례 개요는 위키백과(2017a)와 배귀희·임승후(2010)의 내용을 기반으로 재구성하였다.

이러한 자연재해를 예방하기 위하여 임진강 하류지역 수해방지 종합대책으로 추진한 사업이었다. 임진강유역의 홍수방지대책 수립을 위해 건설교통부는 1999년 12월에 한탄강댐 기본설계안을 마련하고, 2000년 12월에 한탄강댐 기본설계보고서를 완성하였으며, 2001년 6월에 수자원장기종합계획을 수립하였다. 이후 2001년 8월부터는 주민의견을 수렴하는 절차를 진행하였으며, 2002년 3월에는 정부가 다목적 댐을 홍수조절용 댐으로 변경하여 임진강수계를 관리하는 수해방지종합대책을 확정하였다. 그러나 이러한 과정에서 임진강 상류지역 (예: 철원군, 포천시, 연천군 등)의 주민들이 한탄강댐 건설에 대해 서로 다른 입장을 나타내면서 건설교통부와 수자원공사가 개최하고자 했던 주민 대상 환경영향평가서 초안 공람, 주민설명회, 전문가 토론회와 설명회 등이 무산되었다. 특히 한탄강댐 건설을 반대하는 지역주민들은 건설교통부와 수자원공사의 주민 설득 노력에 강력하게 반발하였다. 특히 2003년 12월에 노무현 대통령이 강원도를 방문하면서 한탄강댐 건설 재검토를 제안하였고, 이에 따라 2004년에 댐 건설에 대한 사회적 합의 형성을 위한 한탄강댐 갈등조정위원회인 지속가능발전위원회를 설립하였다.

　　2004년 6월부터 8월까지 정부참여자(건설교통부, 수자원공사), 시민단체(환경단체), 주민(찬반주민대표) 등이 모여 한탄강댐 갈등조정소위원회를 구성하였고, 16차례의 조정회의와 5차례의 기술검토소회의를 개최하였다. 이처럼 찬반갈등 당사자들이 댐 건설 관련 합의도출을 위해 수많은 노력을 기울였지만, 결국 찬반의 극렬한 대립으로 인해 사회적 합의를 달성하지 못하였다. 2004년 11월에는 갈등조정소위원회가 중재안을 제시하였지만 한탄강댐 건설 반대 측에서 해당 중재안을 거부하면서 결국 건설 합의가 무산되었다. 이후 2005년 5월에 감사원의 감사결과를 바탕으로, 한탄강댐 건설관련 업무를 지속가능발전위원회에서 국무조정실로 이관하였고, 이후 국무총리를 위원장으로 한 '임진강유역

홍수대책특별위원회'가 설치되었다. 그러나 이 위원회는 한탄강댐 건설 찬반지역 주민들을 모두 배제하고 제3자인 전문가들로만 구성되었다.

임진강유역홍수대책특별위원회는 2005년 5월부터 2006년 8월까지 전문가들을 중심으로 수차례 실무협의를 시행하여 한탄강댐 홍수조절효과와 그 대안에 대한 경제성, 환경성, 사회적 수용성 등을 검증하였고, 2006년 8월에는 홍수조절용 댐에 대한 최종안을 제시하였다. 그리고 2006년 12월에는 한탄강댐기본계획고시를 발표하고, 관련 지역의 토지보상 공고를 제시하였다. 시민단체인 환경운동연합은 감사원에 국민감사청구를 요구하였지만 기각되었고, 이후 2007년 3월에 철원군, 연천군 포천시 수몰예정지 주민들이 한탄강댐 사업계획고시 취소소송을 제기하였다. 그러나 2009년 5월 대법원에서는 주민들의 취소소송을 최종 기각하였고, 이로 인해 한탄강댐 건설은 계획대로 시행될 수 있었다. 결국 한탄강댐 건설이 원래 정부 정책 추진 방향대로 시행되기는 하였지만, 정책의사결정 과정에서 시민들의 공감대를 형성하지 못하였으며 사회적 합의도 이끌어내지 못함으로써 많은 시민들의 불만과 정부 불신을 자아내게 된 것이다.

모든 정부 정책의사결정에는 찬성과 반대 등 각기 다른 입장에 있는 정책대상자들을 고려해야 한다. 특히, 한탄강댐 건설사례에서 나타나듯이 정책 또는 이슈와 관련하여 찬성과 반대 의견이 극명하게 대립되는 집단이 존재할 때 모든 이해관계자들이 만족할 수 있는 정책결정을 내리기는 쉽지 않다. 정부가 아무리 객관적이고 중립적으로 정책의사결정을 하고, 이러한 과정에서 이해관계자들의 의견을 충분히 반영한다고 하더라도 관련 이해관계자들의 견해와 다른 정책결정이 내려진다면 정부 정책의사결정에 대한 사회적 수용성은 낮아질 수밖에 없다. 이러한 점들을 고려해 볼 때 한탄강댐 건설과 관련한 정책의사결정 과정은 많은 한계를 지녔다. 예를 들어 한탄강댐 건설 시 건설교통부의 의도대로 환경영향평가서 초안 공람, 주민설명회, 전문가

토론회와 설명회 등 주민 의견수렴 절차가 원활하게 진행되지 못한 이유는 한탄강댐 건설과 관련해 주민들에게 충분하고 정확한 정보가 제공되지 않았으며, 기본적인 대화와 토론이 이루어지지 않은 상태에서 정부의 일방적인 정책 추진 설득 노력만 이루어졌기 때문이다. 갈등조정위원회에서는 정부관계자, 시민단체, 찬반 지역주민 모두를 포함시켜 수십 차례의 회의를 진행시켰지만, 합의된 정책의사결정을 이루어내지 못한 채 오히려 갈등을 더욱 증폭시키고 말았다.

만약 한탄강댐 건설 사례에서 해당 정책에 대한 공식적인 정책의사결정 이전에 다수의 주민들이 참여하여 관련 사항을 공유하고 이해하는 '참여형 공공갈등관리' 방안을 도입하였더라면, 정책 추진의 결과는 사뭇 달라졌을 것이다. 무엇보다 한탄강댐 건설에 대한 상반된 의견을 가진 철원군, 연천군, 포천시 주민들을 대상으로 지역별, 연령별, 직업별 특성을 고려하여 무작위 표본추출 하여 정책의사결정 과정에 참여하도록 하고 이들을 대상으로 정책에 대한 숙의과정을 거치도록 했다면, 한탄강댐 건설에 대한 주민들의 찬반 의견 수렴 방안을 모색할 수 있었을지도 모른다. 다시 말해, 다수의 주민이 자신들의 삶의 터전과 관련된 정책의사결정에 직접 참여하고, 정부에 세부적인 정책제언을 하는 데 적합한 참여형 공공갈등관리 방안(예: 시민의회)이 도입되었다면 한탄강댐 건설과 관련된 더욱 적절한 정책 추진 방안이 모색되었을 수도 있었을 것이다.3) 이는 주민들에게 자유롭고 충분한

---

3) 만약 한탄강댐 건설과 관련된 정책의사결정시 비당파적이고 직접적인 이해관계가 없는 참여자들을 선발해 참여형 공공갈등관리 방안의 일환인 시민의회를 구성하고 시민의회 참여자들에게 찬성과 반대 의견을 가진 전문가들의 의견을 골고루 균형 있고, 충분하게 청취하고 학습·토론할 수 있도록 하였다면, 즉 숙의 과정을 거칠 수 있도록 하였다면 해당 사안에 대한 보다 합리적이고 효과적인 의사결정에 도달할 수 있었을 것이다. 뿐만 아니라, 주민들은 정책 전반에 대한 컨설팅까지 제공받을 수 있기 때문에 한탄강댐 건설에 대한 보다 구체적인 정책의사결정을 이룰 수 있었을 것이다. 물론 이때 시민의회 참여자들은 다양한 의견을 가진 주민들이 골고루 참여할 수 있어야 한다(Elstub, 2014: 173). 그렇지 않고, 특정 의견을 가진 참여자들이 대거 참여하여 자신들의 편향된 의견과 견해만을 고집한다면 참여자들의 정책에 대한 숙의효과는 나타나지 않을 것이기 때문이다.

의견 개진 기회가 주어질 때 더욱 효과적인 정책의사결정이 이루어질 수 있다는 것을 의미한다(Black, 2012: 62-63).

하지만 실제 한탄강댐 사례에서는 갈등조정위원회에 찬반주민들을 포함하여 모든 이해관계자를 포함시키고자 한 것은 오히려 갈등을 증폭시킬 수밖에 없었다. 그 이유는 갈등조정위원회가 이해관계자들에 대한 대표성과 구속력을 가지지 못했기 때문이다(배귀희·임승후, 2010). 한탄강댐 건설은 지역주민들의 경제성과 환경성 인식에 중대한 영향을 미치기 때문에 정부의 정책의사결정이 이루어지기 전에 지역주민들로부터 정책에 대한 다양한 시각과 견해를 듣고, 말할 수 있는 기회가 주어지는 것이 바람직했을 것이다. 또한, 시민의회를 통해 마련된 정책제언들은 정부의 최종 정책의사결정 과정에서 중요하게 고려될 수 있었을 것이다. 비록 한탄강댐 사례는 사회적 합의를 달성하기 위한 갈등조정위원회를 설립한 우리나라 최초의 사례였지만, 찬반 지역주민들의 의견이 골고루 충분하게 고려되지 못했기에 오히려 부정적인 결과만을 초래한 사례가 되었다.

〈표 2-4〉 한탄강댐 건설 정책추진 과정에서 나타난 공공갈등

시기	날짜	주요 내용
갈등 표출/ 표면화	1995.6-1997.1	임진강유역조사 용역(건교부)
	1998.12-1999.1	수도권지역 수자원개발계획 수립조사 용역/ 대통령비서실 산하 수해방지대책기획단 설치(99. 8)
	1999.12	임진강유역 홍수피해방지를 위한 수해방지종합대책 확정
	1999.12-2000.12	한탄강댐 기본설계용역 수행 및 한탄강댐 기본설계보고서 완료 (건교부)
	2001.6	수자원장기종합계획 수립
	2001.7	한탄강댐 환경영향평가서 초안 작성 후 관계기관 제출
	2001.8-10	한탄강댐 환경영향평가(초안) 공람 및 주민의견 수렴
	2001.11.20	한탄강댐기본계획 및 입지예정지(안) 제출(수공→건교부)

	2001.12.15-2003.7.28	댐환경영향평가 재검증, 추가보완 및 협의완료
	2002.3.25	임진강수계 수해방지종합대책 확정 (다목적 댐을 홍수조절용 댐으로 변경)
	2002.10.9-2002.11	입찰 및 사업자 선정
	2003.12.19	노무현 대통령 강원도 방문시 댐건설 재검토 제안
갈등 심화	2004.1-5	사회적 합의 형성과정의 추진 (한탄강댐 갈등조정소위원회 구성)
	2004.4.19	한탄강댐 건설공사 실시설계 중지 통보
	2004.6-8	한탄강댐 문제조정 관련 당사자회의 개최 (한탄강댐 조정회의 16회, 기술검토소회의 5회 개최)
	2004.11	한탄강댐 타당성검토보고서 발표
	2004.11.2	지속가능발전위원회 한탄강갈등조정소위원회의 중재결정 확정 발표 및 후속 조치 추진
	2004.11.30	지속위공동협의회 구성을 위한 운영소위원회 구성
	2005.1.5-2005.5.19	국회 예결산 특별위원회의 요구에 따른 감사원 감사
갈등 격화	2005.5.23	국무조정실로의 관련업무 이관(지속위→국무조정실)
	2005.5.23-2006.8.22	임진강유역홍수대책특별위원회(위원장: 국무총리) 구성 및 실 무협의
	2006.8.22-2006.10.30	건설교통부의 최종결정안 발표
	2006.11-2007.3.13	환경운동연합의 주도로 감사원에 홍수대책특별위, 건설교통부, 수자원공사 상대로 국민감사청구 및 기각
	2006.12.20	한탄강댐기본계획고시 및 토지보상공고
	2006.12.27	국회 2007년도 예산통과
갈등 조정기	2007.3.8	철원 연천 포천 수몰예정지 주민들이 한탄강댐 사업계획고시취 소소송 제기
	2008.1.26	서울행정법원의 한탄강댐 절반축소 조정권고 및 불수용
	2008.6.27	1심 선고공판 원고 패소
	2008.7.7	반대주민단체에 의한 항소(서울고등법원)
	2008.12.19	항소심 원고 패소판결
	2009.1.9	반대주민단체에 의한 상고(대법원)
	2009.4.2	서울지방국토관리청의 한탄강홍수조절댐 1차 실시계획 변경의 승인 및 철원군 통보
	2009.5.14	상고 기각

출처: 배귀희·임승후(2010) 참조

3. 공공갈등의 유형

공공갈등 유형의 구분 기준이 명확하게 존재하지는 않지만 공공갈등의 당사자, 공공갈등의 원인, 공공갈등의 내용, 갈등의 성격 및 표출 여부에 따라 공공갈등의 유형이 다르게 나타날 수 있다(예: 이달곤 외, 2012; 김종호 외, 2004; 이용훈, 2013). 또한 공공갈등은 다양한 원인에 의해 발생되기 때문에 공공갈등의 유형을 하나의 기준만을 적용하여 설명하기 보다는 복합적인 측면으로 논의하는 것이 적절할 것이다.

첫째, 공공갈등의 유형은 관련 당사자가 누구인지의 기준에 따라 정부와 주민 간 갈등과 정부와 정부[4] 간 갈등으로 분류될 수 있다(이달곤 외, 2012). 정부와 주민 간 갈등은 우리나라의 「공공기관의 갈등예방과 해결에 관한 규정」에서 정의하고 있는 갈등 내용과 유사한 맥락으로 이해할 수 있을 것이다. 즉 정부가 정책이나 사업을 수립하고 추진하는 과정에서 관계 주민들과의 마찰로 인해 발생하는 갈등이 정부와 주민 간 갈등이 되는 것이다. 이러한 유형에 해당하는 대표적인 공공갈등사례로는 사드배치 정책, 한탄강댐 건설정책, 방폐장 입지선정정책 등이 있다. 이에 반해서 정부 간 갈등(예: 정부부처 간, 중앙정부와 지방정부 간, 중앙정부와 공공기관 간, 지방정부와 지방정부 간 갈등 등)은 정책 수립 시 자원과 권력의 획득이나 배분과정에서 발생한다(이달곤 외, 2012: 432). 그러나 정부 간 갈등 특히, 부처 간 갈등에 있어서는 갈등의 원인이 거의 대부분 부처관련 이해 관계자 다시 말해 고객집단의 이해관계와 밀접하게 연관되어 있는 경우가 많다. 따라서 정부 간 갈등에 있어서도 고객집단 다시 말해 주민들의 영향력을 고려하지 않을 수 없는 것이다(이달곤 외, 2012). 예를 들어, 배출권거래제도 시행에

---

4) 여기서 정부는 중앙부처, 지방정부, 공공기관, 지방공기업 모두를 포함하는 광범위한 의미의 정부라고 할 수 있다.

있어서 해당 사례는 환경보호를 적극적으로 지지하는 환경단체의 의견을 대변하는 환경부와 기업들의 이익을 적극적으로 대변하는 지식경제부 등 부처 간에 발생되는 갈등사례로 분석할 수 있다. 이와 같이 표면상으로는 부처 간 갈등 사례로 구분될 수 있으나, 실제로는 각 부처와 관련된 이해관계자들의 갈등이 대리(代理)되는 현상이 발생할 수도 있다는 것이다.

둘째, 공공갈등의 유형은 발생 원인이 무엇인지의 기준에 따라 다양하게 분류될 수 있다. 갈등의 원인에 따른 공공갈등 유형은 이해갈등, 가치갈등, 사실갈등, 구조적 갈등으로 분류되기도 하며(김종호 외, 2004), 이익갈등, 이념갈등, 개인이나 집단의 정체성(예: 성, 연령, 인종 등) 갈등 등으로 분류되기도 한다(정용덕, 2010). 이러한 공공갈등 유형 중 이해갈등은 "한정된 자원이나 권력을 놓고 서로 경쟁하거나 이익의 분배방법과 절차를 놓고 서로 다른 입장을 지니는 경우에 발생"하는 것이며, 가치갈등은 "가치관이나 신념체계, 종교와 문화 등에 대한 시각차이가 원인이 되어 발생"하는 갈등으로 정의할 수 있다(이달곤 외, 2012: 432). 전자의 유형에 속하는 대표적인 공공갈등 사례로는 동남권 신공항 건설 갈등, 쓰레기매립장 건설 갈등 사례 등이 있으며, 후자의 유형에 속하는 대표적인 공공갈등 사례로는 의약분업 갈등, 새만금간척사업 갈등, 사패산터널 반대운동 등이 있다.

셋째, 갈등 내용의 기준에 따라서도 공공갈등의 유형은 입지갈등, 권한갈등, 환경갈등, 문화갈등 등으로 분류될 수 있다(이달곤 외, 2012). 특히 2010년 국무총리실에서는 공공갈등을 정책갈등, 이익갈등, 입지갈등, 노사갈등, 개발갈등 등으로 분류하고 있다. 예를 들어, 입지갈등은 "정부가 시행하는 사업의 입지선정 과정에서 중앙정부와 지방정부, 정부와 주민 그리고 주민 간에 발생하는 갈등"으로 정의된다(이달곤 외, 2010: 433). 이는 정부 사업을 유치하는 과정에서 발생하는 유치갈등(예: PIMBY 현상)과 정부 사업을 기피하는 과정에서 발생하는 기피갈등(예: NIMBY 현상)으로 분류될 수 있을 것이다. 전자의 예로는 동남권 신공항 건설과 혁신도시 유치 등과 관련된 갈등이 제시될 수 있으며, 후자의 예로는 쓰레기매립장 건설 혹은 방폐장 입지선정 등과 관련된 갈등이 제시될 수 있다.

마지막으로, 갈등의 발생원인과 갈등 내용 기준을 복합적인 관점에서 살펴볼 때 앞서 논의한 대부분의 갈등 유형은 크게 이해(이익)갈등과 가치(이념)갈등으로 분류할 수 있다(지속가능발전위원회, 2004). 이해(이익)갈등은 갈등관련 이해관계자들의 이익, 절차, 사실관계, 구조적 원인, 상호관계 등에 대한 인식과 사고의 차이에 따라 발생하는 갈등인데 반해, 가치(이념) 갈등은 갈등관련자들의 이념, 가치관, 프레임의 차이에 따라 발생하는 갈등이다. 이처럼 공공갈등의 유형을 분류할 때 복합적인 관점에서의 기준 적용도 고려해 볼 수 있을 것이다.

4. 공공갈등의 원인

사회갈등을 유발하는 여러 요인들은 공공갈등의 직접적인 원인이 되기도 한다. 따라서 공공갈등의 원인을 살펴보기 이전에 사회갈등의 구성요소를 먼저 논의해 볼 필요가 있을 것이다. 우선 사회갈등 발생에 따른 사회갈등지수 구성요소에 따르면 사회갈등 요인은 갈등요인과 갈등관리 영역으로 구분해서 살펴볼 수 있다(정영호·고숙자, 2014: 29).

이 중 행정·제도 차원의 갈등관리 요인은 공공갈등과 밀접하게 관련되어 있다. 정부 효과성, 규제의 질적 수준, 부패규제, 정부소비지출 비중은 공공갈등의 주요 원인이 될 수 있다는 것이다. 예를 들어 정부가 규제정책을 시행할 때 규제 대상자들은 상당한 비용을 지불해야 한다. 따라서 그들은 규제정책에 저항하며(Wilson, 1980), 이 과정에서 공공갈등이 발생할 수 있다. 정치, 경제, 사회·문화와 같은 갈

〈표 2-5〉 사회갈등지수 구성요소

구성요인	세부영역	설명	
갈등요인	정치	• 공공서비스의 정치적 비독립성 • 정부의사결정에서의 비효과적인 실행 평가 • 정보접근제한 • 언론의 정치적 편향성 • 언론자유제한	
	경제	• 소득불평등 GINI • 소득분포 p90/p50(9분위 상한값과 중위소득 비율) • 소득분포 p90/p10(9분위 상한값과 1분위 상한값의 비율)	
	사회·문화	인구이질성	• 민족다양성 • 문화다양성
		인구 구조적 스트레스	• 인구밀집도 • 도시인구증가율
갈등관리	행정·제도	• 정부 효과성 • 규제의 질적 수준 • 부패규제 • 정부소비지출 비중	

출처: 정영호·고숙자(2014) 참조

등요인의 경우, 공공갈등을 유발시키는 직접적인 요인으로 보기는 어렵지만 각 영역에서 정부의 역할이 강조된다면 공공갈등을 유발시키는 원인이 될 수도 있다.

앞서 논의한 바와 같이 공공갈등도 사회갈등과 마찬가지로 다양하고 복합적인 원인에 의해서 발생할 수 있다. 이해관계자들의 이익갈등, 이념·신념·문화 및 종교적 차원의 가치갈등, 정부 갈등관리방식에 대한 불만과 정부신뢰 부족으로 인한 신뢰갈등 등 모두가 갈등의 복합적 요인에 의해 발생된다고 볼 수 있다(윤종설·주용환, 2014: 566). 보다 구체적으로 공공갈등의 발생원인에 대해 살펴보면 아래와 같다.

첫째, 공공갈등은 권력 구조적, 사회문화적, 법·제도적 요인들에 의해 발생한다(이달곤 외, 2012: 434-436). 권력 구조적 요인과 관련해서는 권위주의적 정치체제에서 민주화된 정치체제로 이양하는 과정에서 시민들의 정책과정 참여 증가로 공공갈등이 확대되는 것이다. 다양한 시민들의 정책과정 참여가 증가하면서 시민들의 권한이 증진되고, 이를 바탕으로 과거 시민들이 정부정책에 일방적으로 따르던 수동적인 행태에서 벗어나 보다 적극적이고 능동적으로 정책과정에 참여하게 됨으로써 갈등의 폭이 더욱 넓어지게 된 것이다. 또한 민주화와 다원화라는 환경변화로 정부 간 권력관계에 변화가 나타나고, 지방분권화의 움직임으로 인해 중앙과 지방의 관계가 수직적 관계에서 수평적 관계로 변화되어 감으로써 공공갈등은 더욱 증폭되고 있는 것이다. 나아가 사회·문화적 차원에서 공공갈등의 요인은 저신뢰 사회 속에서의 타협과 대화 부족, 공론의 장 미성숙, 의사소통 문화 부재 및 의사소통 기술의 부족, 의사소통 구조의 왜곡 등이 제시될 수 있다. 또한 법·제도적 요인으로는 갈등해결을 위한 제도적 장치 미비가 대표적인 원인으로 제시될 수 있을 것이다. 특히 갈등 해결을 위한 제도적 장치가 미비한 경우 공공갈등은 상당한 사회적 비용을 초래할 수 있다.

둘째, 공공갈등은 공공정책(사업)을 추진하는 과정에서 발생할 수 있다(나태준, 2004: 59-70). 공공정책(사업) 추진의 명분이 불충분하거나, 사업 추진 관련 정보 공개 및 추진 과정 전반의 투명성이 확보되지 못하는 경우, 혹은 공공정책(사업) 전반에 있어서 충분한 주민참여가 보장되지 못하는 경우, 그리고 보상체계가 미흡하거나, 공공사업 및 기술에 대한 불신이 존재하는 경우에 공공갈등이 발생될 수 있는 것이다. 뿐만 아니라, 공공갈등을 조정할 수 있는 기구나 제도가 미흡하거나, 공공갈등 대상자들이 인식하는 비용·편익이 공정하지 못한 경우에도 공공갈등은 발생될 수 있다.

셋째, 공공갈등은 공공갈등 당사자들의 프레임(frame) 차이에 의해서 발생될 수 있다(심준섭·김지수, 2011). 공공갈등은 객관적인 상황에 의거해 발생되기보다 갈등 당사자들이 인식하는 주관적 판단에 의거해 발생되는 경우가 더욱 많다. 보다 구체적으로, 갈등 당사자들의 인지적 프레임(cognitive frame) 차이 때문에 공공갈등이 발생된다는 것이다. 프레임은 인지심리학자인 Bartlett(1932)에 의해 최초로 개념화되었으며, 실질적인 프레임 연구는 Goffman(1974)에 의해서 처음 제시되었다(심준섭·김지수, 2010: 232). Bartlett(1932)에 의하면 프레임은 "표상과 인식을 인도하는 기본적인 인지적 구조(cognitive structure)"로 정의될 수 있다(심준섭·김지수, 2010: 재인용). 개인이 가지고 있는 프레임에 따라 자신의 경험을 분류하고 범주화하기 때문에 프레임이 어떻게 형성되는가에 따라 새로운 경험이 재해석된다는 것이다. 같은 맥락에서 "사람들이 세상의 사건들을 해석하고, 초점을 맞추고, 조직화하는 정신적 과정을 의미"하는 프레이밍(framing) 과정에서도 갈등이 발생할 수 있다(심준섭·김지수, 2010: 재인용). 프레이밍 과정에서 문제의 원인 규명이 달라질 수 있기 때문에 '누가 특정 문제에 대한 책임을 지게 되는가?'를 규명하는 귀인이론(attribution theory)과의 연동작용을 통해 갈등의 방향이 달라질 수 있다는 것이다. 또한 갈등 당사자들이 형성하는 프레임에 따라 갈등을 표출하고 관리하는 방법도 달라진다. 예를 들어 갈등 당사자들 간의 프레임 차이가 커질수록 효과적인 갈등 관리 및 갈등 해결 가능성은 낮아진다고 할 수 있으며, 반대로 프레임 차이가 작아질수록 갈등 관리 및 갈등 해결 가능성은 높아진다고 할 수 있다(Drake & Donohue, 1996).

〈표 2-6〉 갈등 프레임의 분류

유형	개념	특징
정체성 프레임	자신이 속한 집단과 구성원에 대한 의미부여	• 자신과 자신이 속한 집단이나 인구구성학적 특징의 강조 • 개인 또는 집단적 신념이나 핵심적 가치의 표현 • 자신이 속한 집단에 대한 정의
특징 부여 프레임	상대방이 속한 집단과 구성원에 대한 의미부여	• 상대방 또는 상대방이 속한 집단이나 인구구성학적 특징 강조 • 갈등 상대방에 대한 규정이나 특징 묘사 • 상대방과의 관계나 상대방의 태도에 대한 묘사

갈등 관리 프레임	갈등관리 방법에 대한 선호	회피 — 수동성	갈등상황에 대한 소극적 대응: 아무것도 하지 않음
		진상조사	문제에 대한 조사를 촉구하고 정보를 수집함
		공동문제해결	협의체, 공동행동, 협력, 조정 등 공동 노력을 통한 해결을 선호함
		권위에 의한 결정	정부, 협회, 기관 등이 기술적인 지식이나 전 문성을 근거로 결정함
		재판	법적 권한을 지닌 제3자나 사법적 판결을 통 해 결정함
		정치적 행동에 호소	• 정부에 법이나 규제의 실시, 개정, 폐지 등 을 요구함 • 로비, 투표, 특정 후보 지지 등을 통해 갈등 을 다룸
		시장경제에 호소	협상, 시장에 의한 해결, 동기부여나 경제적 인 보상 등을 통한 갈등 관리 선호
		분쟁, 파괴, 폭력	폭력, 단체행동, 집단적 시위 등으로 위협함
		기타	일반적인 상식을 기준으로 해결
상황 요약 프레임	갈등상황에 대한 요약적 진술		• 상황에 대한 핵심적 요약, 은유적 표현 또는 진술('~에 대한 문제이다', '가장 중요한 문제는 ~이다' 등의 표현) • 상황의 총체적 정의('한마디로 말해서'와 같은 표현)

사회적 통제 프레임	문제 해결의 주 체에 대한 인식		상호의존성	
			낮음	높음
		주인 의식 높음	개인주의자	평등주의자
		낮음	운명론자	계층주의자

권력 프레임	권력의 원천에 대한 인식	권한·지위	공식적인 역할이나 직업, 조직 내에서의 위치 와 같은 의사결정을 할 수 있는 실질적 능력
		자원	다른 사람에게는 없는 자원을 소유함으로써 생기는 힘
		전문성	전문적 지식이나 경험
		개인적 성격	대인관계 스타일에 따른 신뢰감이나 상호작 용에 있어서의 힘(예: 카리스마, 협상경험 등)
		연합·관계	특정 집단에 가입하여 그 구성원이 됨으로써 생기는 힘
		동정심	희생자라는 상황은 다른 사람들에게 감정적 으로 지원받을 수 있는 입장이 됨
		강요·협박	상대방에 대한 협박 또는 강압적인 행동으로 부터 나오는 힘

		도덕·권리	도덕적, 윤리적으로 옳다는 판단
		목소리 내기	협상 테이블에서 자신의 주장을 펼침으로써 생기는 힘
위험 프레임	위험에 대한 인식		• 위험의 수준이나 종류에 대한 인식 • 객관적 위험과는 구분되는 주관적 위험 인식
손익 프레임	이익과 손실에 대한 인식		• 상황에 대한 이익 또는 손실의 규정 • 경제적 효과, 사회적 효과에 대한 인식

출처: 심준섭·김지수(2011) 참조

넷째, 공공갈등의 원인을 공공정책과정의 절차적 측면에서도 논의할 수 있다(정지범, 2010: 151−152). 정부가 일방적이고 폐쇄적으로 정책을 결정하여 시행하려는 경우 공공갈등이 발생할 가능성이 높다. 정부가 시민들의 의견과 정책과정에의 직·간접적인 시민참여를 고려하지 않고 오로지 전문가의 기술적인 판단에 의존하여 하향식 공공정책 추진을 도모한다면 공공갈등은 더욱 증폭될 것이다. 이와 관련된 대표적인 예가 정부의 DAD(Decide−Announce−Defend) 문제해결 방안 추진이다. 즉 정부가 일방적으로 정책의사결정을 하고 이를 국민들에게 전달하면서 국민들의 불만에 방어적인 태도를 취하기만 한다면 그러한 태도 자체가 공공갈등의 주요 원인이 될 수 있다는 것이다. 이러한 경우에는 주요 이해관계자들이 정부정책 추진에 적극적으로 협조해주지 않음으로써 갈등이 발생하고 결국 정책실패로까지 이어질 수 있다. 이와 같은 갈등의 원인은 과학적 증거에 따른 전문가의 판단과 일반대중의 위험인식(risk perception)이 다를 수 있기 때문에 발생한다. 일반 대중들은 객관적이고 과학적으로 위험을 인식하기보다는 자신의 경험을 바탕으로 하여 주관적으로 위험을 인식하는 경향이 높기 때문에 위험은 과대평가되거나 과소평가될 수 있는 것이다(Slovic, 2000). 이러한 문제를 극복하기 위해 적극적인 위험소통(risk commu−nication)을 하지 않는다면 공공갈등은 더욱 증폭될 수밖에 없다.

다섯째, 공공정책 대상자들이 인식하는 형평성 차이 때문에 공공갈등이 발생하기도 한다(정지범, 2010: 147-151). 즉 공공정책 대상자들의 시간적, 공간적, 집단적 형평성 인식 차이로 인해 공공갈등이 발생할 수 있다는 것이다. 예를 들어 정부가 수행하는 공공정책이 비선호 공공시설(예: 청소년 교화원 등) 입지선정과 관련된 정책일 때 정책대상 집단 간 형평성 인식 차이가 더욱 커져 공공갈등의 주요 원인이 되기도 한다는 것이다. 비용과 편익 측면에서 비선호 공공시설의 편익은 공간, 시간, 집단에 관계없이 고르게 분포되는 것처럼 인식되지만, 비용의 경우에는 차이가 나타난다. 공공정책에 대한 비용과 편익에 대한 인식이 공간, 시간, 집단에 따라 정책대상 집단마다 다르게 인식될 수 있다는 것이다. 예를 들어 비선호 공공시설 입지 지역 인근 주민들은 타 지역 주민들보다 더욱 많은 비용을 부담한다고 인식하는 경우가 많다(공간적 불평등성). 또한 현재 세대보다 미래 세대가 더 많은 비용을 부담한다고 인식하는 경우가 많다(시간적 불평등성). 이처럼 비선호시설(예: 교도소)은 일부 지역주민들에게 비용으로 인식되는 반면, 그 시설을 통해 일부 주민들은 일자리 창출 효과를 누릴 수 있어 편익이 증진될 수도 있는 것이다(집단적 불평등성). 이처럼 정책대상 집단 간 형평성에 대한 인식 차이가 커질수록 공공갈등은 더욱 증폭되는 것이다.

이상에서 살펴본 바와 같이 공공갈등은 공공정책 수행과정에서 다양하게 발생될 수 있고, 갈등 이해관계자들의 인식 차이에 따라서도 달라질 수 있다는 것을 확인할 수 있다. 정부는 객관적이고 합리적이며, 투명한 공공정책을 수행한다는 입장이지만, 갈등 이해관계자들의 인식은 다를 수 있다는 것이다. 그리고 이러한 인식 차이로 인하여 심각한 수준의 공공갈등이 발생될 수도 있는 것이다. 즉 정책대상 집단이 정부정책의 절차적 투명성, 보상의 공정성, 정보 공개성 등에 만족하지 못할 때 공공갈등이 발생할 수 있으며, 정책대상 집단 혹은 갈등 이해관계자들의 프레임과 이념 차이로 인해서도 공공갈등이 발생할 수 있다. 따라서 효과적인 공공갈등 관리를 위해서는 갈등 이해관계자들에 대한 합리적 인식 개선방안도 체계적으로 모색될 필요가 있다.

또한 공공갈등의 원인을 이해함에 있어 정책과정 단계에 따라 갈등의 원인이 다르게 나타날 수 있다는 점을 유의할 필요가 있다. 정책과정은 다양한 정치적 견해와 경제적 관점을 지닌 이해관계들의 참여를 기반으로 이루어지기에 매우 복잡한 형태로 나타날 수밖에 없다(박치성 · 정창호, 2014). 이러한 이유 때문에 정책과정에서 중요시되는 가치나 고려되는 이익, 문제해결 선호 방식 등에 차이가 발생해 정책과정의 여러 단계에서 갈등이 발생할 수 있다. 예를 들어 정책의제설정(policy–agenda setting) 단계에서 모든 사회문제가 정책이슈로 고려되지 못하고 일부 문제만이 정책이슈로 고려될 때 공공갈등이 발생할 수 있다. 특히 막강한 권력과 정치적 자원을 가진 집단이 관심을 가지는 사회문제는 쉽게 정부 정책이슈로 고려되는 경향이 있지만, 그렇지 못한 경우에는 문제의 중요성이나 심각성과는 별개로 정책이슈로 고려되지 못할 수도 있는 것이다. 이러한 경우 정책의제설정 단계에서 정책이슈 설정을 둘러싼 이해관계자들 사이의 갈등이 발생하기도 한다.

5. 공공갈등관리 방안

1) 공공갈등관리에 관한 법령 체계

한국의 공공갈등관리에 관한 법령 체계 특징은 '갈등관리에 관한 기본법'이 존재하지 않는다는 것이다. 몇 차례 갈등관리 기본법 제정 시도가 있기는 하였으나, 갈등관리 기본법은 현재까지도 제정되지 못하고 있다. 2005년 정부안으로 '공공기관의 갈등관리에 관한 법률안'이 발의되었으나 임기만료 폐기되었으며, 2009년 '사회통합을 위한 정책갈등관리법안'과 2013년 '공공정책 갈등관리에 관한 법률안'이

의원입법으로 발의되었으나 이 역시 임기만료로 폐기되었다. 2018년 현재 제 20대 국회에서도 '공공정책의 갈등관리에 관한 법률안'이 국회계류 중에 있다(의안정보 시스템, 2018).

정부가 2005년 발의한 '공공기관의 갈등관리에 관한 법률안'은 국회와 시민단체의 반대로 제정이 무산되었다. 해당 법안의 취지는 '공공기관의 갈등예방과 해결에 관한 역할과 책무, 절차에 관한 사항을 규정함으로써 공공기관의 갈등예방과 해결능력을 향상시키고, 공공기관과 국민 상호간에 대화와 타협 그리고 신뢰회복을 통한 합의의 틀을 구축하고 참여와 협력을 바탕으로 갈등을 원만하게 예방·해결함으로써 사회통합에 이바지하려는 것'이었다(의안정보 시스템, 2018). 공공갈등 관리에 관한 기본법이 제정되어야 함에도 불구하고 아직 제정되지 못하고 있는 이유는 공공갈등의 직·간접 당사자인 정부가 갈등관리 주체로서 관련법을 제정한다는 것에 대해 우리사회의 불신과 반발이 여전히 크기 때문으로 볼 수 있을 것이다(이달곤 외, 2012: 436).

공공갈등관리 관련 기본법은 아직 부재하지만 개별 법률에서는 부분적으로 공공갈등관리에 대한 방안을 제시하고 있다. 먼저 공공갈등은 정부의 처분행위이기 때문에 행정절차와 관련된 기본법인 「행정절차법」을 적용할 수 있다. 「행정절차법」 외에도 정부정책의 효과적인 관리 특히 갈등관리를 위해 이해관계자들의 의견청취 절차 등과 관련한 조항도 개별법에서 규정하고 있다(국회예산정책처, 2016: 8). 보다 구체적인 개별 법률은 아래 〈표 2−7〉에서 제시된 바와 같이 「국토의 계획 및 이용에 관한 법률」, 「환경영향평가법」, 「폐기물처리시설 설치촉진 및 주변지역지원 등에 관한 법률」, 「중·저준위 방사성폐기물 처분시설의 유치지역지원에 관한 특별법」, 「방사성폐기물 관리법」 등이 있다. 이들 대부분은 개발사업, 혐오시설 및 기피시설 건설과 같은 국책사업을 정부가 수행할 때 고려해야 할 갈등관리 방안을 담고 있다.

〈표 2-7〉 개별법상 갈등관리 관련 규정(예시)

법률	갈등관리 관련 규정
「국토의 계획 및 이용에 관한 법률」	• 광역도시계획 및 도시·군 기본계획 수립 시 공청회를 통한 주민 의견 수렴(제14조 및 제20조) • 도시·군 관리계획 입안 시 주민 및 지방의회 의견청취(제28조) 등
「환경영향평가법」	전략환경영향평가서 및 환경영향평가서 초안에 대한 공청회 등 의견수렴 실시(제13조 및 제25조)
「폐기물처리시설 설치촉진 및 주변지역지원 등에 관한 법률」	• 폐기물처리시설 입지 선정 시 주민대표가 참여하는 입지 선정위원회를 구성하고, 입지 후보지에 대한 타당성 조사의 과정과 그 결과를 해당 지역 주민에게 공개(제9조) • 폐기물처리시설의 설치로 발생할 것으로 예상되는 피해에 관하여 분쟁이 발생한 경우 환경분쟁조정위원회에 분쟁조정신청(제13조) 등
「중·저준위 방사성폐기물 처분시설의 유치지역지원에 관한 특별법」	중·저준위 방사성폐기물 처분시설 유치지역 선정 시 주민투표법에 따른 주민투표를 거치고, 해당 지역주민 대상 설명회 또는 토론회 실시(제7조)
「방사성폐기물 관리법」	방사성폐기물 관리 기본계획 수립 시 공론화위원회를 구성하여 이해관계인, 일반시민, 전문가 등으로부터 광범위한 의견 수렴(제6조의2)

출처: 국회예산정책처(2016) 참조

개별법에서 제시하고 있는 공공갈등관리 관련 규정을 제외하고 우리나라에서 가장 대표적인 공공갈등관리 규정으로는 2007년 2월 6일 국무회의에서 의결된 대통령령인 「공공기관의 갈등 예방과 해결에 관한 규정」이 있다. 이 규정은 중앙행정기관이 갈등 예방과 해결을 위한 행정절차를 규정한 것으로 정부차원에서 마련된 최초의 갈등관리 제도화 방안이라고 할 수 있다(박홍엽, 2011: 111−112). 이 규정이 제정됨으로써 첫째, 갈등해결에 있어서의 거버넌스를 정착시킬 수 있는 계기가 마련되었으며, 둘째, 중앙행정기관의 갈등해결 역량을 증진시킬 수 있는 기회가 제공되었고, 셋째, 다양한 이해관계자들의 의견을 적극적으로 받아들일 수 있는 장이 마련되어 민주성과 형평성을 증진시킬 수 있는 계기가 되었다.

<표 2-8> 「공공기관의 갈등 예방과 해결에 관한 규정」 주요 내용

제1조 목적	중앙행정기관의 갈등예방 및 해결능력을 향상시킴으로써 사회통합에 이바지
제2조 정의	'갈등'과 '갈등영향분석'의 개념 정의
제3조 적용대상	중앙행정기관(총리령으로 정하는 대통령 소속기관 및 국무총리 소속기관을 포함)에 적용
제4조 중앙행정기관의 책무	갈등예방과 해결능력 강화를 위한 종합적인 시책수립, 법령정비, 갈등 해결 수단 발굴, 교육훈련 실시
제5조-제9조 갈등 예방 및 해결의 원칙	자율해결과 신뢰확보, 참여와 절차적 정의, 이익의 비교형량, 정보공개 및 공유, 지속가능한 발전 고려
제10조 갈등영향분석	갈등영향분석의 실시 요건 갈등영향분석에 포함되어야 할 주요 내용
제11조-제14조 갈등관리 심의위원회	갈등관리심의위원회의 설치, 구성운영, 기능, 심의결과의 반영
제15조 참여적 의사결정 방법의 활용	참여적 의사결정 방법의 실시 요건 참여적 의사결정 결과의 활용
제16조-제23조 갈등조정협의회	갈등조정협의회의 구성 요건, 구성, 의장의 역할, 의장의 선임, 기본규칙, 협의결과문의 내용 및 이행, 협의회 절차의 공개, 비밀유지
제24조 갈등관리연구기관의 지정운영	갈등연구기관의 기능 및 역할
제25조 갈등관리매뉴얼의 작성 및 활용	갈등 발생의 예방과 해결에 갈등관리매뉴얼을 활용
제26조 갈등관리실태의 점검보고 등	각 부처의 갈등관리실태 점검평가 갈등관리정책협의회 설치
제27조 지속가능발전 위원회와의 협의 등	지속가능발전위원회의 갈등조정특별위원회와의 협의 및 자문 요청
제28조 갈등전문인력의 양성 등	전문인력을 양성하기 위한 교육훈련, 자격제도의 도입 등 필요한 시책을 수립
제29조 수당지급 등	수당 및 경비 지급가능 민간단체에 중앙행정기관의 재정지원

출처: 박홍엽(2011) 참조

　　「공공기관의 갈등 예방과 해결에 관한 규정」은 ① 갈등의 사전예방, ② 갈등의 자율적 해결, ③ 갈등관리의 점검과 지원이라는 3단계(정책입안단계→정책집행단계→정책평가단계)로 구성되어 있다. 이와 관련해 첫째, 갈등의 사전예방은 갈등이 발생하기 이전에 갈등을 미리 관리하는 것으로 정책입안단계에서 갈등예방 기능을 강조한다. 갈등

예방 차원에서 갈등관리심의위원회를 민관협동으로 설치하였고, 갈등의 파급효과가 큰 사업에 있어서는 갈등영향분석을 실시할 수 있도록 하였으며, 참여적 의사결정 방안을 활용하여 사회적 합의형성을 달성하는 데 노력하였다. 둘째, 정책 집행 시 발생되는 갈등을 해결하기 위해 각 사안별로 중앙행정기관, 이해당사자, 일반 시민들이 참여할 수 있는 갈등조정협의회를 구성할 수 있도록 규정하여 갈등 조정에 중점을 두었다. 셋째, 정책평가단계에서는 국무총리실이 주기적으로 갈등관리실태를 점검하고 평가하며, 이를 바탕으로 체계적인 갈등관리 지원이 이루어질 수 있도록 하였다(국가법령센터, 2018; 박홍엽, 2011: 112).

「공공기관의 갈등 예방과 해결에 관한 규정」의 '갈등 예방 및 해결의 원칙'에서는 갈등관리 5가지 원칙을 제시하고 있다. '자율해결과 신뢰확보 원칙'은 갈등이해관계자들 간 신뢰를 바탕으로 합의형성에 도달해야 한다는 의미이며, '참여와 절차의 정의'는 참여당사자들이 충분히 수용할 수 있는 공정한 절차를 형성해야 한다는 의미이고, '이익의 비교형량의 원칙'은 반드시 정부정책 또는 사업의 이익이 손실보다 더 커야 한다는 원칙이다. 또한 참여자들을 적극적으로 협의의 장으로 이끌기 위해서는 '정보공개 및 공유 원칙'이 지켜져야 하며, '지속가능한 발전의 고려' 원칙은 정부정책이 사업자체에 매몰되기보다 환경적 차원을 고려하여 논의해야 한다는 것이다(박홍엽, 2011: 115).

그러나 「공공기관의 갈등 예방과 해결에 관한 규정」은 다음과 같은 한계점을 지닌다(박홍엽, 2011: 116-117). 첫째, 법령상 한계로 「공공기관의 갈등 예방과 해결에 관한 규정」이 법률이 아니라 대통령령이기 때문에 적용대상이 중앙행정기관에 국한되어 운영된다는 점이다. 지방자치단체의 경우 행정안전부에 의해 간접적으로 적용되지만, 지방자치단체와 공공기관은 이 규정에 적용되지 않는다는 한계를 지닌다. 둘째, 각 부처 산하의 갈등관리심의위원회가 형식적으로 운영되고 있다는 점이다. 셋째, 갈등영향분석과 같은 사전적 갈등예방 방안이 제시되기는 하지만, 현실적으로는 여전히 사후적 갈등관리 방안이 주를 이루고 있다. 이러한 「공공기관의 갈등 예방과 해결에 관한 규정」의 한계점들을 고려해 볼 때 '공공갈등관리 기본법'의 제정은 필수적이라고 할 수 있다.

2) 구체적인 공공갈등관리 방안

공공갈등관리수단은 갈등해결 주체, 사용수단, 갈등유형, 갈등원인에 따라 다양하게 제시될 수 있다(예: 이달곤 외, 2012: 437; 정정화, 2011: 6).[5] 첫째, 공공갈등을 공공갈등관리 주체에 따라 공공기관의 개입에 의한 공적해결기제(예: 법률제정, 공청회, 투표 등), 제3자에 의한 해결기제(예: 알선, 조정, 중재 등), 당사자들 간의 자율적 해결 방안(예: 협상, 타협, 협력적 문제해결)을 통해 관리할 수 있다(Gladwin, 1987). 같은 맥락에서 갈등해결 방안 역시 갈등 당사자들 간 협의와 합의, 그리고 정부를 포함한 제3자 조정과 중재에 의한 방안으로 구분해 볼 수 있다(이달곤 외, 2012). 둘째, 갈등해결 분쟁조정 수단(사용수단)에 따라 공공갈등관리 방안을 살펴볼 수 있다. 이해관계(interests), 권리(right), 권력(power) 등 세 가지 갈등관리 수단이 대표적으로 활용될 수 있다(Ury et al., 1988). 이해관계 공공갈등관리 수단은 이해관계자가 직접적으로 문제해결의 주체가 되는 것이며, 이는 협상과 조정 등의 방법을 통해 합의를 도출하는 방안을 의미한다(정정화, 2011: 6). 권리 공공갈등관리 수단은 중립성, 객관성, 공정성을 지닌 제3자의 판단과 소송 및 중재를 통한 갈등해결 방안이며, 권력 공공갈등관리 수단은 정부의 공권력에 의한 진압, 권위, 특권 등 갈등당사자 일방에 의해 독단적으로 모색되는 갈등해결 방안이다. 특히 이상에서 논의한 갈등해결

---

5) 갈등유형과 갈등원인에 따른 공공갈등수단 내용은 앞서 제시한 공공갈등 유형 및 원인과 밀접한 연관성이 있기 때문에 여기서는 논의하지 않기로 한다.

주체와 사용수단을 종합적으로 고려하여 당사자 중심의 해결 방안(협상, 조정, 소멸 등), 공식적 제3자 개입에 의한 방안(중재, 법원판결, 주민투표 등), 강제력에 의한 방안(행정집행, 진압 등)으로 공공갈등관리 방안을 제시할 수도 있다(가상준 외, 2009).

그러나 공공갈등관리 방안으로 가장 많이 논의되는 것은 사법적 판단이나 기술관료적 접근에 해당하는 '전통적 갈등관리 접근(conventional approaches for making conflict)' 방안과 '대안적 갈등관리 접근(alternative approaches for making conflict)' 방안이다(예: 이용훈, 2013; 하혜영, 2007; Susan & Kennedy, 2001).

첫째, 전통적 갈등관리 접근은 주로 사법적 판단을 통한 갈등해결과 기술관료적 접근 방식으로 구분해 논의되어 왔다(이달곤 외, 2012; 정정화, 2011). 사법적 판단을 통한 갈등관리 방안은 법규와 제도적 장치를 바탕으로 갈등을 해결하는 방식으로서 대표적인 갈등관리 방안으로는 소송이 있다. 소송은 공식적이며 강제적인 갈등해결 방안으로 이는 높은 소송비용과 많은 시간이 소모된다는 한계점을 지닌다. 개인 간 갈등뿐만 아니라 정부와 주민들 간 갈등을 행정소송과 행정심판 등 공식적 제도로 해결하기도 한다. 기존의 많은 공공정책갈등 사례에서는 행정소송 또는 헌법소원 등 사법적 수단을 통해 갈등을 해결하고자 하였다(예: 4대강 살리기 사업, 새만금간척사업, 한탄강댐 갈등사례, 제주해군기지 사례 등). 그러나 소송을 통한 갈등해결은 오랜 시간이 소모되기 때문에 이와 관련해 상당한 사회적 비용을 초래할 수 있다. 실제로 한국의 갈등해결기간을 조사한 연구(이주형 외, 2014)에 의하면, 법원판결에 의한 갈등해결은 평균 1,013일이 소요되는 것으로 나타났다. 이는 소송이 갈등해결에 있어 중재 220일, 조정 327일, 협상 338일이 소모되는 데 비해 매우 긴 시간이 소요됨을 보여주고 있다(이주형 외, 2014).

사법적 소송을 통한 갈등 해결 방안뿐만 아니라 기술관료들의 일방적이고도 강압적인 갈등해결 방안 역시 전통적 공공갈등관리 접근 방안으로 제시될 수 있다. 이는 독자적 관리방식(self-management strategy)을 활용한 갈등해결 방안이라고 할 수 있으며(이용훈, 2013; 하혜영, 2007), 우월한 권력을 지닌 당사자가 일방적으로 갈등을 해결하려는 방식이다. 특히 기술관료 주도의 DAD 방식이 대표적인 예가 될 수 있다. 이외에도 회피(avoidance), 비순응(noncompliance) 등의 방안이 제기되기도 한다.

이러한 전통적 공공갈등관리 방안들은 무엇보다도 갈등 당사자들 간 대립이 지속될 수 있다는 한계를 지닌다. 갈등 상황이 사법부의 판결에 의해 최종적으로 마무리된다고 하더라도 감정상의 갈등은 지속되어 분쟁이 재연될 여지가 매우 높다. 특히 앞서 언급한 것처럼 소송에 따른 공공갈등관리 방안은 비용과 시간이 과다하게 투입되어 사회적 비효율과 갈등 당사자 및 주변인들의 피로감을 증폭시킬 수 있다는 단점이 있다.[6]

둘째, 전통적 공공갈등관리 방안의 문제점을 극복하기 위한 방안으로 대안적 갈등관리 접근을 제시할 수 있다. 대안적 공공갈등관리 방안의 개념과 범위가 명확하게 설정되어 있는 것은 아니지만 사법소송과 기술관료적 접근(전통적 공공갈등관리 방안) 이외의 모든 공공갈등관리 방안을 포함해 논의할 수 있을 것이다. ADR, 국민투표 또는 주민투표를 통한 참여민주주의, 갈등영향분석(conflict assessment), 숙의민주주의(deliberative democracy) 또는 공론화 등이 대표적인 예로 제시될 수 있다(예: 정정화, 2011; 조경훈 외, 2015).

대안적 공공갈등관리 방안은 강압적이고 강제적인 방식을 사용하기보다 대화와 협력을 통해 갈등의 순기능을 강조하고, 근본적인

---

6) 이와는 달리 시장경제원리에 따라 경제적 방식으로 공공갈등을 해결하려는 보상적 방식이 제시될 수 있다(이달곤 외, 2012). 예를 들어 행정적 수단보다는 보조금 또는 재정적 인센티브를 제공함으로써 갈등을 해결하고자 하는 것이다. 그러나 보상적 공공갈등 해결 방안은 재정 확보와 보상형태, 보상액 및 보상방식에 관한 사회적 합의가 우선적으로 마련될 필요가 있다.

갈등문제를 해결하기 위해 갈등 당사자들의 수용성과 상호 작용성을 중요시한다. 즉 저비용·고효율 갈등관리 방안으로 대안적 공공갈등관리 방안이 최근 각광을 받고 있는 것이다(박재근·은재호, 2016: 530). 또한 이는 갈등 당사자들 간 소통과 신뢰를 기반으로 하는 '사회적 합의협성(social consensus building)'에도 중요한 기여를 한다. 이와 관련해 아래에서는 대안적 공공갈등관리 방안의 하나인 '갈등영향분석'에 대해 논의하도록 한다.

갈등영향분석은 1973년 워싱턴 주 스노퀄미(Snoqualmie) 강 댐 공사 과정에서 처음 제시된 방안으로서 이는 법적 분쟁을 해결하기 위한 사전적 협의 과정으로 활용된다. 갈등영향분석은 "공공갈등 상황에서 주요한 이해관계자를 파악하고, 각자의 의견에 대한 공통점과 차이점을 분석하여 합의 가능한 대안이 있는지 판단하는 것"으로 정의될 수 있다(조경훈 외, 2015: 3). 우리나라의 갈등영향분석에 관한 법규정은 「공공기관의 갈등 예방과 해결에 관한 규정」 제10조에서 찾아볼 수 있다. 제10조 1항에 의하면 "중앙행정기관의 장은 공공정책을 수립·시행·변경함에 있어서 국민생활에 중대하고 광범위한 영향을 주거나 국민의 이해 상충으로 인하여 과도한 사회적 비용이 발생할 우려가 있다고 판단되는 경우에는 해당 공공정책을 결정하기 전에 갈등영향분석을 실시할 수 있다"라고 규정하고 있으며, 동법 제3항에는 갈등영향분석에 포함되어야 할 내용으로 공공정책의 개요 및 기대효과, 이해관계인의 확인 및 의견조사 내용, 관련 단체 및 전문가의 의견, 갈등유발요인 및 예상되는 주요쟁점, 갈등으로 인한 사회적 영향, 갈등의 예방·해결을 위한 구체적인 계획, 그 밖에 갈등의 예방·해결을 위하여 필요한 사항 등이 포함되어 있다. 이와 같이 갈등영향분석은 갈등 당사자 일방이 독단적으로 갈등 상황에 대해 조사하고 개입하는 것이 아니라 면담과 피드백 과정에서 이해관계자들이 형성하는 규칙을 통해 갈등 관련자들이 서로의 주장과 생각을 이해하는 장을 마련하게 된다는 장점을 지닌다(조경훈 외, 2015).

3) 공공갈등관리 영향요인

성공적인 공공갈등관리 방안을 마련하기 위해서는 공공갈등관리에 영향을 미치는 요인들을 살펴볼 필요가 있다. 첫째, 갈등 당사자들은 성공적인 공공갈등관리에 영향을 미치는 가장 중요한 요인이 된다(하혜영, 2007). 갈등 당사자가 누구인지, 갈등 당사자가 몇 명인지, 갈등 당사자의 유형은 무엇인지, 갈등 당사자들의 조직력과 응집력은 어떠한지, 갈등 당사자들 간 신뢰관계를 형성하고 있는지 또는 대립관계에 있는지 등의 여부에 따라서 공공갈등관리의 성패가 달라질 수 있다는 것이다. 또한 갈등 당사자들의 특징과 성격에 따라서도 공공갈등관리의 성패가 결정될 수 있다(Susan & Kennedy, 2001). 예를 들어 갈등 당사자들의 관계적 특징이 위계적이고 권위적인 형태로 나타난다면 전통적인 갈등관리 방안을 적용하는 것이 효과적일 수도 있지만, 서로 비슷한 권력을 지닌 갈등 당사자들 사이에서는 대안적 갈등관리 방안을 적용하는 것이 보다 효과적일 수도 있다는 것이다.

둘째, 갈등 이슈 역시 성공적인 공공갈등관리에 영향을 미칠 수 있다. 이는 앞서 논의한 공공갈등의 유형과도 밀접한 관련이 있다. 절대적으로 효과적인 공공갈등관리 방안은 존재하지 않겠지만, 가치갈등, 선호갈등, 이익갈등 등 공공갈등의 이슈에 따라 적합한 공공갈등관리 방안이 활용된다면 보다 성공적으로 갈등을 해결해 나갈 수 있을 것이다.

6. 해외 선진국 공공갈등관리제도

효과적인 공공갈등관리는 한국뿐만 아니라 해외 여러 국가들의 공통 관심사이다. 따라서 해외 선진국들의 공공갈등관리 특징을 살펴볼 필요가 있다. 본장에서는 미국, 프랑스, 영국을 중심으로 공공갈등관리와 관련된 법·제도적 특징들을 살펴보도록 한다.

1) 미국

미국에는 한국과 달리 갈등관리 관련 기본법이 존재한다. 대표적인 법률로서 「행정분쟁해결법」(The Administrative Dispute Resolution Act of 1996), 「협상에 의한 규칙제정법」(Negotiated Rule making Act of 1996), 「대안적 분쟁해결법」(Alternative Dispute Resolution Act of 1998) 등이 있다(이하 국회예산정책처, 2014: 105 – 107 참조).

먼저 「행정분쟁해결법」은 연방정부 기관에서 ADR 기법을 의무화해야 한다는 내용을 포함하고 있다. 미국 연방정부의 모든 기관에서는 알선(conciliation), 조정(mediation), 합의촉진(facilitation), 초기 중립평가(early neutral evaluation), 중재(arbitration) 등과 같은 ADR 방식을 도입해야 한다는 것이다. 특히 해당 법에서는 각 부처가 공식 및 비공식 재결(formal and informal adjudications), 법규 제정 및 집행, 각종 인·허가, 정부사업 관련 계약, 정부기관이 관련된 소송, 기타 행정기관의 업무 처리와 관련된 분쟁 해결 방안 등에 있어 ADR을 활용해야 한다고 규정되어 있다. 「협상에 의한 규칙제정법」에 의하면 사회·경제적으로 중요한 영향을 미치는 규칙(또는 법규)을 제정하거나 개정할 때 정부는 이에 영향을 받을 것이라고 예상되는 이해관계자들을 참여시켜 이해관계를 조정하고 합의를 달성하려 노력해야 한다는 자발적인 갈등해결 방안을 제시하고 있다. 「대안적 분쟁해결법」은 소송 과정에서 ADR을 적극적으로 활용하도록 하며, 각 지방법원에서 분쟁해결프로그램을 개발하도록 유도하고 있다. 특히 민사소송에 있어서 소송 당사자는 반드시 ADR을 활용하도록 명시하고 있다.

이러한 법·제도적 장치와 더불어 미국에서는 공공갈등관리 기구도 운영하고 있다. 대표적인 공공갈등관리 기구로는 공공갈등 예방과 해결을 위한 연방정부 차원의 범정부적 갈등관리기구와 주정부 차원의 갈등관리 기구가 운영되고 있다. 범정부 차원의 갈등해결기구인 '정부기관 간 대안적 분쟁해결 실무 그룹(The Interagency Alternative Dispute Resolution Working Group)'은 1998년 클린턴 정부에 의해서 설치되었다(국회예산정책처, 2014: 106). 주관 부처는 법무부의 '분쟁해결실(Office of Dispute Resolution)'이며 각 부처의 관계자들이 참여하는 합동 갈등관리 기구이다. 특히 이 기구에서는 연방정부 행정기관들이 갈등 예방을 위해 분쟁해결의 쟁점을 합의하고 이를 바탕으로 해결책을 마련하도록 하고 있다. 이때 ADR 기법이 적극 활용되는 것이다.

미국 법무부의 '분쟁해결실'은 공공갈등관리의 컨트롤타워로서 ADR 활용을 조정하고, ADR 정책을 총괄하는 기능을 한다. 특히 연방정부 공무원에 대한 ADR 교육·훈련기능, 변호사들에게 효과적인 분쟁해결 기법을 교육하고 지원하는 기능, 중재자 및 조정자 명부를 관리하는 기능 등을 수행한다(국회예산정책처, 2014: 106). 그리고 '분쟁해결실'에서는 정부부처의 ADR 수행 상황 등을 정기적으로 대통령에게 보고한다. 법무부 이외에도 연방정부의 각 부처에는 별도의 공공갈등관리 기구가 존재한다. 「행정분쟁해결법」과 대통령 지시에 따라 각 부처 내에서 갈등해결 및 예방 전문기구인 '갈등예방·해결센터(Conflict Prevention and Resolution Center)'가 설치·운영되고 있는 것이다.[7]

미국에는 연방 정부뿐만 아니라 주 정부 차원에서도 갈등예방 및

---

7) 각 부처의 갈등해결 및 예방 전문기구의 명칭은 서로 다르게 나타날 수 있으나, 해당 기구의 기능 및 역할은 유사하다.

해결기구가 존재한다. 주 정부나 주 의회 혹은 주 법원 산하에 '분쟁해결실(Office of Dispute Resolution)'을 두어 갈등 예방 기능을 수행하도록 한다. 또한 지방정부는 공공갈등을 해결하기 위해 '지역사회 갈등해결센터(Community Dispute Resolution Center)'에서 별도의 '지역사회 갈등해결 프로그램(Community Dispute Resolution Program)'을 기획·운영하고 있다(국회예산정책처, 2014: 106).

2) 프랑스

프랑스의 대표적인 예방적·사전적 갈등관리제도 및 기구로는 '국가공공토론위원회(Commission National du Debat Public: CNDP)'와 '민의조사(Enquete Publique)' 제도가 있으며, 사후적 갈등관리 기구로는 '공화국조정처(Mediateur de la Republique: MR)'가 있다(국회예산정책처, 2014: 107 – 108).

〈표 2-9〉 프랑스 국가공공토론위원회(CNDP)의 공공토론 대상 사업

사업 분류	〈기준 A〉 국가공공토론위원회에 의무적으로 회부되는 사업	〈기준 B〉 프로젝트관리팀이 국가공공토론위원회에 검토 요청하는 사업
왕복 4차선 고속도로 급행도로	사업비 3억 유로 초과 총 연장 40km 초과 사업	사업비 1.5억~3억 유로 미만 총 연장 20km~40km 사업
기존 2·3차로 왕복 4차선 확장		
철로 건설		
내륙수로 건설 또는 기존 운하 확대		
비행장 인프라 건설 또는 확장 사업	사업비 1억 유로 초과	사업비 3천5백만 유로 초과 1억 유로 미만 사업
항만 인프라 건설 또는 확장 사업	사업비 1억 5천만 유로를 초과하거나 총 사업면적이 200ha 초과 사업	사업비 7천5백만 유로 초과 1억5천만 유로 미만 또는 총 사업면적이 100ha 초과 200ha 미만 사업
전력선 설치 사업	전압 400kV 이상 총 연장 10km 초과 사업	전압이 200kV 이상 400kV 미만 또는 총 연장 15km 초과 사업

가스수송관 설치사업	직경 600mm 이상 총 연장 200km 초과 사업	직경 600mm 이상 또는 총 연장 100km 초과 200km 미만 사업
송유관 설치 사업	직경 500mm 이상 총 연장 200km 초과 사업	직경이 500mm 이상 또는 총 연장 100km 초과 200km 미만 사업
원자력 발전소 설치 사업	새로운 원전 시설 발전소를 포함하지 않는 투자비가 3억 유로를 초과하는 시설	새로운 원전 시설 발전소를 포함하지 않는 투자비가 1억5천만 유로를 초과하는 시설
수력발전댐 또는 저수지댐 건설 사업	총 용량 22백만m³ 초과 시설	총 용량 1천만m³~2천만m³ 시설
강 유역 물 이송 사업	유량 1m³/s 이상인 경우	유량 0.5m³/s~1m³/s인 경우
문화 스포츠 과학 관광 설비 사업	건물 및 인프라 설치비용이 3억 유로를 초과하는 사업	건물 및 인프라 설치비용이 1억5천만 유로~3억 유로에 해당 사업
산업 설비 사업	건물 및 인프라 설치비용이 3억 유로를 초과하는 사업	건물 및 인프라 설치비용이 1억5천만 유로~3억 유로에 해당 사업

출처: 국회예산정책처(2014) 참조

'국가공공토론위원회'는 1995년 「바르니에 법」(Loi Barnier)에 근거해 입법화 되었으며, 1997년 환경개발부 산하에 처음 설립되었다. 이후 2002년에 독립행정기관이 되었으며 조직·예산·인력 차원에서 독립성과 자율성을 보장받게 되었다. '국가공공토론위원회'의 주요 목적은 정부가 시행하는 대규모 건설사업, 환경정책, 시설사업에 시민들의 의견을 적극적으로 반영하는 것이며, 관련 이해관계자들이 특정 정책이나 사업에 대해 합의를 달성할 수 있도록 지원하는 것을 가장 중요한 기능으로 한다. 특히 중앙정부, 지방정부, 공공기관들이 사업 또는 정책을 수행할 때 주민들의 참여를 기반으로 한 공공토론이 이루어지도록 하는 조건을 제시하였다. 〈표 2-9〉에 의하면 사업비 3억 유로 초과, 총 연장 40km 초과 사업의 경우 '국가공공토론위원회'를 의무적으로 시행하도록 하였으며, 사업비 1.5억~3억 유로 미만, 총 연장 20km~40km에 해당하는 사업은 프로젝트관리팀이 '국가공공토론위원회'에 검토를 요청하도록 규정하였다(국회예산정책처, 2014).

또한 '국가공공토론위원회'는 국가정책 사업에 있어서의 갈등이 심각하지 않다고 판단하는 경우에는 '국가공공토론위원회'를 별도로 구성하지 않고 사업자들에게 공공토론을 개최하도록 요구할 수 있다. 특히 공공토론까지는 필요하지 않더라도 어느 정도의 갈등관리가 필요하다고 판단되는 경우 '국가공공토론위원회'는 사업자들에게 '국가 공공토론위원회'가 제안하는 조정(mediation) 절차를 거치도록 하였다. 반면에 공공토론이 필요하다고 인정되는 사업에 대해서는 아래 〈표 2−10〉과 같은 절차를 통해 공공토론이 진행된다.[8]

〈표 2-10〉 프랑스 국가공공토론위원회(CNDP)의 절차 및 주요내용

CNDP 과정	국토개발 및 주요시설 건설계획	
CNDP 개입요구	• 의무적 개입 - 사업담당자가 의무적으로 개입 요청	• 선택적 개입 - 사업담당자, 국회의원 10인, 관련 지방자치단체 및 지방자치단체 간 협력기구, 정부인가를 받은 국내 환경보호단체가 사업 공고 이후 2개월 이내에 해당 사업 관련 검토를 CNDP에 요청

공공토론 필요성 검토	• 사업목적과 주요특징 및 사업의 사회경제적 파급효과, 추정사업비 등을 파악
	• CNDP는 다음 중 어디에 해당하는지 결정
	- 공공토론이 반드시 필요한 경우
	   → 공공토론 개최 및 진행을 CPDP가 할 것인가 또는 사업담당자에게 CNDP 절차에 따라 공공토론을 개최, 진행하도록 요청할 것인가 결정
	- 공공토론이 불필요하지만 갈등관리 필요성 인정되는 경우
	   → CNDP에서 제안하는 방식에 따라 조정을 하도록 권고
	- 공공토론이 불필요한 경우	

공공토론 결정 공고	• CPDP에 의해 공공토론이 진행되는 경우 공고 이후 4주 이내에 특별위원회 위원장 임명	
공공토론 준비서 제출 및 공공토론 일정 공시	• 사업담당자 등은 공고 이후 6개월 이내에 CNDP에 공공토론 준비서 제출 • CPDP와 사업담당자는 6개월 동안 공공토론에 필요한 자료수집 및 토론 준비	

8) "〈기준 A〉를 충족하는 사업은 CNDP에서 의무적으로 공공토론의 실시여부를 판단하게 되며, 〈기준 B〉를 충족하는 사업에 대해서는 프로젝트 관리팀 — 사업자, 국회의원 10인, 관련 지방자치단체 및 지방자치단체 간 협력기구, 정부 인가를 받은 국내 환경보호단체 — 이 해당사업에 대한 검토를 CNDP에 요청하고, CNDP에서 공공토론의 실시여부를 판단하게 된다. 토론의 구체적인 조직과 운영을 위해서는 공공토론 진행 임무를 맡은 위원장을 비롯하여 3~7인의 위원으로 구성되는 '공공토론특별위원회(Conseil Particulier du Déat Public: CPDP)'를 구성하여 공공토론 개최를 CPDP에 위임한다"(국회예산정책처, 2014: 108).

공공토론 실시	• 최대 4개월 동안 공공토론 진행 • 합리적인 사유가 있는 경우 2개월 연장 가능
보고서 작성	• 공공토론 종료 후 2개월 이내에 CPDP 위원장이 작성한 공공토론 보고서 및 종합평가를 CNDP 위원장이 이해당사자, 토론참가자 및 일반에 공개
후속조치 공표	• 3개월 이내에 사업담당자는 공공토론 결과를 반영하여 사업추진, 변경, 취소 여부를 공표

출처: 국회예산정책처(2014) 참조

3) 영국

영국은 예방적·사전적 갈등관리를 위해 정책과정 초기단계에서
부터 시민과 정책 이해관계자들의 협의를 거치는 협의(consultation)와
개입(engagement) 제도를 시행하고 있다. 영국은 법적 강제력이 있는
갈등관리 제도를 활용하기 보다는 내부 행정규칙을 통해 공공갈등의
예방과 조정에 노력하고 있다. 대표적인 제도로는 '서면협의에 관한
시행규칙(Code of Practice on Written Consultation: CPWC)', '공공참여
(Public Involvement: PI)', '공공개입(Public Engagement: PE)' 등으로 대
표되는 '시민협의제도'가 있다. 이 역시 갈등의 심화정도에 따라 다르
게 운영되고 있는 실정이다(국회예산정책처, 2014: 111-112). 먼저 '서면
협의에 관한 시행규칙'은 2000년 11월 제정되어 시행되고 있으며, 시
민 및 이해관계자들의 의견을 정책과정에 적극적으로 반영하기 위한
절차와 내용을 규정하고 있다. 이러한 규칙의 시행을 종합적으로 관리하
는 기관은 '규제개혁실(better regulation executive)'이다. 이 제도에 참여를
원하는 시민들은 누구나 국가정책 이슈사이트인 'directgov.org.uk'를
통해 서면협의 제도에 참여할 수 있다. 영국에서 이러한 갈등관리 제
도가 성공을 거둘 수 있었던 이유는 시민들의 자발적 참여가 보다 편
리하게 이루어질 수 있도록 했기 때문이다(국회예산정책처, 2014: 112).
'공공참여제도(PI)'는 이상에서 논의한 '서면협의에 관한 시행규
칙'을 조금 확장한 공공갈등 해결 방안으로서 그 특징은 정부와 시민

간 상호작용을 통해 쌍방향적 소통 관계를 형성하여 갈등을 해결하는 방안이라는 점이다. '공공참여제도(PI)'를 통해 시민들은 정부에 적극적으로 정책관련 자문을 구하고 정부는 시민들의 의견을 적극적으로 반영하는 등 상호작용을 통해 갈등을 예방할 수 있도록 했다(국회예산정책처, 2014). 이 제도는 갈등이 더욱 심화될 것으로 예측되는 경우에 자주 활용되며, 공식적·비공식적 협의 방안에서도 효과적으로 활용될 수 있다. 또한 '공공개입제도(PE)'는 공공기관과 이해관계자들 사이에 신뢰가 부족하거나 대화가 부족할 때 자주 활용되는 갈등해결 방안이다. 특히 공공기관이 정책과 사업의 핵심 이해관계자들로부터 창조적인 아이디어나 의견을 수렴할 수 있어 갈등 상황 발생 시 사회적 비용을 절감하는 방안을 모색해 볼 수도 있다(국회예산정책처, 2014).

영국 갈등관리 제도의 특징은 공공기관만 일방적으로 갈등해결 방안을 모색하는 것이 아니라 민간부문도 적극적으로 공공갈등관리에 참여하여 갈등관리에 중요한 역할을 수행한다는 점이다. 예를 들어 1975년 설립된 노사갈등 문제해결을 위한 비영리 독립기구인 '알선중재청(ACAS)'과 지역사회 및 커뮤니티에서 발생하는 갈등을 해결하기 위한 소규모 갈등 중재기관인 '평화해결센터(CPS)'가 이에 해당한다고 볼 수 있다. 영국의 민간 공공갈등관리 제도와 정부기관의 공공갈등관리 제도의 차이는 전자는 이미 발생한 공공갈등을 조정하고 중재하는 사후적 갈등관리 방안인 데 반해, 후자는 갈등의 사전적 예방기능에 더욱 많은 관심을 두는 방안이라는 점이다. 공공갈등관리에 있어서 민간부문의 역할을 더욱 강화하기 위해 영국 정부는 민간 갈등조정 기구에 보다 다양하고 전문화된 갈등 해결 컨설팅 서비스를 제공하고 있으며, 갈등관리에 관한 교육과정 및 프로그램을 제공하고 있다(국회예산정책처, 2014: 113).

4) 해외 선진국 갈등관리 방안 특징

미국, 프랑스, 영국의 갈등관리 제도 특징은 갈등해결에 있어 사전적이고 예방적인 갈등관리 방안에 많은 관심을 둔다는 점이다. 또한 갈등 이해관계자뿐만 아니라 일반 시민들의 적극적이고 자발적인 공공갈등관리 과정에의 참여를 보장하고 있다는 점이다. 미국은 「행정분쟁해결법」, 「협상에 의한 규칙제정법」, 「대안적 분쟁해결법」 등과 같은 제도 및 '정부기관 간 대안적 분쟁해결 실무 그룹' 등 갈등기구를 통해서, 또한 프랑스는 '공공토론위원회'와 '민의조사' 제도를 통해서, 영국은 '서면협의에 관한 시행규칙', '공공참여', '공공개입' 제도를 통해서 공공갈등관리에 노력을 기울이고 있다. 이와 같은 선진국들은 앞서 언급한 것처럼 효과적인 갈등 예방을 위하여 갈등 이해관계자들뿐만 아니라 시민들의 참여를 적극적으로 독려하고 있다. 이러한 공공갈등관리 방안들은 민주성, 자율성, 책임성 등의 행정 가치를 증진시킬 수 있고, 궁극적으로는 갈등 당사자와 시민 모두가 수긍할 수 있는 '사회적 합의협성'에 도달하는 데 중요한 기여를 할 수 있는 것이다.

제 3 장

참여형 공공갈등관리

1. 참여형 공공갈등관리의 의의

1) 참여형 공공갈등관리 필요성

최근 공공갈등을 유발시키는 요인들은 더욱 복잡하고 다양해지고 있다. 특히 공공갈등에 관련된 이해관계자들이 더욱 많아지고 갈등해결 과정에도 직접적으로 참여하기를 원함으로써 과거 전통적 갈등관리 방안을 활용하여 갈등을 해결하고자 노력하는 것은 더 이상 적절하지 않다(정정화, 2011). 정부 중심의 권위적이고 강압적인 공공갈등해결 방안뿐만 아니라 소송을 통한 갈등해결 방안 역시 사회적 비용과 시간의 낭비를 초래한다는 한계를 지닌다. 특히 갈등 이해관계자들의 수용성이 충분히 확보되지 않은 갈등관리 방안은 더 이상 효과적으로 활용될 수 없다. 다시 말해 과거 유교문화와 권위주의에 바탕을 둔 정부 행태에서 나타나는 의도적인 시민 참여 배제, 형식적이고 제한적인 시민 참여제도 운영 등은 오늘날 공공갈등관리 방안으로써 그 타당성을 잃어가고 있다는 것이다(King et al., 1998; 이승종, 1999; 유희정 · 이용숙, 2015).

행정환경의 변화에 따라 전통적 공공갈등해결 방안과는 다른 차별화된 갈등해결 방안이 요구되고 있다. 시민들의 지속적인 관심과 참여는 오래전부터 행정에서 중요하게 고려되어 왔다. 시민참여의 중요성을 강조하는 '참여적 거버넌스(participatory governance)'는 일반 행정 과정에만 적용할 수 있는 것이 아니라, 오늘날 민주적 참여를 중요시 하는 공공갈등 해결과정에도 적극적으로 적용할 수 있는 것이다(정용덕, 2010; Ansell & Gash, 2008). 무엇보다도 효과적인 갈등관리를 위해서는 갈등의 주요 이해관계자들뿐만 아니라 갈등과 직접적인 관련성이 낮은 일반시민들의 참여가 필수적이다. 다양한 이해관계자들의 참여 보장은 단기적으로는 조정비용의 증가와 갈등해결의 신속성 저해를 초래할 수 있지만, 장기적으로는 시민의 권익을 보호하고 민주성을 증진시켜 갈등해결에 큰 도움을 줄 수 있다는 것이다(유희정·이용숙, 2015).

효과적인 공공갈등관리를 위해서는 '참여형 공공갈등관리' 방안이 모색될 필요가 있다. 그 이유는 첫째, 공공갈등관리에서 시민들의 참여는 시민권이 확대되어 가는 과정이며, 민주적인 시민 권리의 증진을 위해서도 반드시 필요하다. 다시 말해 시민권(citizenship) 차원에서도 시민들의 공공갈등관리 참여는 권리 증진을 위한 활동으로 이해될 수 있다는 것이다(Dahrendorf, 1994). 시민들은 정부 정책과정에 적극적으로 참여하면서 자신들의 권리를 증진시킬 수 있으며, 시민들이 정책과정에 적극적으로 참여할 때 그들의 정치적 권리 또한 소외되지 않고 보장받을 수 있는 것이다(신상준·이용숙, 2017; 최장집, 2009). 공공갈등 과정에의 참여는 정부 정책에 반대하거나 이로 인해 피해를 받는다고 인식하는 집단에서 더욱 활발하게 나타나는 경향이 있다. 특히 정부정책에 의해서 그들의 재산권이 침해 받는다고 인식한다면(예: 토지사용 제한) 정책 이해관계자 등은 더욱 강력하게 정부에 저항할 것이다. 그들은 보다 적극적으로 자신들의 선호를 표출하면서 정부 정책에 저항하게 된다. 이러한 과정들이 시민들의 권리 증진에 중요하게 영향을 미칠 수 있다는 것이다.

둘째, 공공갈등관리에의 시민참여는 시민들이 정부 정책 등에 대해 의견을 표명하고 이를 정책의사결정에 반영하는 과정이기에 민주성, 자율성, 책임성 등의 가치·이념 증진에 기여할 수 있다. 시민들이 공공갈등관리 과정 전반에 참여함으로써 특정 정책에 대해 관료들만 가지고 있는 정보로 인해 시민과 관료들 사이에 발생하던 정보 비대칭성 문제와 도덕적 해이 문제 등도 극복할 수 있다. 뿐만 아니라 공공갈등 해결 방안에 있어서 시민들의 적극적인 참여와 지지는 시민들의 자기결정권을 실현시키는 데 기여할 수 있다. 시민들은 자신들이 공공갈등 해결에 영향을 미칠 수 있다고 느낄 때 '정치적 효능감 (political efficacy)'도 배양시킬 수 있는 것이다(Campbell et al., 1954).

셋째, 공공갈등관리에의 시민참여 확대는 현대 사회의 행정환경 변화에 따른 성공적 전략 실현으로 볼 수 있다. 특히 최근 행정환경의 변화는 참여형 공공갈등관리 방안의 타당성을 더욱 증진시키고 있다. 예를 들어 오늘날의 행정문제들은 쉽게 해결될 수 없으며, 다양한 이해관계자들 간 관계의 복잡성이 더욱 커지고 있고, 쉽게 예측할 수 없는 공공난제(public wicked problem)가 증가함으로써 현대 사회에서는 더 이상 권위적이고 위계적인 계층적 거버넌스 중심의 공공갈등관리 방안 적용이 적합하지 않다는 것이다. 특히 현대 사회의 문제해결 방안으로 도구적 합리성을 강조하는 접근방법을 활용하는 것은 적절하지 않으며, 다양한 이해관계자들의 상호조정 및 협력을 강조하는 접근방법을 활용하는 것이 필수적으로 요구되고 있다(최영준·전미선, 2017). 다시 말해 오늘날에는 정부 중심 또는 소송 중심의 전통적 공공갈등해결 방안은 점점 그 타당성을 잃어가고 있으며, 참여형 공공갈등관리 방안이 더욱 주목을 받고 있다는 것이다.

2) 참여형 공공갈등관리의 법·제도적 장치

우리나라에서의 참여형 공공갈등관리 방안의 법·제도적 근거는 앞서 살펴본 「공공기관의 갈등 예방과 해결에 관한 규정」 제6조와 제15조에서 찾을 수 있다. 해당 법 제6조(참여와 절차적 정의)에 의하면 '중앙행정기관의 장은 공공정책을 수립·추진할 때 이해관계인·일반시민 또는 전문가 등의 실질적인 참여가 보장되도록 노력하여야 한다'라고 제시되어 있다. 다시 말해 정부가 공공정책을 실시할 때 이해관계인, 일반시민, 전문가 등의 참여가 실질적으로 보장될 수 있도록 충분한 정보를 제공해야 하며, 공정한 정보접근 기회를 제공해야 한다는 것이다. 그리고 동법 제15조(참여적 의사결정방법의 활용)에 의하면,

'① 중앙행정기관의 장은 제13조 제5호에 따른 갈등영향분석에 대한 심의결과 갈등의 예방·해결을 위하여 이해관계인·일반시민 또는 전문가 등의 참여가 중요하다고 판단되는 경우에는 이해관계인·일반시민 또는 전문가 등도 참여하는 의사결정방법을 활용할 수 있다. ② 중앙행정기관의 장은 공공정책을 결정함에 있어 참여적 의사결정방법의 활용결과를 충분히 고려하여야 한다'라고 규정되어 있다. 이와 같이 「공공기관의 갈등 예방과 해결에 관한 규정」에서는 효과적인 공공갈등관리 방안으로 참여적 갈등해결 방안을 강조하고 있다.

3) 참여형 공공갈등관리의 의미

참여형 공공갈등관리는 시민들의 참여를 통해 공공갈등문제를 해결하는 방안을 적극적으로 모색하기 때문에 시민참여의 의미를 간략히 살펴볼 필요가 있다. 시민참여는 시민들이 공공정책과정에 참여하여 자신들의 의사를 적극적으로 전달하는 활동이라고 할 수 있다(윤종설·주용환, 2014; 이승종 외, 2011; Verba & Nie, 1972). 시민참여의 형태는 다양하게 나타난다. 시민단체와 같은 결사체나 조직을 형성하여 정책과정에 참여하기도 하고 시민 개개인이 직접적으로 참여하기도 한다. 시민참여의 주체는 사회적 약자부터 시민대표까지 누구나가 될 수 있다. 이처럼 시민참여를 제한된 집단이 아닌 일반시민 전체로 확대할 때, 공공갈등관리 과정에서의 시민참여는 단순히 갈등 이해관계자들만을 의미하는 것이 아니라 일반시민들 누구나의 참여를 포함하는 개념으로 이해할 수 있을 것이다.

보다 구체적으로 정책과정에서 공공갈등해결을 위한 시민참여의 확대는 다음과 같이 설명될 수 있다. 정책의제설정 과정에서 시민참여는 사회문제를 쟁점화하여 이를 정책문제로 전환시키고자 시민들의 의견을 적극적으로 수렴하는 것이다. 또한 공공갈등 발생 가능성이 높은 정부 정책이나 사업과 관련해 시민들에게 공공갈등의 이슈와 범위를 직접적으로 검토할 수 있는 기회를 제공하는 것이다. 정책과정에 반영되는 시민의견은 주로 온라인 투표, 정책포럼, 주민제안제도 등을 통해 수렴된다(유희정·이용숙, 2015). 정책의사결정 과정에서는 시민들이 정부위원회나 협의체, 공청회 등을 통해 자발적으로 공공갈등 관련 의사결정에 참여하는 것이다. 이때 정부는 시민들의 의견을 공공갈등관리와 관련된 정부 의사결정에 적극적으로 반영해야 한다. 정책집행과정에 있어서 시민참여는 시민들이 공공갈등관리가 원활하게 이루어졌는지를 점검하는 과정에서 이루어진다. 공공갈등관리와 관련된 의사결정이 의도한 대로 집행되었는지를 시민들이 감시·감독한다는 것이다. 특히 이러한 과정에서는 공공갈등관리 평가와 연계된 모니터링, 자체평가위원회, 여론조사 등의 방안을 통해 적극적인 시민참여가 이루어질 수 있다.

4) 참여형 공공갈등관리의 참여 대상

참여형 공공갈등관리 방안을 논의할 때 주의해야 할 것은 '누가 참여하는가'에 대한 것이다. 최근 공공갈등관리 방안의 하나로 참여형 거버넌스 체계가 확대되면서 특정 정책에 있어 이해관계자를 어느 범위까지 포함해야 할 것인가가 중요한 논쟁의 대상이 된다(박치성·정창호, 2014). Kingdon(1995)은 정책이해관계자를 가시적 집단(visible cluster), 숨겨진 집단(hidden cluster), 이익집단(interest cluster)으로 구분하고 있지만, 갈등문제 당사자를 누구까지 포함시킬 것인가에 대해서는 아직까지 명확한 합의가 이루어지지 못했다. 가시적 집단과 이익 집단만을 갈등해결 과정에 포함시킬 것인지, 아니면 숨겨진 집단까지를 포함시킬 것인지는 참여형 공공갈등관리를 이해하는 데 중요하게 고려될 필요가 있다. 즉 공공갈등관리의 참여 대상 범위에 따라 참여형 공공갈등관리 방안이 달라질 수 있다는 것이다.

만약 공공갈등관리의 참여자를 이해관계나 전문성 유무와 관계

없는 일반시민으로 한정한다면(대통령자문 지속가능발전위원회, 2005: 232), 참여형 공공갈등관리의 범위는 상대적으로 좁게 해석될 수밖에 없다. 현실에서 발생하는 공공갈등 상황에서는 갈등 이해관계자 및 전문가, 일반시민의 구분이 불명확한 경우가 많기 때문이다. 이는 시민을 행정서비스의 고객임과 동시에 정부 정책에 영향을 미칠 수 있는 공적 상호(public interaction) 주체로 해석하는 Liplsky(1980)의 의견과도 일맥상통하는 측면이 있다. 이때 정부 정책에 영향을 주는 공적상호 주체인 시민은 다소 넓은 범위로 해석된다. 이와 관련해 공공갈등관리 과정에 있어서도 이해관계자와 전문가를 제외한 좁은 의미의 일반시민만을 공공갈등관리에 포함시키고자 한다면 이때의 공공갈등관리는 실패할 가능성이 크다. 따라서 이러한 점을 고려해 볼 때 시민 참여형 공공갈등관리 방안에서는 좁은 의미의 일반시민 참여가 아닌, 공공갈등의 갈등 이해당사자들, 전문가들, 이해관계나 전문성이 없는 일반시민들 모두를 포괄하는 넓은 의미의 시민 개념을 적용할 필요가 있을 것이다.

5) 효과적인 참여형 공공갈등관리 방안 조건

효과적인 참여형 공공갈등관리 방안을 모색하기 위해서는 무엇보다도 공공갈등관리 참여자들의 권력관계 불균등이 해소될 필요가 있다. 협력적 거버넌스를 '자율적 개인들의 자발적 협동에 의한 사회적 조정'이라고 간주할 때, 시민참여와 협력적 거버넌스는 높은 연관성을 지닌다(이명석, 2010). 다시 말해 참여자들 간 협력적 거버넌스를 기반으로 하는 참여형 공공갈등관리 방안이 효과적으로 운영되기 위해서는 참여자들 간 권력의 불균등 문제는 반드시 해소되어야 한다는 것이다(Susskind & Cruikshank, 1987; Ansell & Gash, 2008; 이명석, 2010). 만약 공공갈등관리 과정에서 갈등관리 참여자들의 권력 크기가 불균형적으로 나타날 때, 더 많은 권력을 지닌 집단이 그렇지 않은 집단에게 영향을 미칠 수 있어 갈등 구도가 예상치 못한 방향으로 변화될 수 있다는 것이다(신상준·이용숙, 2017). 이러한 경우 공공갈등관리 행위자들의 원활한 참여가 이루어지지 못할 수도 있다. 예를 들어 의약분업 사례에서 나타나듯이 강력하고 조직화된 권력을 지닌 의사단체(협회)는 정부의 의약분업정책에 지속적이고 주도적으로 반대의 목소리를 냄으로써, 의약분업 정책의 지연을 초래하기도 하였다. 또한 공공정책 수립 과정에서 발생하는 상당수 갈등(예: 한탄강 댐 건설) 사례에서는 정부가 다른 행위자들보다 더 많은 인적자원, 재정자원, 정보자원 등을 가짐으로써 막대한 권력을 행사하고, 이 때문에 민간 참여자들의 의견이 적극적으로 반영되지 못하는 경우가 많았다. 이와 관련해 정부가 공공갈등관리에 있어서 보다 적극적인 시민들의 참여를 실질적으로 보장하기 위해서는 공공갈등관리 과정에 참여하는 참여자들에게 자율적 권한을 부여하는 방안을 검토할 수 있다. 이를 바탕으로 갈등해결을 위한 공공갈등관리 참여자들의 협력적 의사결정을 이끌어 낼 수 있을 것이다.

2. 참여형 공공갈등관리의 효과

1) 참여형 공공갈등관리의 긍정적 효과

참여형 공공갈등관리의 긍정적 효과는 정책과정에서의 시민참여 효과와 유사성이 있다. 정책과정에서 시민참여가 확대되면 정부와 시민사회는 원만한 협력관계를 형성할 수 있을 것이다(예: 김창수, 2005; 박천오, 2002). 보다 구체적인 정책과정에서의 시민참여 확대 효과는 다음과 같다. 첫째, 시민참여는 대의민주주의 한계를 보완할 수 있어 정책의 책임성과 대응성을 증진시킬 수 있다. 둘째, 시민참여가 확대되면 정책문제와 정책수요를 정확하게 판단할 수 있게 되어 정책의 민주성과 합리성을 증진시킬 수 있다. 셋째, 시민참여를 통해 정책에 대한 다양한 의견이 제시되어 전문가 위주의 정책 능률 편향주의 한계를 극복할 수 있다. 넷째, 특정 집단이 아닌 다양한 집단 혹은 시민들의 의견이 반영되어 사회적 형평성을 증진시킬 수 있다. 다섯째, 시민들의 의견이 정책과정에 적극 반영되기 때문에 시민들의 정책에 대한 수용성(acceptance)이 증진될 수 있다. 여섯째, 정부활동에 대한 신뢰와 시민 이해를 증진시킬 수 있다(박천오, 2002: 3-4).

이와 같이 정책과정에서 시민참여가 확대되면 정부와 시민들의 협력이 증가해 공공갈등관리에도 긍정적인 영향을 미칠 수 있다. 예를 들어 정부와 시민들의 협력 증가는 갈등 당사자 간 의사소통 활성화에 기여할 수 있다. 이를 통해 공공갈등관리에 대한 계획을 수립하고, 이러한 계획들을 수행하는 정부와 갈등 대상자들 혹은 시민들 사이의 프레임 차이도 해소될 수 있다. 뿐만 아니라 갈등당사자 간 혹은 정부와 시민 간에 다르게 인식되는 비용과 편익의 격차를 좁힐 수 있으며, 수평적이고 개방적인 관계 형성을 통해 공공갈등 해결에도 도움을 줄 수 있다. 이와 같이 참여형 공공갈등관리 방안은 정부와 시민들의 의사소통을 활성화시켜 갈등의 예방, 상호이해, 정부 정책에 대한 정당성과 대응성 증진에도 기여할 수 있는 것이다. 공공갈등관리 과정에서 시민참여 확대는 민주성과 정당성을 증진시킬 뿐만 아니라 궁극적으로는 효율적인 공공정책 달성에 긍정적인 영향을 미치게 된다(권경득 외, 2015). 특히 시민들과 정부 상호 간 신뢰가 형성될 때 참여형 공공갈등관리 방안의 효과는 더욱 긍정적으로 나타날 수 있다. 사회구성원들 간 상호신뢰 등 사회적 자본이 축적될 때 소통문화가 정착되고 다양한 가치들이 상호 존중됨으로써 갈등관리가 성공적으로 이루어질 가능성이 높아지는 것이다(이호용, 2013: 708). 시민들의 정부에 대한 신뢰뿐만 아니라 정부 특히 관료들의 시민들에 대한 신뢰가 높아져 정책의 수용성은 더욱 증진되고 시민참여의 긍정적 효과도 더욱 커질 수 있다(유희정·이용숙, 2015).

2) 참여형 공공갈등관리의 부정적 효과

그러나 참여형 공공갈등관리 방안이 항상 긍정적인 효과만을 초래하는 것은 아니다. 이는 정책과정에서의 시민참여가 초래하는 부정적 영향과 유사한 맥락으로 이해될 수 있을 것이다(박천오, 2002: 4-5). 첫째, 다양한 행위자들의 정책관여, 즉 정책과정에의 시민참여는 추가적인 사회적 비용과 시간소모를 유발시켜 정책의 능률성을 저해할 수 있다. 둘째, 일반시민의 참여가 아닌 조직화된 특정 집단의 정책과정 참여는 정부기관을 포획하여 정책과정의 중립성과 보편적 이익을 저해할 수 있다. 셋째, 정치 선동가에 의해서 시민참여가 이루어지는 경우 대립되는 이슈에 대한 갈등이 더욱 증폭될 수 있어 정치와 행정의 안정성을 저해할 수 있다. 넷째, 충분한 자원과 정보를 지니지 못한 시민들이 정책과정에 참여하는 경우 오히려 정책의 전문성과 합리성을 저해할 가능성이 높다. 다섯째, 시민참여가 집단이기주의로 변질될 경우 심각한 사회적 부작용이 발생할 수 있다.

특히 공공갈등관리 참여자들의 공익이 서로 다르게 형성된다면 공공갈등의 관리 방안 역시 일관적이지 못하고 비효율적으로 나타날 수 있다(Lynn, 2002). 무엇보다도, 공공갈등관리에 참여하는 각 집단의 집단이익이 공익이라는 명분으로 변질되어 주장될 가능성이 높다. 무엇보다도 소수 집단, 즉 소수의 시민대표만이 공공갈등관리 과정에 참여하게 될 경우 다수 일반시민들의 권리와 형평성 보장보다는 참여한 일부 소수 집단의 편익과 이익만이 중요시될 가능성이 높다(Verba & Nie, 1972). 이로 인해 공공갈등관리에서 시민참여의 중요성이 강조되는 이유 중 하나인 민주성, 대응성, 공익달성의 효과는 사라질 가능성이 높아, 공공갈등이 증폭될 수도 있다. 뿐만 아니라 시민들의 참여가 강제적이지 않으며, 공공갈등관리 과정에의 참여와 이탈이 자유롭다는 점은 결국 공공갈등관리의 책임성을 저해하는 현상을 초래할 수도 있다(나태준, 2010). 공공갈등관리 과정에서 시민들의 참여가 확대될 때 다양한 행위자들의 의견이 갈등관리 과정에 적극적으로 반영될 수 있다는 장점은 있지만, 이러한 장점이 오히려 집단행동의 딜레마 문제를 유발시킬 수도 있는 것이다. 그러나 참여형 공공갈등관리 방안을 모색함에 있어서 발생할 수 있는 부정적 효과를 지나치게 우려한 나머지 갈등관리 과정에서 시민참여를 제한한다면 이는 오히려 효과적인 공공갈등관리를 어렵게 하고 갈등을 더욱 증대시킬 수도 있다. 따라서 참여형 공공갈등관리의 긍정적인 효과를 강화하고 부정적인 효과를 방지하기 위해서는 공공갈등의 주요 주체이기도 한 정부 혹은 관료의 역할이 중요하게 고려될 필요가 있다.

3. 참여형 공공갈등관리를 위한 정부(관료)의 역할

효과적인 공공갈등관리를 위해서는 시민들의 참여를 제도화 하는 방안을 고려할 필요가 있다. 이를 위해서는 무엇보다도 정부 혹은 관료의 역할이 중요하다고 할 수 있다. 정부는 정책의 정당성을 확보하기 위하여 다수 시민들의 참여를 지지한다(Langton, 1978). 시민참여가 민주적 정당성을 확보하기 위한 중요 방안이 된다는 점에서는 이의가 없으나, 효과적인 참여형 공공갈등관리 방안을 마련하기 위해서 정부는 단지 시민의 의견을 전달받고 이를 그대로 집행하는 역할에만 머물러서는 안 된다. 보다 구체적으로 정부가 정책의 국민 수용성과 정부 행위의 정당성을 확보하기 위해서 시민참여를 증진시켜야 하는 것은 맞지만, 궁극적으로 달성해야 할 정부와 시민사회의 관계는 공익달성의 목표를 바탕으로 정부가 시민의 선호와 의사를 적극적으로 반영하는 정부-시민 간 협력적 파트너십과 거버넌스 구축에 있다(김창수, 2005; 나태준, 2010; 유희정·이용숙, 2015; King et al., 1998).

참여형 공공갈등관리 방안이 효과적으로 운영되기 위해서는 공공갈등관리 과정 참여자들의 권력관계가 균형잡히고, 참여자들의 적극적인 의견제시 기회가 보장되어야 하는데 이를 달성하기 위해서는 정부 혹은 관료의 역할이 중요하게 고려될 필요가 있는 것이다. 정부 혹은 관료는 공공갈등관리 과정에의 주요 참여자일 뿐만 아니라 정부나 관료 스스로가 정책과정에 일반시민들의 의견을 적극적으로 반영하는 등 수평적 권력관계를 유지할 수 있는 영향력을 지닌다(Cooper, 1984). 공공갈등관리 과정에서 참여자들이 누구나 배제되는 일 없이 공평하게 참여할 수 있도록 기회를 제공하는 것은 정부의 의지에 달려있다고 해도 과언이 아니다(신상준·이용숙, 2017). 그러나 만약 정부가 일부 시민들을 의도적으로 조직화하여 공공갈등관리 과정에 참여시키고, 이렇게 인위적으로 조작된 시민참여가 주를 이룬다면 정부와 시민사회의 결탁으로 인해 오히려 더 큰 사회적 문제가 발생될 수도 있을 것이다.

따라서 바람직한 참여형 공공갈등관리 방안 모색을 위해 정부 혹은 관료의 역할은 다음과 같이 제시될 수 있을 것이다. 첫째, 정부는 조직과 인력 차원에서 효과적인 갈등관리 전담조직 및 갈등관리 지원기구의 설치·운영을 적극 검토할 필요가 있다(국회예산정책처, 2014). 참여형 공공갈등관리 방안이 성공적으로 마련되기 위해서는 시민들의 참여를 보장하고 이를 효과적으로 관리할 수 있는 조직과 인력이 안정적으로 공급될 필요가 있다. 현재 소수의 제한된 국무조정실 갈등담당인력으로 중앙부처의 공공갈등관리를 총괄하고 있는 우리나라의 상황을 고려해 볼 때, 갈등영향분석 지원, 갈등과제 파악, 갈등교육, 갈등조정 지원 등이 현실적으로 불가능하다. 뿐만 아니라 중앙부처 내에서 갈등관리 전문 인력 없이 공무원들이 기존의 업무에 더하여 공공갈등 관리 업무를 담당하는 방식으로 운영되는 우리나라 현실에서는 참여형 공공갈등관리 방안의 긍정적인 효과를 기대하기 어려울 수도 있다(국회예산정책처, 2014). 그러나 전 세계적으로 참여형 공공갈등관리에 대한 관심이 높아지고 있는 상황을 고려해 볼 때, 우리나라에서도 전문화된 공공갈등관리 조직과 인력은 필수적으로 갖추도록 해야 할 것이다. 특히 미국, 프랑스, 영국 등 해외 선진국과 같이 중앙부처 내 '갈등관리지원기구'를 설치하여 공공갈등관리에 대한 대국민 인식 제고와 공공갈등관리 실태 점검 및 평가를 통한 참여형 공공갈등관리 정착에 기여할 수 있도록 해야 한다. 같은 맥락에서 효과적인 참여형 공공갈등관리를 위해서는 공무원들에 대한 갈등관리 교육·훈련도 필수적으로 이루어질 필요가 있을 것이다. 지금까지는 우리나라 중앙행정기관의 공공갈등관리 교육이 일회성 또는 단기교육 위주로 시행되었던 것이 사실이다. 때문에 공무원들의 갈등 교육 실효성은 낮은 수준에 머물러 있었던 것이다(국회예산정책처, 2014). 그러나 이제는 참여형 공공갈등관리의 중요성을 인식하고 시민참여를 효과적으로 관리할 수 있는 공무원 역량증진에 대한 관심을 환기시킬 필요가 있다. 이를 위해서는 일방적인 강의식 교육에서 탈피하여, 역할연기, 학습공동체, 코칭 등과 같은 새로운 역량기반 교육·훈련방안들을 도입하여 공무원들에게 현실적이고 실용적인 공공갈등관리 교육·훈련을 제공할 필요가 있다(김정인, 2016a).

둘째, 참여형 공공갈등관리 방안을 확립하기 위하여 정부는 프랑스의 '국가공공토론위원회'와 같은 공공토론기구를 도입하여 공공토론 제도를 확립할 필요가 있다(국회예산정책처, 2014). 공공토론 제도가 확립되면 현재 우리나라에서 운영되고 있는 경제성 위주의 평가인 '예비타당성조사' 제도가 보완될 수 있을 것이다. 공공토론 제도는 경제성뿐만 아니라 시민들의 정책에 대한 사회적 수용성도 높일 수 있다. 또한 이는 단순히 전문가 위주로 구성된 사업 타당성 평가에서 벗어나 전문가의 도움을 받아서 정부 정책 혹은 사업에 대한 충분한 정보와 지식을 갖춘 일반시민과 사업 이해관계자들 모두가 참여할 수 있는 장을 마련해 줌으로써 사회적 협의 도달에 긍정적인 역할을 할 수 있다. 그러나 현재 우리나라는 단순히 공공토론기구를 설치하는 것만을 목적으로 해서는 안 된다. 공공토론 제도의 정착을 중요하게 논의해야 할 상황이기 때문에 공공갈등관리 관련 기구와 제도에 대한 재정비와 실효성 있는 갈등관리 제도에 대한 검토가 반드시 수반될 필요가 있다.

셋째, 실질적이고 효과적인 참여형 공공갈등관리를 위해서 정부는 다양한 참여적 의사결정기법을 도입할 수 있는 제도적 여건을 마련해야 한다(국회예산정책처, 2014). 시민들의 다양한 의견을 반영하기 위해서는 무조건적이고 일방적인 갈등관리 방안을 도입하기 보다는 갈등사안에 따라 차별화된 참여형 공공갈등관리 기법을 도입할 필요가 있다. 이와 관련된 구체적인 참여형 공공갈등관리 기법에 대해서는 본서의 제4장에서부터 자세히 논의하기로 한다.

4. 참여형 공공갈등관리 방안의 유형과 연구방향

참여형 공공갈등관리 방안은 시민들의 공공갈등 과정 참여를 중심으로 하고 있다 해도 과언이 아니다. 그럼에도 불구하고 참여형 공공갈등관리의 유형은 다음과 같은 기준에 따라 구분할 수 있을 것이다. 첫째, 참여 대상자의 범위이다. 공공갈등관리 과정에의 참여자 범위가 협소한지 아니면 광범위한지에 따라 참여형 공공갈등관리 유형이 달라질 수 있다. 갈등관리 과정의 참여자 범위가 일반시민을 포함하여 광범위하게 논의될 수도 있지만, 직접적인 갈등 대상자들을 중심으로만 논의될 수도 있다. 둘째, 참여의 수준에 따라 참여형 공공갈등관리 유형을 구분할 수 있다. 공공갈등관리 참여자들의 숙의 정도가 높은지 아니면 낮은지에 따라서 참여형 공공갈등관리 유형이 달라질 수 있다는 것이다. 공공갈등관리 참여자가 제한적이고 소극적으로 영향을 미치는지, 아니면 충분한 숙의를 통해 공공갈등관리에 상당한 영향을 미치는지에 따라 참여의 수준이 달라질 수 있다(Ansell & Gash, 2008). 특히 숙의의 수준이 높을 때 갈등관리에 대한 의사결정의 질은 높아질 수 있다.

〈표 3-1〉 참여형 공공갈등관리 방안 유형

		참여 대상자 범위	
		협소	광범
참여의 수준 (숙의)	낮음	공청회	국민투표·주민투표
	높음	ADR	공론화(숙의민주주의)

위의 두 기준에 따라 〈표 3-1〉에서는 참여형 공공갈등관리 방안을 네 가지 유형으로 구분하였다. 첫 번째 유형은 참여 대상자가 상대적으로 협소하며 참여의 수준(숙의)이 낮은 공공갈등관리 방안이다. 공공갈등과 직접적인 이해관계가 있는 참여자들이 주로 공공갈등관리 과정에 참여하며, 이들은 갈등상황 전반에 대한 충분한 숙의 과정을 거치지 못한 경우가 많다. 이와 관련된 대표적인 예로는 공청회 등을 제시할 수 있다. 공공갈등 상황에서 시행하는 공청회는 갈등에 대한 충분한 숙의가 이루어지지 못한 갈등의 직접적인 이해관계자들이 주로 참여하게 된다. 이 과정에서 참여자의 의견은 제한적으로 반영되며 충분한 토론과 토의가 이루어지지 못하기 때문에 공청회와 같은 갈등관리 방안은 형식적으로만 운영되기 쉽다. 두 번째 유형은 공공갈등관리 과정에의 참여자 숙의 수준은 낮으나 갈등 당사자 외에 일반시민 다수가 참여하는 방안이다. 현재 국민투표나 주민투표 방안이 이와 관련된 대표적인 방안으로 제시될 수 있다. 공공갈등을 해결하기 위해서 다수의 참여자들이 갈등관리 과정에 참여하기는 하지만 참여의 형태는 일회적 행위인 투표를 통해서 이루어지는 경우가 많다. 이러한 경우에 참여는 충분한 숙의 과정을 거치지 못한 채 이루어지는 경우가 많다. 세 번째 유형은 공공갈등관리의 참여자가 갈등의 직접적인 당사자, 중재자 또는 조정자가 되며, 숙의의 수준은 다소 높은

경우이다. 이와 관련된 대표적인 참여형 공공갈등관리 방안으로는 ADR이 제시될 수 있을 것이다. 네 번째 유형은 공공갈등관리 과정에서 참여자 숙의 수준이 높고, 일반시민 등 다수가 갈등관리 과정에 참여하는 경우이다. 이와 관련된 대표적인 방안으로는 공론화가 있다.

본서에서는 참여형 공공갈등관리 유형 중에서 참여자들의 갈등에 대한 숙의가 적절히 이루어질 수 있고 참여의 수준이 높은 참여형 공공갈등관리 방안을 중심으로 논의하기로 한다. 따라서 본서에서는 ADR과 공론화에 초점을 맞추어 참여형 공공갈등관리 방안을 살펴볼 것이다.

제 4 장

공공갈등관리 방안으로서의 ADR

1. ADR 등장배경과 중요성

최근 한국 사회가 다원화·민주화 되면서 사회적 갈등은 더욱 심화되고 있다. 그러나 사회적 갈등해결 방안은 여전히 정부 주도적이거나 법원 판결에 의존하는 경우가 많다. 사법제도의 한계인 고비용·저효율의 문제를 극복하기 위하여 1976년 미국 파운드 회의(Pound Conference)에서 처음 소개된 ADR은(임동진, 2013a; 김희곤, 2008), 법 개혁 운동의 일환으로 제시되었다. 1960년대 미국 사회의 인권향상은 개인들의 법적 보호 의식을 증진시켰고, 개인들의 강화된 사생활보호 인식은 사회적으로 법적 소송을 증가시키는 부작용을 초래하였다. 이러한 법원 소송 증가 문제를 적극적으로 해결하기 위하여 1970년대 초, 법 개혁 운동으로서의 ADR이 활용되기 시작한 것이다(김희곤, 2008: 63). ADR의 등장 배경을 고려해 볼 때, ADR의 가장 중요한 목적은 분쟁사건해결의 비용과 시간 절감 및 법원을 통하지 않고도 분쟁해결당사자들 간에 민주적이고도 자발적인 협력을 도출해 내도록 하는 것이다. 그러나 국내에서는 최근 새로운 사회적 갈등 해결 방안으로 활용되고 있는 ADR에 대한 연구가 여전히 미흡한 실정이다.

그동안 우리나라에서는 ADR이 실무적으로나 이론적으로 활발하게 이용되지 못했다. 다양한 분쟁해결 방안이 있었지만, ADR이 국내의 법학과 행정학 분야에서 연구되기 시작한 시점은 그리 오래되지 않았다는 것이다. 1990년부터 2008년까지 발생한 총 624개의 공공분쟁을 연구한 김학린(2011: 198)에 따르면, 우리나라에서의 갈등 빈도는 지속적으로 증가하고 있으나, 복잡한 갈등해결 과정으로 분쟁해결이 지체되고 이로 인하여 사회적 갈등해결 비용이 증가하고 있다고 한다. 우리나라에서의 주된 공공갈등 해결 방안은 행정집행과 협상이며, 조정, 중재, 주민투표 방식 등과 같은 새로운 갈등해결 방안의 활용도는 낮은 실정이다. 다시 말해, 우리나라에서는 현실적으로 ADR을 잘 활용하지 않았을 뿐만 아니라, ADR에 대한 이론적 연구 역시 제한적으로 이루어져왔다는 것이다. 국내 ADR 관련 주요 선행 연구는 대부분이 ① 주관기관에 따른 행정형 ADR, 사법형 ADR, 민간형 ADR로의 분류에 관한 연구(예: 이선우 외, 2014; 임동진, 2013a; 정정화, 2012; 하혜영, 2009), ② 활용기법에 따른 ADR 연구(예: 김준한, 1996), ③ 의무적 도입 또는 자발적 ADR의 적용여부에 관한 연구(예:김희곤, 2008), ④ 구속성 또는 비구속성 등과 같은 ADR의 효력에 관한 연구(예: 김희곤, 2008)가 주를 이루었다. 기존의 ADR 관련 국내 연구에서는 포괄적인 기준에 근거하여 ADR에 접근하기 보다는 단편적 기준에 따라 ADR에 접근하다 보니, 자연스레 각 국가의 사법체계와 행정체계, 문화적 특성, 특히 ADR 대상 사건의 특성을 반영하지 못하는 한계를 지니게 되었다(World Bank, 2011). ADR은 사법적 판결에 의해서 분쟁을 해결하는 방안이 아니기 때문에, ADR을 통한 효과적인 분쟁해결을 위해서는 ADR과 관련된 모든 사항들이 고려되어야 한다.

ADR의 근본 목적은 분쟁당사자 간의 합의를 통한 분쟁해결비용 절감이지만, 현실적으로 우리나라 ADR은 법원의 조정과 중재제도를 활용하거나, 행정형 ADR 기구를 통해서 분쟁을 해결하는 데 중점을 두고 있다. 행정형 ADR을 중심으로 분쟁을 해결하는 방안은 행정비용 등 사회적 비용을 증가시키는 문제점을 나타내고 있으나(임동진, 2013a), 현재 우리나라 행정형 ADR 기구는 대부분이 정부위원회 조직유형으로 운영되고 있으며(이선우 외, 2014) 이러한 정부위원회 형식의 행정형 ADR 기구는 이것이 과연 효과적인 분쟁해결을 위한 조정기구인지 여부에 대한 신중한 검토 작업 없이 남설되는 경향이 있다. 또한 행정형 ADR 기구에서 활동하는 분쟁해결 위원들의 전문성 부족, 위원들의 중복 활동 증가로 인한 책임성 저하, 분쟁해결위원회의 일시적 운영으로 인한 분쟁해결기구 지속성 문제가 끊임없이 제기되고 있다(예: 임동진, 2013a; 정정화, 2012).

본장에서는 이러한 문제들의 해결 방안을 모색하기 위한 함의점을 다음과 같은 두 가지 관점에서 제시하고자 한다. 그 첫 번째는 행정형 ADR 기구 유형을 근본적으로 재논의하는 것이며, 두 번째는 ADR의 기본 목적 관점에서 우리나라 행정형 ADR 기구 운영 문제의 원인을 논의하는 것이다. 이와 관련해, 본장에서는 행정형 ADR 기구를 World Bank(2011)에서 제시한 ADR 분류 기준에 따라 재분류하고자 한다. 우리나라의 행정형 ADR에 관한 기존 연구에서는 주로 주관기관, 활용기법, 의무도입 여부, 구속여부 등에 따라 ADR 유형을 분류하여 ADR 기구들의 현황과 문제점 및 해결 방안을 제시하고 있다. 그러나 본장에서는 행정형 ADR 기구 운영에서 발생되는 문제 원인을 명확하게 파악하기 위해 분쟁사안의 특성과 분쟁사건해결 기구의 특성 기준에 따라 행정형 ADR 유형을 재분류할 것이다.

또한, 본장에서는 행정형 ADR 기구 운영의 문제점을 비용절감이라는 ADR의 기본 목적 차원에서도 살펴보고자 한다. ADR을 실제 운용함에 있어 많은 비용이 소모된다면 분쟁당사자들은 분쟁해결을 위해 ADR을 활용하기 보다는 다른 해결 방안을 찾으려고 노력할 것이다. 따라서 무엇보다도 비용측면에서 ADR의 효과성을 검토해 볼 필요가 있다. 이러한 분석을 통해 보다 체계적인 행정형 ADR 기구 운영의 함의점이 도출될 수 있을 것이다.

2. ADR의 개념과 공공갈등관리

1) ADR의 개념과 의의

사전적으로 ADR은 "갈등해결에 있어서 법원심리(court hearing)나 소송(litigation) 이외의 대안이 되는 갈등해결 방식이며, 이는 갈등당사자들이 제3자의 도움(없이)으로 갈등을 해결하는 방법으로, 공식적인 법원의 소송 등 법률적 절차(과정) 이외의 갈등해결방식과 기법"
으로 정의된다(임동진, 2013: 132). ADR은 소송이 아닌 비소송적 분쟁
해결수단이라는 측면에서 전통적 공공갈등관리(분쟁해소) 방안의 대안
으로 제시되고 있다. 공적 차원의 구제방법과 강제성을 강조하는 소
송에 비해서, ADR은 사적인 구제방법이며 자율성을 강조하는 대안적
분쟁해소 메커니즘으로서, 갈등 당사자와 중립적인 제3자의 협상, 조
정, 중재 과정을 중요하게 고려한다(이선우 외, 2014: 170). 대안적 갈등
해결 방안인 ADR은 소송 등의 해결 방안과는 달리 갈등 당사자 일방
의 승패를 가리는 방식이 아니라, 갈등 당사자 모두의 공동상생을 추
구하고, 갈등 당사자 모두가 자발적으로 수용할 수 있는 방안을 제시
한다는 측면에서 중요한 의의가 있다(Bowers, 1980).

　　ADR의 개념을 보다 명확하게 이해하기 위해서는 〈그림 4−1〉
과 같이 ADR의 범위를 도식화하여 살펴볼 필요가 있다. 갈등해결과
정과 결과의 통제가 갈등 당사자들에게 있는지, 아니면 제3자에게 있
는지에 따라 ADR 개념을 구분할 수 있다(임동진, 2013; Davis &
Netzley, 2001). 만약 갈등해결의 과정과 결과가 제3자에 의해서 이루
어지는 갈등해결 방안을 재판(trial)이라고 한다면, 갈등당사자들만이
이를 조정하고 통제하는 것은 협상(negotiation)이라고 할 수 있다. 그
리고 갈등해결 과정과 결과의 수준에 따라 조정, 조정−중재, 중재를
구분할 수 있다. 특히 이 중에서 조정(mediation)과 중재(arbitration)가
ADR의 핵심이라고 할 수 있다(임동진, 2013). 조정은 "갈등에 있어서
제3자인 조정자가 갈등해결에 조언자 또는 자문의 역할을 수행하며
갈등당사자가 직접 결정하는 방식으로 당사자의 합의내용은 법적인
효력이 없는 것에 반해, 중재는 갈등해결에 있어서 객관적이고 중립
적인 제3자에게 갈등해결의 전권을 위임하고 그 결과에 대해 당사자
들이 승복하는 형태로, 중재자의 결정은 법적 구속력을 갖는 경우"이
다(임동진, 2013: 133).

〈그림 4-1〉 ADR 개념 도식화

출처: 임동진(2013) 재인용

2) 공공갈등관리 방안으로서 ADR의 효과

ADR의 효과는 다음과 같은 차원에서 다양하게 제시될 수 있다 (이하 이선우 외, 2014: 170 - 171; 임동진, 2013a, 2013b; Goldberg et al., 1985). 첫째, ADR은 갈등 당사자와 제3자인 중립자의 자발적 참여와 적극적인 의사소통을 통해서 공공갈등을 해결하기에 공동체를 통한 공공갈등관리 방안이라고 할 수 있다. 자발적 협력을 통해 갈등 당사자들 간 신뢰향상과 협력적 분위기를 고취시킬 수 있다. 둘째, ADR은 갈등 당사자들의 자발적 협력을 통해서 문제를 해결하기에 효과적인 갈등방안이 될 수 있다. 갈등 당사자 모두 만족할 수 있는 갈등해결 방안이 제시될 수 있다는 것이다. 이를 통해서 갈등 당사자뿐만 아니라 갈등 관련 이해관계자들의 만족도 역시 증진될 수 있어 사회적 효용을 증진시킬 수 있다. 셋째, ADR은 갈등관리 비용을 낮출 수 있는 방안이다. 법원 소송의 과도한 비용을 줄일 수 있고 소송지연 비용과 소송으로 인한 사회적 갈등 비용 모두를 줄일 수 있다는 점을 고려해 볼 때 ADR은 단기적·장기적 관점에서 비용절감 효과를 가져올 수 있다. 넷째, ADR은 갈등해결 소요시간을 줄일 수 있다는 장점이 있다. 소송으로 문제를 해결하는 경우 상당한 갈등해결 시간이 소요되나, 갈등 당사자 간 협력적 분위기 확산으로 갈등문제를 해결할 경우 갈등해결 시간을 단축할 수 있다. 즉 이와 같이 ADR은 갈등비용과 시간의 경제적 거래비용을 줄이며, 갈등 당사자들의 문제해결 능력향상과 학습능력 증가에 도움을 준다.

그러나 ADR을 활용한 공공갈등관리 방안은 다음과 같은 차원에서 한계를 지닌다(이선우 외, 2014: 170-171; 임동진, 2013; 정정화, 2011). 첫째, 정부가 갈등당사자가 될 경우(예: 대부분의 국책사업으로 인한 갈등) 갈등 당사자들 간 권력의 균형이 이루어지지 않아 갈등 이해관계자들 사이에 신뢰구축과 자발적 협력이 이루어지기 힘들다. 정부는 갈등 당사자들에 비해 월등한 권력, 능력, 자원을 가지고 있어 갈등 당사자들 간 대등한 입장에서 자발적으로 갈등문제를 해결하기 힘들다. 또한 중립적이고 객관적인 제3자의 역할이 제대로 이루어지지 못할 수도 있다. 이러한 이유로 대부분의 국책사업 갈등 문제는 ADR로 해결되지 못하고 행정소송으로 이어지는 경우가 많았다(예: 한탄강 댐 건설, 제주해군기지 건설, 새만금간척사업 등). 둘째, ADR은 개인 간, 집단 간 이익갈등을 조정하고 중재하는 데에는 긍정적인 역할을 하지만 가치와 이념갈등의 문제를 조정하는 것은 어렵다. 특히 이념적, 종교적, 문화적 차원 등 가치 충돌 문제가 발생할 경우 갈등 원인이 복합적이고 근원적이어서 갈등 당사자들의 자발적 협력이 이루어지기 어렵고, 이 경우에는 제3자에 의한 객관적이고 중립적인 해결이 성공적으로 이루어지기 어렵다. 셋째, 운영상 문제점도 존재한다. 한국의 ADR 제도 및 기구들은 조정의 성격을 제대로 이행하지 못하고 있으며(특히 분쟁조정위원회들의 운영상 한계), 인력 및 조직의 전문성과 자원 등이 부족하고, ADR 기본법이 제정되지 못하고 있다. 또한 ADR 제도와 기구를 종합적으로 관리할 수 있는 중앙분쟁조정기구의 역할이 미흡하다.

3. ADR 관련 선행연구 및 접근 모형 이해

1) 법·행정 분야에서의 ADR 연구

ADR은 사회갈등을 해결하기 위해 새롭게 제시되는 대안적 방안이기 때문에 다양한 학문분야에 적용될 수 있을 것이다. 그러나 ADR 발생의 근간이 되었으며 끊임없는 연구가 이루어지는 학문분야가 법학이고(예: 사법형 ADR 기구), 실제 우리나라에서 ADR을 가장 많이 활용하고 있는 분야가 행정학(예: 행정형 ADR 기구)이기 때문에, 본장에서는 ADR 관련 선행연구 검토를 법학과 행정학 분야에 국한시키고자 한다.

(1) 법학과 행정학 분야에서의 ADR 연구

ADR은 법원판결의 한계점을 극복하기 위해 등장한 분쟁해결 방안이기 때문에 법학 분야에서 가장 활발하게 연구되고 있다고 볼 수 있다. 행정학 분야에서의 ADR 연구는 이론연구보다는 실증연구가 주를 이루고 있기 때문에 연구 범위가 제한적이며, 따라서 ADR 연구는 법학 분야에서 가장 활발하게 이루어지고 있다고 볼 수 있는 것이다(임동진, 2013a). 특히 법원판결의 비용을 줄이는 것이 ADR의 가장 근본적인 목적이기 때문에 법학에서의 ADR 연구 대부분은 ADR을 통해 분쟁이 해결되었을 경우 어느 정도의 경제적 편익과 비용이 발생하는지를 살펴보는 경제학적 분석 방법을 이용하고 있다(예: 조홍식, 2006; Shavell, 1995). 법학 분야에서 ADR 연구가 활발하게 이루어진 연구 영역은 주로 민법 분야이다. 이 중에서도 ADR 연구가 가장 활발하게 진행된 분야는 민사 및 가사조정 관련 ADR 활용이다. 이 밖에도 최근에는 온라인상에서 분쟁사건이 자주 발생함에 따라 이를 해결하는 데 ADR을 활용하는 사례가 늘고 있다(예: 김선광, 2006; 김윤정,

2011; 옥무석, 2006; 이영찬 외, 2007).

법학분야에서의 ADR 연구 대부분은 ADR의 효과에 관한 것이었다(예: Rosenberg & Folberg, 1994). 이 분야의 초기 ADR 연구에 의하면 ADR 효과가 반드시 긍정적이지만은 않다고 한다.[1] 그러나 대부분의 ADR 경제 효과분석은 긍정적인 결과를 제시하고 있다. 특히 시간과 비용이 적게 든다는 점에서 ADR의 장점이 강하게 제시된다(조홍식, 2006). 일부 실증분석에 의하면 ADR의 효과는 더욱 뚜렷하게 나타난다. ADR은 재판을 통한 분쟁사건 해결보다 많은 시간과 비용을 절약할 수 있다는 것이다(예: Lieberman & Henry, 1986).[2] 갈등 해결당사자들이 법원 밖에서 분쟁사건을 해결할 수 있기 때문에 법원 판단의 비용과 시간을 줄일 수 있으며, 분쟁 사건 해결방법이 강압적으로 이루어지기 보다는 당사자들을 비롯한 공동체를 중심으로 자발적이고 민주적으로 이루어진다는 측면에서 ADR의 긍정적인 효과가 나타났다는 것이다(Goldberg et al., 1985).

최근까지 ADR 연구는 행정학 분야에서 크게 주목을 받지 못했다(예: Bingham et al., 2005: Lan, 1997). 공공분야에서의 갈등문제 해결은 상당히 중요한 사안임에도 불구하고, 갈등해결을 위한 기술적 방법과 논리는 사회학, 국제관계학, 노동관계 분야에서 활발히 논의되었을 뿐, 행정학 분야에서의 논의는 미약했던 것이다(Lan, 1997). 그러나 2000년대에 들어서 국민들의 국정참여가 점차 증가하고 사회적 또는 정치적 갈등이 증대됨에 따라, 이러한 갈등문제를 해결하기 위한 방

---

1) 예를 들어 Edwards(1986: 683)의 연구에 의하면 분쟁사건을 제3자가 개입하여 사적으로 판단할 때 그 효력이 법원 판단 결과와 같은 신뢰성을 줄 수 있을 것인가가 의문시 된다는 것이다. 따라서 Edwards(1986)는 ADR이 분쟁해결에 있어 만병통치 방안이 될 수 없다고 주장하였다. 동시에 그는 ADR이 미국 사법 체계의 근간을 뒤흔드는 위협적인 제도라고 비판하였다.

2) 구체적인 예로, 미국 북캘리포니아(Northern District California) 지역에서는 ADR 과정이라고 일컬어지는 Early Neutral Evaluation(ENE) 제도를 활용하였으며, 이 제도를 이용하여 분쟁을 해결한 사람들의 약 60%는 이러한 중재 제도 절차에 만족하였고, 이 제도를 통해 분쟁해결 비용을 절약할 수 있다고 응답하였다(Rosenberg & Folberg, 1994).

안으로 제시되는 ADR에 관한 관심은 점차 커지고 있다(Ansell & Gash, 2008: 547). 최근 미국 행정부에서는 국민의 국정 참여를 적극적으로 증대시키기 위해 ADR을 새로운 준입법적 거버넌스 과정(quasi-legislative governance process)과 준사법적 거버넌스 과정(quasi-judical governance process)으로 고려하고 있다(Bingham et al., 2005: 550). 미국 연방정부의 ADR에 대한 관심은 1970년대에 환경과 자연자원에 대한 분쟁해결을 위한 기술적 조언을 구하는 과정에서 시작되었다. 이후 ADR이 미국 연방정부 행정 실무분야에서 중요한 역할을 하게 된 계기는, 1990년과 1996년에 「행정분쟁해결법」이, 1998년에 「대안적분쟁해결법」이 통과되었기 때문이다(Office of the Attorney General, 2007). 이 법을 기초로 하여 각 연방부처는 ADR 프로그램을 적극적으로 활용하기 시작하였다.

ADR에 관해 국내에서 수행된 행정학 분야의 연구는 크게 세 가지 관점에서 제시되고 있다. 첫째, ADR 도입근거·의의 및 특징, 그리고 도입의 필요성과 활성화에 관한 연구가 국내에서는 가장 활발하게 이루어지고 있다(예: 김준한, 2006; 안순철·최장섭, 2003; 한귀현, 2004). 예를 들어 행정부에서 제시하는 ADR 관련 제도의 특징을 법규와 연계해 제시하였고, 이를 위한 행정부의 역할강화 기능을 논의하였다(김준한, 1996). 둘째, 한국의 ADR 기구, 특히 행정형 ADR 기구의 특징 및 한계, 그리고 개선방안에 관한 연구도 활발히 진행되었다(예: 이선우 외, 2014; 정정화, 2012; 심준섭, 2012).3) 그리고 법학 쪽의 연구와 같은 맥락에서 ADR 효과분석이 제시되고 있다. 해외 연구와는 달리(예: Edwards, 1986), 우리나라에서는 아직까지 ADR의 부정적인 측면보다는 필요성, 즉 장점을 부각시킨 연구가 주를 이루고 있다. 이와 더불어 행정학 분야에서의 ADR 연구 대부분은 현재 운영 중인 우리나라

---

3) 미국의 ADR 연구도 같은 맥락에서 고려될 수 있다. 심층분석 내용을 제시하고 있지는 않지만 행정형 ADR 기구의 효과에 대한 실증분석이 이루어지고 있다는 것이다. 예를 들어, 미국 EPA의 ADR을 경험한 중재자, 조정자, 관련 전문가 등 대부분의 관계자들이 환경집행과정에서 활용된 ADR에 대해 매우 만족한 것으로 조사되었다(O'Leary & Raines, 2001: 684).

행정형 ADR 기구의 특징과 한계점, 그리고 개선방안을 제시하였다. 마지막으로, 행정학 분야에서는 한국의 ADR과 외국의 ADR 비교연구가 이루어져 왔다(예: 이선우 외, 2014; 정정화, 2012). 특히 ADR이 먼저 도입되어 성공적으로 운영되고 있는 국가들을 중심으로 해당국가의 ADR 제도를 소개하고, 바람직한 한국 ADR의 개선방안을 제시하였다.4)

(2) 법학과 행정학에서의 ADR 관련 선행 연구의 한계

법학과 행정학에서의 ADR 연구는 대부분이 ADR 주관기관, 활용기법, 강제력 여부, 구속력 등에 관한 것이었지만 연구범위와 방법에 있어서의 한계점이 나타난다. 우선 연구내용과 연구범위 대부분이 ADR 제도의 도입근거 및 필요성, 효과, 개선방안 등과 같은 ADR 관련 기본내용 기술에 머무르고 있다. 예를 들어 법학분야에서는 ADR의 성공방안을 연구한 논문들이 공통적으로 ADR의 조정자 또는 중재자의 전문성 향상을 강조한다. 미국 북캘리포니아의 ENE 제도에 관한 연구논문에서도 중립적 평가자의 태도(attitudes)와 기술(skills)이 ADR에 있어서의 가장 중요한 성공요건이라고 제시하고 있다 (Rosenberg & Folberg, 1994). 같은 맥락에서 행정학의 ADR 연구도 한계를 지닌다. 행정학 분야에서의 ADR 연구는 주로 행정형 ADR 기구의 문제점(예: 전문성 부족, 중립성 부족, 홍보 부족 등)을 제시하고, 이에 대한 해결 방안을 논의하는 수준에 머무르고 있다.

이러한 ADR 연구의 한계는 ADR이 지닌 본질적 특징을 고려하지 않은 채 법학과 행정학의 학문적 특수성만을 고려해 연구를 수행

---

4) 예를 들어 정정화(2012)는 한국, 미국, 일본의 조정제도를 상호 비교하면서 한국에서 ADR이 성공적으로 달성되기 위해서는 분쟁사건 당사자의 자율성, 조정인의 전문성, 그리고 조정인의 중립성이 마련되어야 한다고 주장하였다. 또한 이선우 외(2014)는 프랑스의 환경개발부 산하에 국가공공토론위원회(la Commission nationale du de-bat public: CNDP), 영국의 ACAS(Advisory, Conciliation and Arbitration Service)와 Thriving 제도를 소개하고 이 제도들이 우리나라의 ADR을 증진시키는 데 도움이 될 수 있다고 강조하였다.

한 결과를 나타낸 것이라 할 수 있다. ADR은 단순히 법학과 행정학 각 분야에 국한되어 적용되는 것이 아님에도 불구하고, 법학과 행정학 분야의 ADR 연구는 영역 간 상호연관성을 배제한 채 분절적으로 수행되고 있다. 즉 ADR을 활용한 분쟁해결 방안은 법원을 중심으로 해서만 이루어질 수 있는 것이 아닐 뿐만 아니라, 행정형 ADR 기구가 모든 ADR 문제를 담당해야 하는 것 또한 아니다. 법학과 행정학에서 ADR 연구가 분절적으로 이루어지는 이유는 이러한 학문 분야에서 활용되는 ADR 기구들이 분쟁사안들의 특성과 문제해결을 위한 제도적 장치들의 특징을 고려하지 않은 채 운영되고 있기 때문으로 볼 수 있다. ADR 활용방안은 분쟁당사자들이 처해 있는 사회·문화적 환경에 따라 달라질 수 있다. 한 나라의 법 체계가 권위적이고 통합적으로 운영되고, 사회·문화가 집권적인 성격을 띨 때 다양성을 기초한 분권적인 문제해결은 적절한 대안이 될 수 없다(World Bank, 2011: 18). 따라서 ADR 효과를 극대화하기 위해서는 행정형 ADR 기구를 일괄적으로 운영하여 분쟁을 해결하려 하기 보다는 분쟁당사자들 간 관련된 사회·문화적 특징, 법 제도 및 분쟁사건의 특징을 고려하여 적절한 ADR 유형을 활용하는 것이 바람직할 것이다.

2) ADR 관련 접근 모형

(1) 유형 분류 기준에 따른 ADR 접근

앞서 언급한 것처럼 행정형 기구 중심의 일괄적인 ADR 적용은 분쟁·갈등비용 절감이라는 ADR의 기본 취지에 부합되지 않는다. 갈등 비용절감이 ADR 운용의 가장 중요한 목적임에도 불구하고, 다수의 행정형 ADR 기구를 설치하고 분쟁사건을 분산적으로 관할하는 것은 오히려 ADR을 통한 행정비용을 증가시키는 문제를 유발한다. 예를 들어 최근 자주 발생하는 층간소음문제 등 민간분야 분쟁조정은 현재 중앙환경분쟁조정위원회 관할의 행정형 ADR 기구에서 담당하고 있다. 그러나 층간소음문제는 사적인 성격이 강하고, 행정형 ADR 기구가 이러한 사적인 분쟁을 해결하고자 할 때에는 또 다른 행정비용이 발생하게 된다. 뿐만 아니라, 이러한 성격의 분쟁에서는 당사자 간의 합의가 이루어지기 힘들기 때문에 행정형 ADR 기구를 통해 층간소음 문제를 해결하는 것은 비효율적이라고 볼 수 있다. 이와 관련해서도 분쟁특성을 고려한 ADR 유형 재분류가 시급한 실정이다. 따라서, 본장에서는 World Bank(2011)에서 제시하는 ADR 유형 분류 기준에 근거하여 ADR 접근방법을 재조명해 보고자 한다.

〈그림 4-2〉 ADR 조망도(Landscape)와 우리나라 ADR 적용

출처: World Bank(2011) 재구성

본장에서는 법학과 행정학 분야의 통합적 접근을 통해 분쟁해결 기관의 특성과 분쟁사건의 특징을 모두 고려한 World Bank(2011)의 ADR 모형을 활용하고자 한다. 〈그림 4−2〉에서 제시된 모형의 첫 번째 분류기준은 분쟁사안이 사적 영역에 해당되는지 아니면 공적 영역에 해당되는지 여부이다. 두 번째 분류기준은 사법체계가 어느 정도 집권화되어 있는지 혹은 분권화되어 있는지를 판단하는 것이다.

이러한 기준에 대한 보다 구체적인 설명은 아래와 같다.

첫 번째 분류기준은 분쟁사안의 특징이 공적 영역에 속하는지 아니면 사적 영역에 속하는지를 판단하는 것이다. 다시 말해, 분쟁사안이 단순히 사적인 영역에만 적용되는 개인 간의 갈등인지, 아니면 분쟁사안이 다수에게 영향을 미치는 공적인 갈등인지에 대한 논의이다 (World Bank, 2011). 사적인 영역에서는 ADR을 개인 간 사업 수단 (business tool)으로 간주한다(World Bank, 2011: 6). 이러한 기준에 의하면 사적인 영역의 분쟁사건은 주로 개인 간의 충돌로 갈등이 빚어지는 경우를 포함한다. 사적인 갈등사건의 예는 최근 심화되고 있는 아파트 층간소음문제가 해당된다고 할 수 있다.

이와는 반대로 분쟁사안이 공적인 성격을 띠는 사건이 있다. 공적 특성이 강한 분쟁사건은 그러한 분쟁이 다수의 사람들에게 영향을 미친다. 이러한 분쟁사건은 개인적인 문제로만 치부되는 것이 아니라, 정부차원의 대응이 요구되는 사안들이 대부분이다. 예를 들어, 전기위원회에서 담당하는 전기사업 허가, 전력구조정책 수립·추진, 전기요금 조정 및 체제개편, 소비자 권익보호, 전력계통의 안정적 운영에 관한 업무는 개인의 문제만이 아니라, 해당 사건들의 갈등영향력이 공적인 영역으로도 확대되는 사안이라 할 수 있다.[5]

두 번째 분류 기준은 집권화이다. 집권화를 판단하는 근거는 법원과의 관련성 정도가 된다. 집권성이 높다는 것은 법원의 영향력이 강하게 작용한다는 것이다(Reuben, 1997: 583). 사회적으로 사법부의 권위에 대한 신뢰가 강하기 때문에 법원이 분쟁해결을 위해 조정관과 중재관을 선정할 수 있으며, 판사 또는 법원에서 공식적으로 지명한 인사가 ADR의 중재자 역할을 직접 수행할 수 있다(World Bank, 2011: 20). 집권성이 강한 경우에는 법률 적용이 권위적이며 통제력이 높고, 사

---

5) World Bank(2011)에 의하면 공공성(publicness)이 강한 사회·문화에서는 ADR이 권위적이며, 갈등이 공적으로 처리되기를 기대한다.

회·문화적으로도 권력이 집중되며 규제가 강하게 적용된다. 법원의 영향력이 강한 이 영역에서의 ADR 유형은 법원부속형(court-an-nexed) ADR과 법원연결형(court-connected) ADR로 구분될 수 있다 (World Bank, 2011: 21-22). 법원부속형 ADR에서는 법원 시스템에 영향을 받아 ADR이 운영되기 때문에, 법원이 ADR 운영과정에서 가장 중요한 책임자가 된다. 조정관 및 중재관 선택 역시 법원에 의해서 이루어지기 때문에 ADR의 모든 과정은 법원의 통제를 받게 된다. 이에 반해 법원 연결형 ADR은 ADR 운영이 법원과 연계되어 있기는 하지만 법원의 구속은 받지 않는다. 법원이 직접 ADR 전 과정을 통제하는 것은 아니지만 합의된 조정은 법원의 명령과 같은 강제력을 띤다고 할 수 있다. 이러한 두 가지 측면의 집권화 분류는 ADR을 단순히 법원부속형(court-annexed) 제도로만 인식하는 기존연구(예: 조흥식, 2006)[6]의 한계를 극복하는 데 크게 기여한다.

이와 반대로 분권화 영역에서는 법원의 영향력이 낮아 분쟁 당사자들이 법원의 영향을 받지 않고 갈등을 해결할 수 있다. 특히 이 영역에서는 법원 등의 공권력이 약하게 적용된다. 뿐만 아니라, 공적인 성격의 법원이 권위 있는 조정관 또는 중재관을 임명할 수 없기 때문에 분쟁당사자와 관련이 있으며 신뢰성이 높은 사적 기관이 조정관 또는 중재관의 역할을 대신 담당하게 된다(World Bank, 2011: 23). 분권화의 정도는 사회·문화적 특성을 중심으로 측정될 수 있다. 분권화된 사회에서는 집단주의보다는 개인주의가 팽배해 있으며, 자유 시장 체제가 강조된다. 이러한 사회에서는 공권력을 통한 갈등 해결에 대한 신뢰가 낮다. 분권화된 ADR의 대표적인 예는 상공회의소 관련(chamber-connected) ADR 모형과, 독립된(free-standing) ADR 모형이다. 전자는, ADR 서비스가 주로 사업위원(business chamber)에

---

6) 조흥식(2006)은 환경분쟁 사건을 다루면서 ADR을 법원부속형 ADR(court-an-nexed), 행정형 ADR, 민간형 ADR로 나누어 살펴보았다.

의해 이루어지는 것이며, 후자는 법원과 사업위원 모두와 관련이 없는 독립된 기관이면서 영리 또는 비영리 성격을 띠는 기관이 사회의 모든 계층에게 ADR 서비스를 제공하는 것이다(World Bank, 2011: 24).

법원 영향력의 집권성 정도와 공공성 정도에 따라 ADR 유형은 크게 네 가지 정도로 설명될 수 있다. 첫 번째 유형은 '법원관련 ADR – 시장성 모형(Court – related ADR – market model)'이다. 이 모형의 특징은 분쟁사안이 사적인 성격을 지니며, 법원의 강제력이 강해 집권성을 띤다.[7] 이러한 유형은 '법원연결형(Court – connected)' ADR 방안으로 볼 수 있다. 이 유형에서 나타난 사건은 공공성보다는 사적인 특징이 더욱 강하고, 집권적이며 권위적인 법적·제도적 장치가 적용된다. 이와 관련된 우리나라 ADR 기구는 사법형 ADR 기구일 것이다. 구체적으로 가사조정이나 민사조정이 '법원관련 ADR – 시장성 모형'에 해당된다고 할 수 있다. 갈등해결기구로 법원이 중심이 되며 조정이라는 해결수단이 주로 제시되고, 적용되는 분야는 민사 또는 가사 분쟁이 된다.

두 번째 유형은 '법원관련 ADR – 법원 모형(Court – related ADR – justice model)'이다. 이 유형은 분쟁사안의 공공성이 강하면서, 법원을 중시하는 등 강제성과 권위적 특성이 강한 특성을 나타낸다.[8] 이러한 유형은 '법원부속형(Court – annexed)' ADR 방안으로 볼 수 있다.[9] 법·제도적 특징과 사회·문화적 성격이 집권적이고 권위적이기 때문에 공적 기구의 영향력이 강하게 작용되며 통제 지향적이다. 분쟁사건의 영향력 또한 넓게 확산될 수 있다. 따라서 이와 관련된 ADR 유

---

7) 이와 관련된 ADR 제도적 장치는 영미 국가를 중심으로 발달하였다.

8) 실제로 이러한 ADR이 적용되는 나라는 시민법 중심의 독일, 슬로베니아(시민법 국가), 크로아티아, 알바니아, 루마니아 등이다(World Bank, 2011).

9) 기존의 국내 연구(예: 조홍식, 2006)와는 달리, 본장에서는 '법원관련 ADR – 시장성 모형'과 '법원관련 ADR – 법원 모형'을 구분하여 논의한다.

형에는 정부기구를 중심으로 한 행정형 ADR 기구가 적용될 수 있을 것이다.

　세 번째 유형은 '사적 영역 ADR(Private-sector ADR)'이다. 이 영역에서 발생하는 분쟁사건은 주로 개인 간의 갈등 문제로 사적인 성격을 지니고 있으며 법 체계는 분권화된 시스템을 갖추게 된다. 이러한 영역에서는 법원을 비롯한 공적 기구의 영향력이 상대적으로 낮기 때문에 공적 기관보다는 사적 기관에 의해서 ADR 분쟁해결 서비스가 제공되며, 중재관 또는 조정관 등 ADR 분쟁해결 참여자들 역시 대부분의 경우 공적인 기관에서 임명되기 보다는 사적 기관에서 임명된다. 이 영역에 속하는 ADR은 '독립된(Free-standing) ADR' 모형이며, 이러한 ADR 적용 분야에는 통신, 건설, 재정 및 은행 업무 등이 있다. 또한 ADR 분쟁당사자들은 분쟁해결 과정에서 개인적으로 비용을 지불하게 된다. 이 영역의 ADR 중재관 또는 조정관들은 다른 영역의 ADR 중재관 또는 조정관들에 비해 전문적인 교육과 훈련을 받게 되며, 따라서 높은 전문성을 유지하고 있다(World Bank, 2011: 20). 이러한 특성을 고려해 보았을 때 이 영역에 속하는 ADR은 민간형 ADR 기구가 될 것이다. 우리나라에서는 대한상사중재원 등의 민간단체가 주도하여 국내·외 상사분쟁을 해결하고는 있지만, 활용빈도가 그리 높은 편은 아니다. 예를 들어, 직장 내 남녀갈등 문제 해결 방안으로 사적 영역의 '독립된(Free-standing) ADR' 해결 방안을 적용할 수 있다(신군재, 2013). 집단 내 분쟁해결에 있어서 갈등 당사자들은 중립적인 제3자의 전문적인 해결을 기대하고 있다. 또한 남녀차별과 같은 직장 내 갈등문제는 대부분 비금전적 이해관계가 적용되기 때문에 '독립된(Free-standing) ADR'이 이러한 종류의 갈등 해결에 적절한 방안이 될 수 있을 것이다(신군재, 2013).

　마지막 유형은 '공동체 ADR(Community ADR)'이다. 이 유형은 공적 영역의 분쟁사건이지만 법적 효력이 통제되어 집권적으로 운영되지는 않는다. 즉 법원을 비롯한 공적 기구의 통제력과 영향력은 그다지 높지 않지만, 이 영역에서의 분쟁사건은 사회적 파장 효과가 큰 공적인 특성을 지닌다. 물론 정부의 지지와 규제를 바탕으로 ADR이 형성되지만 ADR의 운영 방안은 분권적으로 이루어진다(World Bank, 2011: 20). 이와 관련된 대표적인 ADR 유형은 '상공회의소 연결형 (Chamber-connected)'이다. 이 유형에 해당되는 분쟁해결은 주로 공동체 기반인 ADR 기구를 통해서 이루어지게 된다. 예를 들어 노숙자 쉼터 또는 정부보증 법률 기구 지원이 이러한 유형에 해당된다. 공동체 ADR 기관은 자원봉사자에 의해서 주로 운영되기 때문에 분쟁당사자들은 ADR 서비스에 비용을 부담하지 않는다. 마을기업과 같은 공동체에 분쟁사건이 발생할 때 이에 대한 해결 방안으로 '공동체 ADR (Community ADR)'을 제시할 수 있다(World Bank, 2011: 20).

(2) ADR의 비용적 접근

ADR 유형 재분류에 있어서 함께 고려되어야 할 것은 ADR 도입의 근원적 목적이 되기도 하는 관련된 비용·편익 측면이다. 분쟁의 해결 방안은 일방적 결정, 쌍방협의, 제3자의 관여 등으로 제시되는데, 분쟁당사자들이 쌍방협의와 제3자의 관여가 편익보다 비용이 더 크다고 인식하는 경우 일방적 결정으로 문제를 해결할 가능성이 높다. 이처럼, 비용에 대한 인식은 개인과 사회 차원에 따라 달라진다. 특히 분쟁문제가 시장실패 성격이 큰 공공재이며 집단행동의 딜레마 발생 가능성이 높은 문제일수록 개인차원의 비용과 사회차원의 비용에 차이가 나타난다(Shavell, 1995, 2004). 특히 개인적 효용과 비용, 사회적 효용과 비용으로 ADR 유용성을 판단할 수 있다.

〈표 4-1〉 개인차원과 사회차원의 비용·편익 비교

	사회적으로 효율적인 ADR 조정 (사회적 편익 > 사회적 비용)	사회적으로 비효율적인 ADR 조정 (사회적 편익 < 사회적 비용)
개인적으로 효율적인 ADR 조정 (개인적 편익 > 개인적 비용)	A형 적극적으로 ADR 이용 (개인적 바람직 + 사회적 바람직)	B형 적극적으로 ADR 이용 (개인적 바람직 + 사회적 비바람직)
개인적으로 비효율적인 ADR 조정 (개인적 편익 < 개인적 비용)	C형 소극적인 ADR 이용 (개인적 비바람직 + 사회적 바람직)	D형 ADR 이용하지 않음 (개인적 비바람직 + 사회적 비바람직)

출처: 조흥식(2006: 92)을 바탕으로 재구성

〈표 4-1〉에 의하면 사회적으로나 개인적으로 모두 효율적이거나 비효율적인 A형과 D형의 경우에는 발생된 문제가 개인과 사회 차원에서의 비용·편익과 일치하기 때문에 문제가 되지 않는다. ADR 운영에 있어 문제가 발생하는 영역은 대부분 B형과 C형인데, B형은 ADR을 적극적으로 활용하지만 이러한 ADR 활용이 효율적이지 못한 경우를 의미하며, C형은 개인적 효용이 높지 않아서 적극적으로 ADR을 활용하지 않는 경우를 의미한다. 이러한 경우는 대부분 갈등문제가 집단적 행동의 한계와 공공재적 성격의 문제를 포함한 시장실패적 성격을 나타낸다(조흥식, 2006: 92).

따라서 효율적인 ADR 운영을 위해서는 개인이 ADR을 활용할 경우 인식하는 비용과 편익을 비교해 보아야 한다. 구체적으로 ① 분쟁문제의 성격, ② ADR의 분쟁해결비용과 같은 두 가지 차원을 고려할 필요가 있을 것이다(조흥식, 2006: 108). 먼저 전자는 당사자 간 다툼의 근원인 분쟁문제가 어떤 성격을 지니는지(예: 집단행동의 딜레마와 공공재적 성격)를 판단한다. 이는 앞에서 논의한 World Bank(2011)의 ADR 유형분류 기준인 분쟁사안의 공적·사적 성격 구분과 같은 맥락이다. 반면, 후자는 ADR을 활용하여 문제를 해결할 때 드는 총 비용을 분석한다. 이러한 비용은 특히 운용비용(operating cost)과 오류비용

(error cost)으로 구성된다(Cooter & Ulen, 2000).[10] ADR의 운용비용은 거래비용(transaction cost)으로도 해석될 수 있을 것이다. 거래비용은 행위자 당사자들 간의 교환과정에서 발생하는 비용이며, 행위자들은 교환과정을 원활하게 하기 위하여 거래비용을 낮추고자 노력한다(Coase, 1960). 즉 거래과정의 마찰을 줄여 교환비용을 줄이는 것이 거래비용(Williamson, 1985)의 목적이기에, ADR 분쟁해결에 있어 운용비용은 거래비용으로도 해석될 수 있다. 따라서 본장에서는 ADR의 분쟁해결 비용을 거래비용 측면에서 분석해 보고자 한다.

4. 행정형 ADR 기구에 관한 실증분석

1) 자료 수집 및 분석 방법

본장에서는 우리나라에서 운영되고 있는 행정형 ADR 기구가 앞서 제시한 네 가지 ADR 유형 중 어디에 속하는지, 그리고 비용측면에서 얼마나 효과적인지를 검토해 보는 것을 목적으로 한다. 민간형 ADR 기구와 사법형 ADR 기구 모두를 연구대상으로 하여야 하지만, 본 연구에서는 행정형 ADR 기구에 초점을 맞추어 논의를 전개하고자 한다. ADR의 가장 중요한 목적은 분쟁해결 비용과 시간의 최소화이지만, 행정형 ADR 기구를 설립하여 갈등을 해결하는 경우 오히려 기구설립 비용 및 행정처리 비용 등을 증가시키는 부작용을 낳고 있기

---

10) 운용비용은 분쟁해결에 관련된 이해관계자들이 분쟁해결을 위해 사용하는 시간과 노력을 총칭하는 것으로, 이는 신속하고 경제적인 분쟁해결과 관련된 비용을 의미한다. 이에 비해서 오류비용은 소송당사자에게 정당하게 기대되는 소득 이전을 받을 수 없도록 하여 사회적으로 왜곡된 유인을 제공하고 사람들의 행위에 부정적인 영향을 미치는 비용을 말한다(조홍식, 2006: 110). ADR을 적극적으로 활용하여 분쟁을 해결하는 선택방법은 분쟁해결비용 함수로 설명될 수 있다. 즉 분쟁해결의 사적비용을 PC, 사적 운용비용을 Ca, 오류비용 C(e)라고 한다면, ADR 설계의 가장 근본적인 경제학적 목표는 PC=Ca+C(e)를 최소화하는 것이다. 그러나 운용비용과 오류비용은 상쇄(trade-off) 관계에 있기 때문에 운용비용과 오류비용 합계의 최적화를 달성하는 것은 쉽지 않다(조홍식, 2006: 125). 또한, 오류비용의 경우 분쟁당사자들 간의 권력관계에 영향을 받기 때문에 이를 실증적으로 측정하는 것에는 한계가 있다.

때문이다. 따라서 분쟁사건들이 행정형 ADR 기구에서 담당하는 것이 효과적이도록 적절하게 분류되어 있는지, 행정형 ADR 기구 운영에 있어 비용 절감의 효과가 있는지를 살펴볼 필요가 있다. 예를 들어 분쟁사건의 공공성이 강하고 법원 등 공적인 기구의 영향력이 강하게 작용되는 영역에서는 '법원관련 ADR-법원 모형(Court-related ADR-justice model)'이 적정하며, 이 영역의 분쟁사건은 행정형 ADR 기구를 통해 해결하는 것이 바람직하다. 그러나 다른 영역으로 분류되어야 할 분쟁사건을 행정형 ADR 기구를 활용하여 해결하고자 한다면 오히려 더 큰 행정비용을 초래할 수 있을 것이며, 이는 ADR의 본질적 목적에 부합되지 않는 것이다. 또한 갈등당사자들이 행정형 ADR 기구를 통해 갈등 문제를 해결할 때 많은 비용이 소요될 것이 예상된다면 이러한 문제해결 방안은 적절하지 않을 수 있다. 따라서 본 연구에서는 우리나라 행정형 ADR 기구에서 다루는 분쟁사건들이 '법원관련 ADR-법원 모형(Court-related ADR-justice model)'에 적합한지, 비용 절감의 효과가 있는지 여부를 살펴볼 것이다.

본장에서는 우리나라 행정형 ADR 기구를 포괄적으로 조사·분석한 이선우 외(2014)와 임동진(2013a)의 연구를 바탕으로 우리나라 행정형 ADR 기구를 조사하였다. 이선우 외(2014)는 2013년 6월 기준으로 전체 위원회 536개 중 '갈등, 분쟁, 조정'의 키워드가 포함된 34개 기관11)을 분석대상으로 삼았으며, 임동진(2013a)은 2011년 6월 기준으로 전체 499개 위원회 중에서 관련 법령에 근거하여 갈등과 분쟁조

---

11) 해당기관에는 개인정보분쟁조정위원회, 수산종자위원회, 건강보험분쟁조정위원회, 우체국보험분쟁조정위원회, 공제분쟁조정위원회, 원자력손해배상심의회, 광업조정위원회, 전기위원회, 교원소청심사위원회, 중앙건설분쟁조정위원회, 국가계약분쟁조정위원회, 중앙건축위원회, 국민대통합위원회, 중앙노동위원회, 농림종자위원회, 중앙수산조정위원회, 민간투자사업분쟁조정위원회, 중앙안전관리위원회, 방송광고균형발전위원회, 중앙하천관리위원회, 방송분쟁조정위원회, 중앙환경분쟁조정위원회, 배치설계심의조정위원회, 지방자치단체 중앙분쟁조정위원회, 사학분쟁조정위원회, 지방자치단체 계약분쟁조정위원회, 산업기술분쟁조정위원회, 축산계열화사업분쟁조정위원회, 산업재산권분쟁조정위원회, 콘텐츠분쟁조정위원회, 산업재해보상보험재심사위원회, 하자심사분쟁조정위원회, 수산생물질병방역협의회, 행정협의조정위원회 등이 있다.

정을 담당하는 행정형 ADR 위원회 28개 기관[12]을 선발하여 연구를 수행하였다. 이러한 내용을 바탕으로, 본장에서는 두 연구가 공통적으로 분석한 행정형 ADR 기구를 조사하였다. 구체적으로는 2014년 6월 법령을 기준으로 국무총리실(2010)에서 제시한 분쟁갈등의 다섯 가지 유형인 정책갈등, 이익갈등, 입지갈등, 노사갈등, 개발갈등에 해당하는 행정형 ADR 기관 중에서 정책갈등, 이익갈등, 개발갈등과 관련된 기관은 각각 2개, 입지갈등과 관련되 기관은 3개, 노사갈등과 관련된 기관은 1개(노동위원회)를 선발하여 총 10개의 행정형 ADR 기구를 분석하였다.[13] 구체적인 내용은 〈표 4-2〉와 같다.

본장에서는 분석대상인 10개 행정형 ADR 기구의 특성을 고려하여, 이들 기관이 다루는 갈등사례가 과연 공공성과 집권성을 강하게 나타내는지와 거래비용 측면에서 절감 효과가 있는지를 국내·외 문헌 연구, 각종 언론보도 자료, 관련 법령 등을 활용하여 심층 분석하였다. 먼저 분쟁 사안이 공적 영역에 해당하는지, 사적 영역에 해당하는지를 판단하는 기준으로 다음의 사항들을 검토하였다. 첫째, 적용대상 문제와 관련하여 Savas(1982)의 공공재와 시장재 판단기준인 재화의 경합성과 배제성을 고려하였다. 경합성과 배제성이 강한 갈등문제를 다루는 것을 사적 영역으로 간주하였고, 경합성과 배제성이 낮은

---

12) 해당 기관에는 산업기술분쟁조정위원회, 산업재산권분쟁조정위원회, 종자위원회, 콘텐츠분쟁조정위원회, 하자심사분쟁조정위원회, 노동위원회, 개인정보분쟁조정위원회, 공제분쟁조정위원회, 국제계약분쟁조정위원회, 방송분쟁조정위원회, 배치설계심의조정위원회, 사학분쟁조정위원회, 수산동물전염병방역협의회, 시청자불만처리위원회, 우체국보험분쟁조정위원회, 인터넷주소정책심의위원회, 무역위원회, 원자력손해배상심의회, 중앙건설분쟁조정위원회, 중앙건축위원회, 중앙하천관리위원회, 훼손지복구사업협의회, 환경분쟁조정위원회, 건강보험분쟁조정위원회, 중앙수산조정위원회, 지방자치단체계약분쟁조정위원회, 지방자치단체중앙분쟁조정위원회, 전기위원회 등이 있다.

13) 조사대상인 10개 행정형 ADR 기구는 ① 정책갈등과 관련된 기구로 건강보험분쟁조정위원회, 전기위원회, ② 이익갈등과 관련된 기구로 개인정보분쟁조정위원회, 우체국보험분쟁조정위원회, ③ 입지갈등과 관련된 기구로 원자력손해배상심의회, 중앙건설분쟁조정위원회, 환경분쟁조정위원회, ④ 노사갈등과 관련된 기구로 노동위원회, ⑤ 개발갈등과 관련된 기구로 산업재산권분쟁조정위원회, 콘텐츠분쟁조정위원회 등이 있다.

〈표 4-2〉 분석대상 행정형 ADR 기구의 목적 및 현황

명칭	설립 목적	설립 근거법	설립 연도	주무부처 (2018년 현재)	갈등 유형
건강보험 분쟁조정 위원회	심판청구사건을 심리·의결하기 위하여 설치된 의결기관으로서 비상설기구로 운영되며, 공정하고 객관적인 심리를 위하여 처분청으로부터 독립적 운영	「국민건강보험법」 제77조 및 동법 시행령	2000년	보건 복지부	정책 갈등
전기 위원회	전기사업의 공정한 경쟁환경을 조성하며, 전기소비자 권익을 보호하고, 전기사업자 간 또는 전기사업자와 전기소비자 간 분쟁을 조정하며, 전력시장에서 불공정한 행위, 시장 남용행위 감시	「전기사업법」 제60조 및 동법 시행령 제41조	2001년	산업통상자원부	
개인정보 분쟁조정 위원회	개인정보와 관련된 분쟁이 발생한 경우 당사자 간 합리적이고 원만한 분쟁해결을 위해 설립된 ADR 기구	「개인정보보호법」 제33조 및 동법 시행령	2001년	행정안전부	이익 갈등
우체국 보험 분쟁조정 위원회	우체국보험 이해관계자 사이에 발생하는 보험모집 및 보험계약과 관련한 분쟁의 조정에 관한 심의사항을 의결	「우체국예금 보험에관한법률」 제48조의2 동법 시행령	2001년	과학기술 정보통신부 (우정사업 본부)	
원자력 손해배상 심의회	원자력손해의 배상에 관한 분쟁 조정	「원자력 손해 배상법」 및 동법 시행령	1987년	원자력안전 위원회	입지 갈등
중앙건설 분쟁조정 위원회	관할 지역 건설분쟁 발생시 이를 조정하는 위원회(민간전문요원)를 구성하여 분쟁당사자 간 합의를 도출	「건설산업기본법」 제69조 및 동법 시행령	1989년	국토 교통부	
환경분쟁 조정 위원회	환경분쟁을 신속·공정하고 효율적으로 해결하여 환경을 보전하고 국민의 건강 및 재산상의 피해를 구제하는 것을 주요 임무로 함	「환경분쟁조정법」 제4조 및 동법 시행령	1991년	환경부	
노동 위원회	노사간의 이익 및 권리분쟁에 대한 조정과 판정을 주업무로 하는 독립성을 지닌 준사법적 기관	「노동위원회법」 및 동법 시행령	1953년	고용 노동부	노사 갈등
산업 재산권 분쟁조정 위원회	산업재산권에 관한 다툼이 있을 경우, 법원이나 심판을 통해서 해결하는 데 소요되는 비용과 시간 등의 문제를 절약	「발명진흥법」 및 동법 시행령	1995년	특허청	개발 갈등
콘텐츠 분쟁조정 위원회	콘텐츠사업자 간, 콘텐츠사업자와 이용자 간, 이용자와 이용자 간의 콘텐츠 거래 또는 이용에 관한 분쟁을 조정	「콘텐츠산업 진흥법」 제29조 1항 및 동법 시행령	2011년	문화체육관광부	

갈등 문제를 다루는 것을 공적 영역으로 간주하였다. 둘째, 공조직과 사조직의 차이에 따른 구분을 시도하였다. Rainey & Bozeman(2000)의 논의에 따라 기구의 주요업무 특성과 구성원 특성을 고려하여 공적 영역과 사적 영역을 구분하였다. 구체적으로 행정형 ADR 기구가 담당하는 주요업무의 특성이 개인보다는 다수에게 적용되는 공공성을 띠는지, 아니면 개인 당사자들 간에만 적용되는 사적인 성격을 띠는지를 판단하고, 행정형 ADR 기구의 운영 위원 중 공익위원이 어느 정도 분포되어 있는지에 따라서 공적 영역과 사적 영역을 구분하였다.

다음으로 ADR이 집권적으로 운영되는지 아니면 분권적으로 운영되는지를 판단하였다. 집권화·분권화 여부는 조직구성과 갈등문제 효력에 따라 판단될 수 있을 것이다. 첫 번째 판단기준은 조직구조의 집권성이다(예: Mansfield, 1973; Pugh et al., 1968). 집권성 여부를 판단하기 위해서는 행정형 ADR 기구의 특징이 행정 또는 심의위원회 성격을 지니는지, 아니면 자문위원회 성격을 지니는지의 여부를 살펴볼 필요가 있다.[14] 또한 조직구성 요인의 다양성에 따라 집권성과 분권성을 판단해 볼 수 있다(예: Aiken & Hage, 1968). ADR 분쟁조정 구성원의 다양성에 따라 집권화 정도를 판단한다는 것이다. 예를 들어, 노동위원회의 분쟁조정위원회 구성은 근로자 위원, 사용자 위원, 공익위원 등으로 구성되지만, 환경분쟁조정위원회는 분쟁중재위원만으로 구성된다. 이처럼 ADR 분쟁조정위원회 구성원의 다양성을 고려해 볼 때, 노동위원회에 더 큰 다양성이 존재하며, 따라서 이 기관의 분권성이 더 높은 것으로 판단해 볼 수 있다. 두 번째 기준은 갈등문제의 효력에 따른 ADR의 집권화 정도이다. 즉 ADR 기구의 활용방법에 따라

---

14) 정부위원회는 다양하게 분류될 수 있으나 일반적으로 행정위원회, 심의위원회, 자문위원회로 나눌 수 있다(김병섭 외, 2009). 심의위원회와 행정위원회에 비하여 자문위원회의 결정은 법적 구속력 및 강제력이 상대적으로 낮다고 할 수 있다. 이러한 정부위원회의 성격은 행정형 ADR 기구에도 적용될 수 있다. 따라서 행정형 ADR 기구의 집권화 정도는 위원회가 행정, 심의, 자문위원회 중 어떤 성격을 지니고 있는지와 관련성이 높다고 할 수 있다.

법적 구속력에 차이가 나타난다는 것이다. Davis & Netzley(2001)의 기준에 의하면 갈등해결과정에서 갈등 당사자들의 역할이 상대적으로 강한 협상에서부터 확대되어 조정, 조정－중재, 중재, 재판 등으로 갈수록 점차 법적 구속력이 강해진다. 따라서 강한 법적 구속력은 ADR의 집권적 운영을 의미한다고 볼 수 있을 것이다. 또한 ADR의 법적 효력이 어느 정도 적용되느냐에 따라 ADR의 집권성 정도가 달라질 수 있으며, 재판상의 화해 제도와 같은 법적 강제력이 존재할수록 집권화 정도는 높아진다고 할 수 있다.

행정형 ADR 기구 운영의 경제적 판단은 비용을 중심으로 논의하도록 한다. 현실적으로 ADR에서 사용되는 운용비용은 분쟁당사자들 사이의 문제해결 시 발생되는 비용이기에, 이는 분쟁해결을 위한 당사자들의 거래비용으로 측정할 수 있다. 본 연구에서 거래비용은 정보비용(information cost)과 집행비용(implementation cost)으로 측정한다 (예: Coase, 1960; North, 1990; Williamson, 1985; 지광석·김태윤, 2011).[15] 첫째, ADR에서 정보비용은 ADR 과정에서 발생하는 분쟁당사자들의 정보탐색비용으로 간주하며, 이는 ADR의 정보접근비용과 정보획득비용으로 측정한다. 정보접근비용은 얼마나 쉽게 정보에 접근할 수 있느냐를 판단하는 것으로, ADR 기구의 공식홈페이지가 존재하면 비용을 낮게, 그렇지 않으면 비용이 높은 것으로 판단하였다. 정보획득비용은 분쟁조정신청이 온라인으로 가능하면 낮게, 그렇지 않으면 높게 판단하였다. 둘째, 집행비용은 분쟁과정의 절차비용으로 분쟁처리비용과 분쟁해결비용으로 측정하였다. 분쟁처리비용은 ADR 분쟁조정 처리기간의 장단(長短)으로 판단하며, 분쟁해결비용은 분쟁절차 간소화 여부로 판단하였다. 〈표 4－3〉에서는 ADR 유형구분과 경제적 비용절감의 구체적인 판단기준을 제시하고 있다.

---

15) ADR에서는 분쟁당사자들의 합의가 가장 중요한 목적이 되기 때문에 감시비용 또는 감독비용은 제외하였다.

〈표 4-3〉 ADR 유형 기준과 비용절감에 대한 판단 지표

	기준		평가지표
공적 영역 vs. 사적 영역	경합성과 배제성의 판단 (예: Savas, 1982)	적용대상 범위	갈등문제의 배제성과 경합성
	공조직과 사조직의 차이 (예: Rainey & Bozeman, 2000)	주요업무 특성	주요업무 특성과 공공성 여부
		ADR 기구 내 공익위원 분포	ADR 전체위원 중에서 공익위원의 분포
집권화 vs. 분권화	조직구성의 집권성과 분권성 (예: Aiken & Hage, 1968; Mansfield, 1973; Pugh et al., 1968)	ADR 기구의 성격	위원회 성격: 행정 또는 심의 vs. 자문
		ADR 위원 구성 다양성	분쟁위원 등을 제외한 다양한 위원 구성 유무
	대상문제 효력 정도 (Davis & Netzley, 2001)	ADR 적용 방법	ADR을 통한 분쟁사건 해결 방안(예: 조정, 중재)
		법적 강제력	ADR의 법적 효력에 대해 재판상의 화해제도가 존재하는지 유무
비용과 편익	거래비용		문제해결을 위한 분쟁당사자들의 노력과 비용 ① 정보비용: 분쟁당사자들의 정보탐색 비용 → 정보접근비용(ADR 기구 공식홈페이지 유무)과 정보획득비용(분쟁조정신청 온라인 가능 유무) ② 집행 비용: 분쟁절차 비용 → 분쟁처리비용(분쟁조정·처리기간 長·短)과 분쟁해결비용(분쟁절차 간소화 여부)

2) 행정형 ADR 실증분석 결과

본장의 분석대상이 되는 10개의 행정형 ADR 기구를 〈표 4-3〉에서 제시한 기준에 따라서 분석하였다. 해당 행정형 ADR 기구의 특성은 〈표 4-4〉와 같이 '공적 영역 vs. 사적 영역', '집권화 vs. 분권화'라는 두 가지 기준과 거래비용절감 기준에 따라 분류되었다. ADR 관련 자료(예: 분쟁조정위원회 자료 등)를 심층 분석한 결과는 다음과 같

이 제시될 수 있을 것이다.

첫째, 사적인 영역에 속하면서 집권성이 강한 '법원관련 ADR-시장성 모형(Court-related ADR-market model)'으로 분류될 수 있는 행정형 ADR 기구는 '개인정보분쟁조정위원회'이다. '개인정보분쟁조정위원회'의 경우 개인정보로 인한 피해의 파급속도가 매우 빠르며 원상회복이 어렵다는 점에서 여타 다른 피해와는 차별성을 갖는다. 이와 관련해, 개인정보 관련 분쟁 사안을 보다 신속하고 간편하게 해결하기 위한 '개인정보분쟁조정위원회'가 도입되었다. 개인정보 관련 분쟁은 분쟁당사자들이 조정에 동의하면 민사소송법상의 확정판결과 동일한 재판상 화해에 준하는 효력을 발생시키며, 따라서 이는 통제 지향적이고 집권적인 성격을 지닌다. '개인정보분쟁조정위원회'의 구성원은 위원장 1명과 위원 20명으로 구성되며, 이들 조정위원은 자격정지 이상의 형을 선고받거나 심신상의 장애로 직무를 수행할 수 없는 경우를 제외하고는 그의 의사에 반하여 면직되거나 해촉되지 아니하도록 그 신분을 보장(「개인정보보호법」 제41조)받음과 아울러 분쟁사건과 관련하여 위원의 제척, 기피, 회피를 규정하여 분쟁사건에 대한 위원회의 심의와 의결에 대한 중립성 내지 공정성을 도모할 수 있도록 하고 있다(개인정보분쟁조정위원회, 2014: 12). 그러나 근본적으로 개인정보 분쟁 문제는 분쟁당사자 간의 문제이기 때문에 문제 성격상 경합성과 배제성이 높은 갈등문제라고 할 수 있다. 또한 '개인정보분쟁조정위원회'의 기관 설립 목적은 개인정보 유출 등을 둘러싼 분쟁을 조정하는 것이기 때문에 업무특성상 공공성이 상대적으로 낮다고 할 수 있다. 분쟁조정 신청권자는 「개인정보호법」에 따라 일반적 분쟁조정 신청권자와 집단분쟁조정 신청권자를 전제하고 있으며, 소비자의 집단적 분쟁을 인정하지 않는 「소비자보호법」과 달리, 정보주체인 개인들의 집단적 분쟁조정권을 인정하고 있다(개인정보분쟁조정위원회, 2014: 13). 또한 「개인정보법」 제44조에 의하면, 일반분쟁조정의 경우

에는 분쟁조정 신청을 받은 날로부터, 집단분쟁조정의 경우에는 공고
가 종료된 날의 다음 날부터 60일 이내에 심사하여 조정안을 작성하
여야 하기 때문에 분쟁조정기간이 짧으며, 기구의 공식홈페이지가 존
재하고 온라인 분쟁신청이 가능하다는 점에서 분쟁당사자들의 거래비
용이 낮다고 할 수 있다.

둘째, 공적인 영역에 속하면서 집권성이 강한 '법원관련 ADR –
법원 모형(Court – related ADR – justice model)'으로 분류될 수 있는 행
정형 ADR 기구는 '환경분쟁조정위원회', '건강보험분쟁조정위원회',
'전기위원회', '노동위원회', '원자력손해배상심의회', '산업재산권 분
쟁조정위원회' 등이 있다. 중앙환경분쟁조정위원회(2014, 2015)에 따르
면, '환경분쟁조정위원회'의 주요 업무는 환경피해에 대한 구제이며,
환경문제는 다수의 환경피해자를 발생시키기에 개인 차원의 문제를
넘어서 공적인 성격을 지닌다. 또한 환경문제는 경합성과 배제성이
낮은 특성을 지닌다. 특히 오염 등의 환경문제는 단순히 해당 당사자
만의 문제가 아니기 때문에 이와 관련된 문제는 낮은 배제성을 지닌
다고 할 수 있다. 기구의 특성 역시 자문위원회가 아닌 행정위원회로
운영이 되며, 알선, 조정, 중재 등의 해결 방안이 활용되고, 재판상 화
해 제도가 존재하기 때문에 기구의 법적 효력은 높은 편이며, 분쟁조
정위원만으로 기구가 구성되어 있기 때문에 다양성은 낮고 집권성은
높다고 할 수 있다. 그러나 2014년 12월 31일 현재까지 처리된 사건
의 평균 처리기간은 5.5개월로 나타났다. 3,281건 중 3개월 이내에
처리한 사건이 536건(17%), 4 – 6개월 1,303건(40%), 7 – 9개월 1,332
건(40%), 9개월 이상 110건(3%) 등으로 평균 사건 처리기간은 5.5개
월에 이른다. 최근 3년간 분쟁사건 처리기간은 2012년 5.7개월, 2013
년 5.7개월, 2014년은 6.9개월에 이르러, 환경문제를 둘러싼 ADR 해
결기간이 점차 증가하고 있으며, 이로 인해 갈등당사자가 인식하는
갈등해결 집행비용은 증가하고 있는 것으로 보인다. 그럼에도 불구하

고 공식홈페이지가 존재하고, 온라인 분쟁조정신청이 가능하다는 점에서 탐색비용은 낮다고 할 수 있다.

보건복지부 산하 '건강보험분쟁조정위원회' 역시 다루는 분쟁사건이 공적인 특성이 강하고, 강제성과 권위성이 높은 기구라고 할 수 있다. 특히 이 기구는 심판청구사건을 심리·의결하기 위하여 설치한 의결기구이기에 자문위원회보다는 심의위원회의 성격을 지니며, 보건복지부에 종속된 기구가 아니라 자율적으로 행정행위를 수행할 수 있는 강제력과 구속력을 지닌 집권적 기구이다. 위원장 역시 공무원인 보건복지부 건강보험정책관이 겸직하기 때문에 자문위원회 기능보다는 행정위원회의 성격이 강하다고 볼 수 있다. 이 기구에서 다루는 건강보험 분쟁은 국민권익 보호 차원의 공적인 분쟁사안이 대부분이며, 건강보험문제는 경합성과 배제성이 높지 않은 성격을 지녔기 때문에 공적 영역에 포함된다고 할 수 있다. 또한 보건의료 정책은 전문성이 매우 높은 행정처분이면서 반복적인 대량의 처분이기 때문에 국민들에게 미치는 영향도 매우 크다. 분쟁사안과 관련된 권리분쟁의 재정규모 역시 방대하여 분쟁사안은 공적인 성격이 강하고, 이를 해결하고자 하는 기구의 공권력과 집권성 또한 높다고 할 수 있다. 분쟁조정위원회 구성원 역시 규정상 소비자대표를 비롯한 공익대표가 포함되어 있지 않아(백병성, 2012: 179), 기구의 집권성이 강하다고 볼 수 있다. 그러나 위원회 결정이 재판상 화해의 효력이 있는지의 여부는 명확하지 않으며, 국민건강보험공단과 건강보험심사평가원의 처분을 재결하도록 한다는 점에서 집권성은 다소 높은 것으로 볼 수 있다. 분쟁사건 처리 기간의 경우, '건강보험분쟁조정위원회'는 청구인과 피청구인의 주장을 충분히 검토한 후 심리기일을 정하여 행정처분의 위법·부당여부를 판단하는데, 위원회는 심판청구서를 받은 날로부터 60일 이내에 결정을 하여야 하며, 부득이한 사정이 있는 경우에 한하여 30일의 범위 안에서 그 기간을 연장할 수 있어 집행비용은 낮다(건강보험

분쟁조정위원회, 2015). 그리고 온라인 분쟁해결절차가 존재하며, 공식적인 홈페이지가 존재하여 탐색비용 역시 낮은 것으로 볼 수 있다.

전기사업관련자들 간 혹은 전기사업자와 전기소비자 간 분쟁을 해결하기 위하여 설립된 '전기위원회'는 불공정한 행위 및 시장 남용행위를 감시하는 것을 목적으로 하고 있다. 따라서 이 기구가 다루는 분쟁사안은 배제성과 경합성이 낮으며 공적인 성격이 강하다고 할 수 있다. 보다 구체적으로, 2001년 4월에 설립된 '전기위원회'의 설립목적이 전기사업의 공정한 경쟁환경을 조성하고, 전기소비자의 권익을 보호하며 전기사업자 간 또는 전기사업자와 전기소비자 간 분쟁을 조정하고, 전력시장에서 불공정한 행위 및 시장력 남용행위를 감시[16]하는 데 있다는 측면에서 '전기위원회'는 사조직보다는 공조직의 특성이 강하게 나타난다고 볼 수 있다. 뿐만 아니라, '전기위원회'는 자문위원회의 성격보다는 산업통상자원부 소속 행정위원회의 특성을 지니며, 이로 인해 다소 높은 강제성과 집권성을 지닌다고 할 수 있다. '전기위원회'는 위원장 1인, 비상임위원 7인으로 구성되며, 산업통상자원부 에너지자원실장이 상임위원 1인을 겸임할 수 있어 조직구성의 집권성은 상대적으로 높다고 할 수 있다. 또한, '전기위원회'는 심의·의결 권한을 갖기 때문에 다소의 집권성을 유지하고 있다고 할 수 있다. 비용과 관련해 명확한 심의·의결 기간은 제시되지 않았으나, 공식적인 홈페이지가 존재하고 분쟁조정 인터넷 신청이 가능한 점 등은 절차적 간소화를 통한 탐색비용절감 노력이 이루어지고 있는 것으로 볼 수 있다(전기위원회, 2014).

'노동위원회'의 경우, 이 기관에서 다루는 분쟁사안의 대부분은 단순히 해당 당사자들에게만 적용되는 것이 아니라 강한 외부성을 나타낸다. 경합성과 배제성 또한 상대적으로 낮은 편이어서 공적 성격이 강하다고 할 수 있다. 특히 다른 분쟁위원회와는 달리 '노동위원

---

16) 전기위원회 홈페이지 참조. http://www.korec.go.kr/

회'는 분쟁사건 해결을 위한 공익위원들이 존재한다. 예를 들어 분쟁사건 한 건당 공익위원 1인, 근로자위원 1인, 사용자위원 1인이 배정되어 사안을 처리하고 있으며, 위원회의 목적 또한 노사 간의 이익과 권리분쟁을 해결하는 것에 있기 때문에 '노동위원회'의 공익성은 높다고 할 수 있다. 뿐만 아니라 '노동위원회'는 단순 자문을 수행하는 것에만 그치지 않고 행정 및 심의위원회의 성격을 지니고 있어(송민수·김동원, 2014: 89), 높은 집권성을 가진다고 볼 수 있다. '노동위원회'는 노사 간의 분쟁이 발생한 경우 조정, 중재, 필수유지업무와 관련된[17] 결정을 할 수 있어 높은 강제성을 지닌다고 볼 수 있다. 특히 중재결정은 조정보다 강한 법적 구속력을 지니며, 따라서 중재에 회부된 때에는 15일 동안 쟁의행위를 할 수 없다. 조정기간은 일반산업의 경우 조정신청이 있은 후 10일 이내, 공익사업의 경우 조정신청이 있은 후 15일 이내에 이루어지게 되며, 합의가 이루어지면 10일 혹은 15일 이내에서 조정 연장이 가능하지만, 분쟁사건을 파악하고 이와 관련하여 합의를 이끌어 내는 데에는 조정 기간이 너무 짧다는 비판이 있다(중앙노동위원회, 2015: 131). 이러한 경우, 분쟁해결에 있어 집행비용은 적게 드나 오류비용이 증가할 수 있다는 한계가 있다. 그러나 공식홈페이지가 존재하고, 온라인 분쟁신청이 가능하다는 점에서 탐색비용은 낮다고 할 수 있다.

'원자력손해배상심의회'는 원자력손해배상과 관련된 문제를 조정하는 기구이다. 원자력손해배상은 강력한 외부효과로 인하여 발생되는 시장실패의 전형적인 예이기 때문에 경합성과 배제성이 상당히 낮다고 할 수 있다. 또한 원자력 정책과 관련된 손해배상 문제는 개인들만의 문제가 아니라, 다수의 국민에게 적용되는 문제이기 때문에 공

---

17) 노동관계 당사자 간 협정을 체결하도록 하되, 협정이 체결되지 아니한 때에는 노사관계당사자가 노동위원회에 결정을 신청하고, 노동위원회에서는 사업(장)별 필수유지업무의 특성 및 내용 등을 고려하여 필수유지업무의 최소한의 유지·운영 수준, 대상직무 및 필요인원 등을 결정하게 된다.
http://www.nlrc.go.kr/work/new_work_guide0303.jsp

적인 업무 특성이 강하다고 할 수 있다. 뿐만 아니라, 「원자력손해배상법」 제15조에 바탕을 둔 '원자력손해배상심의회'는 단순히 원자력 정책 자문위원회로 기능하기 보다는 심의·의결기관으로 기능하며 조직구성의 집권성 또한 높은 편이다. 「원자력손해배상법」 제15조와 「원자력손해배상법시행령」 제10조에 의하면 원자력손해배상 분쟁에 대한 조정 효력은 재판상 화해의 효력을 발생시킨다고 규정하고 있어, 대상문제에 대한 효력의 강제성이 높다고 할 수 있다. 또한 「원자력손해배상법시행령」 제10조에 의하면 분쟁당사자는 신청인 및 분쟁 상대방의 성명·주소 및 생년월일(법인의 경우에는 그 대표자의 성명·주소 및 생년월일), 화해·조정을 신청하는 취지와 이유, 계쟁사실 및 교섭경과의 개요, 신청연월일, 기타 화해·조정을 위한 참고사항을 제출해야 하기에 분쟁처리비용은 불확실하지만, 다수의 신청자가 존재하는 경우는 3인 이내의 대표자를 선정하여 신청할 수 있어 분쟁해결비용은 낮다고 할 수 있다. 그러나 공식홈페이지가 존재하지 않고, 온라인 분쟁신청이 불가능하다는 점에서 탐색비용은 높다고 할 수 있다.

마지막으로 특허청에서 운영하는 '산업재산권 분쟁조정위원회' 역시 재산권 분쟁으로 인한 개인 간 다툼이 주를 이루지만 산업재산권의 경합성과 배제성은 그다지 높지 않기 때문에 시장실패 현상이 나타난다고 할 수 있다. 산업분쟁사안은 단순히 분쟁당사자들의 개인적 문제를 넘어서 외부효과를 발생시키는 경우가 많기 때문에 공적 성격이 강하다고 할 수 있다. 예를 들어, 산업분쟁에 대한 조정신청범위가 산업재산권의 무효 및 취소 여부, 권리범위의 확인 등에 관한 판단만을 요청하는 사항은 조정신청의 대상이 될 수 없다(김상찬·이언화, 2012). 산업재산권분쟁조정위원회운영세칙에 의하면 '산업재산권 분쟁조정위원회'는 산업재산권 분쟁조정 및 분쟁조정 업무에 관한 기본계획, 산업재산권 분쟁조정위원회 운영세칙의 제정 및 개정에 관한 사항 등을 심의·의결 내지 조정하기 때문에 공적인 성격이 강하며, 조직의 집권성 또한 높다고 할 수 있다. 산업재산권분쟁조정위원회운영세칙 제27조에 의하면 위원회는 조정결정에 대하여 당사자들에게 화해를 권고할 수 있다. 집행비용 측면에서는 조정신청절차를 대리인에게 위임할 수 있다는 점에서 분쟁해결비용이 줄어들 수 있으나, 오히려 대리인 비용으로 인해 분쟁집행비용의 증가가 우려될 수 있다. 또한 산업재산권 분쟁조정제도를 위한 특허청 내부의 홈페이지는 존재하나 '산업재산권 분쟁조정위원회'의 공식적인 홈페이지가 존재하지 않고, 온라인 신청이 불가능하다는 점에서 탐색비용은 높다고 볼 수 있다.

셋째, 사적인 영역이면서 분권화 특성을 가지는 '사적영역 ADR (Private-sector ADR)' 모형으로 분류될 수 있는 행정형 ADR 기구에는 '콘텐츠분쟁조정위원회', '중앙건설분쟁조정위원회'가 있다. '콘텐츠분쟁조정위원회'는 2011년에 설립되어 콘텐츠사업자 간, 콘텐츠사업자와 이용자 간, 이용자와 이용자 간의 콘텐츠 거래 또는 이용에 관한 분쟁을 조정하고 있다. 콘텐츠분쟁조정은 앞서 논의한 '개인정보분쟁조정위원회'와 같이 대상문제의 성격이 시장재적 성격을 띠며, 경합성과 배제성이 높아 사적 영역에 가깝다고 할 수 있다. 「콘텐츠산업진흥법」 제21조에 따르면, 콘텐츠는 부호, 문자, 도형, 색채, 음성, 음향, 이미지 및 영상 등의 자료 또는 정보를 일컫기 때문에 이들에 관한 분쟁은 사적인 성격이 강하다고 할 수 있다. 뿐만 아니라 콘텐츠분쟁조정제도에서는 각 '분과위원회'를 적극적으로 활용하고 있으며, 해당 콘텐츠산업에서 최적의 전문가가 실용적인 조정안을 제안하는 자문기구라고 할 수 있다. 무엇보다도 '콘텐츠분쟁조정위원회'는 분쟁당사자들에 대한 조정을 결정하기 이전에 적극적인 사전 합의를 권장하기 때문에 법적 효력의 강제성은 낮다고 할 수 있다. 비용 측면에서 살펴보았을 때 위원회의 조정 이전에 당사자 간 사전 합의가 활발히 이루어질 수 있으며, 이로 인해 분쟁집행해결비용은 상대적으로 낮아진다고 할 수 있다. 실제 합의 건수는 2011년 316건, 2012년 2,056건, 2013년 2,502건으로 급속도로 증가하고 있다(콘텐츠분쟁조정위원회, 2014: 22). 이는 집행비용이 점차 낮아지고 있음을 보여주는 것이라 할 수 있다. 또한 기관의 공식적인 홈페이지가 존재하고, 분쟁절차를 온라인으로 실행할 수 있기에 탐색비용은 낮다.

'중앙건설분쟁조정위원회'는 1989년에 「건설산업기본법」 제69조와 동법 시행령의 법적 근거로 설립되었으며, ① 수급인 또는 하수급인과 제3자 간 자재대금 및 건설기계사용대금에 관한 분쟁, ② 건설업의 양도에 관한 분쟁, ③ 수급인의 하자담보책임에 관한 분쟁, ④ 건설업자의 손해배상책임에 관한 분쟁 사항을 주로 다루고 있다. 분쟁당사자들은 건설관련자들이며, 분쟁사안은 외부효과가 적고 경합성과 배제성이 높은 시장재적 성격을 지닌다고 할 수 있다. 또한, 이 위원회에서 다루는 업무는 사적 특성이 강하다고 할 수 있다. 분쟁조정위원들 중에서 공익위원은 존재하지 않으며 '중앙건설분쟁조정위원회' 기구는 자문위원회의 성격을 띠고 있다. 위원회의 구성원 역시 공무원[18]뿐만 아니라 민간인 위촉위원이 주요 구성원이 되는데, 따라서 이 기구는 분권적 성격을 가진다고 할 수 있다. 「건설산업기본법」 제69조 및 제70조, 시행령 제68조에 따르면 위원회에서 작성한 조정안을 제시받은 당사자는 그 제시를 받은 날로부터 15일 이내에 수락여부를 위원회에 통보하여야 하며, 조정안을 수락한 때에는 당사자 간에 조정서와 동일한 내용의 합의가 성립된 것으로 간주하기 때문에 재판상 화해와 같은 강력한 법적 구속력은 존재하지 않는다. 또한 분쟁당사자들 사이에 조정 전 합의한 때에는 문제가 해결된 것으로 간주하기 때문에 분쟁해결용비용은 낮다. 그러나 기관의 공식홈페이지가 존재하지 않고, 온라인 분쟁절차가 존재하지 않기에 탐색비용은 높다.

---

18) 중앙건설분쟁조정위원회는 국토교통부의 3급 공무원 또는 고위공무원단에 속하는 일반직공무원 1명과 기획재정부·법제처 및 공정거래위원회의 3급 공무원 또는 고위공무원단에 속하는 일반직 공무원 각 1명으로 구성된다.

넷째, 공적인 영역이면서 집권화 특성을 가지는 '공동체 ADR' (Community ADR) 모형으로 분류될 수 있는 행정형 ADR 기구는 '우체국보험분쟁조정위원회'이다.19) 이 유형으로 분류되기 위해서는 해당 ADR 기구가 공적인 분쟁사안을 주로 다루어야 하며, 기구의 권력은 분산되어 있어야 한다. '우체국보험분쟁조정위원회'는 우체국보험 이해관계자들 사이에 갈등이 발생할 때 이를 해결하기 위해 설립된 기구이다. 보험모집 및 보험계약과 관련된 분쟁문제는 대부분 시장실패 가능성이 높아 경합성과 배제성이 낮다고 할 수 있다. 이 위원회의 설립목적은 우체국보험과 관련된 이해관계자들의 보험계약과 보험모집에 대한 분쟁해결에 있기 때문에 공적 특성이 강하다고 할 수 있다. 「우체국예금보험에관한법률」 제48조에 의거하면 조정위원회는 자문기능이 주가 되며, 위원회 결정 효력은 재판상 화해가 아닌 조정권고에 그치고 있어 법적 강제력이 존재하지 않는다고 볼 수 있다. '우체국보험분쟁조정위원회'는 안건이 회부된 날로부터 60일 이내에 조정결정을 해야 하며, 따라서 집행비용은 높지 않다. 그러나 '우체국보험분쟁조정위원회'에는 독자적이고 공식적인 홈페이지가 존재하지 않고 우정사업본부 홈페이지에 소개되고 있으며, 온라인 분쟁신청절차가 존재하지 않아 탐색비용은 높다.

〈표 4-4〉 ADR 유형 분류 기준과 비용절감 기준에 따른 행정형 ADR 기구 분석 결과

명칭	공적 vs. 사적영역		집권화 vs. 분권화		비용분석
	경합성과 배제성	공조직과 사조직	조직구성의 집권성과 분권성	대상문제 효력 정도	거래비용
건강보험 분쟁조정 위원회	낮음 (공공성이 높음)	전문성이 높은 행정처분	심의위원회로 집권성이 높음	재판상 화해 효력은 없으나 처분청의 재결결정 가능	짧은 처리기간으로 집행비용 낮음
					공식홈페이지 존재, 온라인 분쟁신청가능탐색비용 낮음

---

19) 비슷한 사례는 미국에서도 제시되었다. 미국 우정서비스(U.S. Postal Service)를 대상으로 한 실험에 의하면 ADR이 노사 간 단체교섭(collective bargaining)에서 갈등을 줄이는 새로운 해결 방안이 될 수 있음을 증명하였다(Carnevale, 1993).

전기위원회	낮음 (시장실패 문제해결)	전기사업의 공정한 환경 조성	행정위원회 성격; 행정부처의 상임위원 겸임으로 인해 집권성이 높음	재판상 화해 효력은 없으나 위원회의 심의·의결 가능	심의·의결 기간이 나타나지 않아 집행비용 불확실
					공식홈페이지 존재, 온라인 분쟁신청가능탐색비용 낮음
개인정보 분쟁조정 위원회	높음 (시장재 성격이 강함)	공조직 업무 특성이 강함	조정위원의 공식성 보장으로 집권성이 높음	재판상 화해 효력으로 집권성이 높음	개인의 집단적 분쟁조정권 인정과 짧은 조정기간으로 집행비용 낮음
					공식홈페이지 존재, 온라인 분쟁신청가능 탐색비용 낮음
우체국보험 분쟁조정 위원회	낮음 (시장실패 문제해결)	우체국보험 분쟁해결은 공조직 업무 특성	보험분쟁해결의 자문기능	조정권고로 강제력이 낮음	짧은 처리기간으로 집행비용 낮음
					공식홈페이지 존재하지 않고, 온라인 분쟁신청가능 탐색비용 높음
원자력손해 배상심의회	낮음 (시장실패 문제해결)	원자력배상 문제 해결은 공조직 업무 특성을 띰	행정·심의위원회 성격이 강해 집권성이 높음	재판상 화해 효력으로 집권성이 높음	분쟁집행유지비용은 명확하지 않으나 대표자를 통해 진행가능. 분쟁집행해결 비용 낮음
					공식홈페이지 존재하지 않고, 온라인 분쟁신청가능 탐색비용 높음
중앙건설 분쟁조정 위원회	높음 (시장재 성격이 강함)	공조직 업무 특성이 강함	전문성과 실용성을 기초한 자문기구 역할; 공익위원이 존재하지 않음	위원회의 조정; 분쟁당사자의 자율적 결정	조정결정 전 합의가 가능하여 분쟁집행해결비용 낮음
					공식홈페이지 존재하지 않고, 온라인 분쟁신청가능 탐색비용 높음
환경분쟁 조정위원회	낮음 (시장실패 문제)	공조직 업무 특성이 강함	행정위원회로 집권성이 높음	재판상 화해 효력으로 집권성 높음	평균 사건 해결기간 5.5개월로 집행비용 높음
					공식홈페이지 존재, 온라인 분쟁신청가능 탐색비용 낮음
노동위원회	낮음 (시장실패 문제)	공익위원의 존재; 공조직 업무 특성이 강함	행정·심의위원회 성격이 강해 집권성이 높음	조정, 중재, 필수유지업무결정으로 법적 강제성이 높음	조정기간(10일, 15일으로) 짧아 집행비용은 낮으나, 오류비용 증가가능
					공식홈페이지 존재, 온라인 분쟁신청가능 탐색비용 낮음
산업재산권 분쟁조정 위원회	낮음 (시장실패 문제해결)	공조직 업무 특성이 강함	행정·심의위원회 성격이 강해 집권성이 높음	당사자에게 화해권고	대리인 비용에 따라 집행비용이 다름
					공식홈페이지 존재하지 않고, 온라인 분쟁신청가능 탐색비용 높음
콘텐츠분쟁 조정위원회	높음 (시장재 성격이 강함)	공조직 업무 특성이 강함	전문성과 실용성을 기초한 자문기구 역할	분쟁당사자들의 합의를 먼저 권고하기에 강제성 낮음	사전합의 증가로 분쟁집행해결비용이 낮음
					공식홈페이지 존재, 온라인 분쟁신청가능 탐색비용 낮음

본장의 조사 대상인 10개 행정형 ADR 기구를 〈표 4-4〉에서 제시한 ADR 유형 분류 기준에 따라 정리하면, 아래의 〈표 4-5〉와 같다. 본장에서의 분석결과에 따르면, 행정형 ADR 기구가 담당해야 할 분쟁사안은 서로 다른 특징을 지니며 기구의 권력구조와 분쟁해결 비용이 다르기 때문에 모든 분쟁사건을 일괄적으로 다루는 것보다는 분쟁사건 및 기구의 특징을 종합적으로 고려하여 합리적인 ADR 방법을 모색하는 것이 바람직할 것으로 보인다.

〈표 4-5〉 분석대상 행정형 ADR 기구 유형 분류

	사적 영역	공적 영역
집권화	**법원관련 ADR-시장성 모형** 개인정보분쟁조정위원회(탐색비용과 집행비용 낮음)	**법원관련 ADR-법원 모형** **(행정형 ADR 기구 운영 적정 모형)** 환경분쟁조정위원회(탐색비용 낮으나 집행비용 높음), 노동위원회(탐색비용과 집행비용은 낮으나 오류비용 존재가능), 산업재산권분쟁조정위원회(탐색비용 높으나, 집행비용은 대리인 비용에 의해 결정됨), 건강보험분쟁조정위원회(탐색비용과 집행비용 낮음), 전기위원회(탐색비용 낮으나, 집행비용 불투명), 원자력손해배상심의회(탐색비용은 높으나, 분쟁집행해결비용 낮고 분쟁집행유지비용 불확실)
분권화	**사적 영역 ADR 모형** 중앙건설분쟁조정위원회(탐색비용은 높으나, 분쟁집행해결비용 낮음), 콘텐츠분쟁조정위원회(탐색비용과 분쟁집행해결비용 낮음)	**공동체 ADR 모형** 우체국보험분쟁조정위원회(탐색비용은 높으나, 분쟁집행해결비용은 낮음)

5. 참여형 공공갈등관리 방안으로서의 ADR 시사점

본장에서는 ADR 관련 국내 선행 연구를 심층 분석하여, 국내에서 행정형 ADR 기구 운영 활성화 방안 연구가 어떻게 수행되어 왔는지를 검토하였다. 특히, World Bank(2011)의 기준, 즉 분쟁사안의 특징(공적 영역 vs. 사적 영역) 및 분쟁해결기구의 권력 집중도(집권화 vs. 분권화)와 거래비용 관점에서 ADR 접근 유형을 재분류하였다는 데 분석의 큰 의의가 있다. 분석 결과에 따르면 행정형 ADR 기구는 분쟁사안이 공적이면서 기구의 집권성이 강할 때 효율적으로 운영될 수 있지만, 현재 우리나라에서 운영 중인 행정형 ADR 기구 중 일부는 이러한 특성을 나타내지 않았다. 또한 행정형 ADR 기구가 원활하게 운영되기 위해서는 분쟁당사자들이 분쟁해결 과정에서 발생되는 거래비용을 낮게 인식해야 하지만, 분석결과 일부 행정형 ADR 기구에서는 다소 높은 탐색비용과 집행비용을 포함한 거래비용 발생이 우려되었다.[20] 일부 행정형 ADR 기구의 거래비용은 분쟁당사자들이 분쟁위원회의 조정안을 어떻게 받아들이느냐에 따라서 달라질 수 있다는 문제점도 있었다. 그러나 분쟁사안과 관련한 여러 가지 특성을 분석한 결과를 바탕으로 ADR 운영관련 정책적 함의점은 다음과 같이 제시될 수 있을 것이다.

첫째, 분쟁이 발생하였을 때 분쟁사안의 특성과 분쟁해결 기구의 특성을 고려하지 않은 채 무조건적으로 ADR 기구를 설치하는 것은 바람직하지 않다. 분쟁사안의 영역이 사적 영역과 공적 영역으로 명확하게 구분될 수 있는 것은 아니지만 분쟁사안의 적용범위 및 대상을 판단기준으로 삼아 분쟁사안의 특성을 구분할 필요가 있다. 그러나 이제까지 우리나라 행정형 ADR 기구에 대한 연구에서는 이러한 점을 고려하지 않고 기구의 운영특성, 문제점 및 해결 방안 등을 제시하는 데에만 초점을 맞추었다. 이제부터라도 연구자와 실무자들은 일관적인 행정형 ADR 기구운영 방안보다는 분쟁사안의 특성을 고려한 갈등해결 방안을 모색할 필요가 있다. 특히 갈등문제가 사적인 성격

---

20) 그러나 본장에는 행정형 ADR 기구를 이용하는 분쟁당사자들의 운용비용 인식을 직접 조사하지 못한 한계가 존재한다. 향후, 후속 연구에서 실제 분쟁위원회를 이용하는 분쟁당사자들이 인식하는 분쟁해결비용을 직접 조사할 필요가 있다.

이 강하고, 이러한 갈등문제를 해결함에 있어 법적 구속력이 약한 제도를 활용하는 것이 더 적절하다면 해당 문제를 행정형 ADR 기구를 설립하여 해결하려 하기 보다는 갈등 당사자 간 자발적 합의를 도출해 내는 식으로 해결해 나갈 필요가 있다.

이를 위해 ADR의 기본 목적인 갈등당사자 간 합의 유도가 용이하며 집행비용이 낮은 사적 영역(private-sector)에 속하는 ADR 운영 방안을 모색해 볼 필요가 있다. 실제 본 연구에서 사적 영역의 성격의 '개인정보분쟁조정위원회', '중앙건설분쟁조정위원회', '콘텐츠분쟁조정위원회'의 분쟁 집행비용은 낮은 것으로 나타났다. 사적 영역 ADR은 미국을 비롯한 선진국에서는 활성화되어 있지만 우리나라에서는 여전히 이 영역의 ADR 활용이 미흡한 실정이다.[21] 사회적 갈등이 심화되고 있는 오늘날, 체계적이고 합리적인 절차와 기준에 따라 문제의 특성을 고려한 분쟁해결 전략을 단계적으로 제시할 필요가 있다. 무엇보다 ADR이 사적 영역의 문제해결을 위해 등장하였다는 점을 고려해본다면(World Bank, 2011: 48), 개인 간 또는 집단 간 표준화된 갈등해결 매뉴얼을 수립하고 이를 적용하는 가이드라인을 구체적으로 제시하여야 한다. 예를 들어 층간소음 문제를 해결하기 위해 행정형 ADR 기구를 설립하여 분쟁을 해결하는 것보다는 사적 영역에 속하는 아파트 주민자치위원회를 조정관과 중재관으로 지정하여 갈등당사자들이 분쟁을 직접적으로 해결할 수 있도록 할 수 있다. 이때, 구체적인 분쟁해결 매뉴얼을 제시해 주는 것이 자발적인 분쟁해결을 돕는 방안이 될 수 있을 것이다. 이러한 방법을 통해 갈등당사자들의 분쟁해결 비용인식은 개선될 수 있을 것이며, 보다 쉽게 당사자 간 합의가 도출될 수 있을 것이다. 이러한 방안을 활성화하기 위해서는 분쟁당사자들의 협상 능력 및 기술을 배양하는 교육과 훈련이 필요하며

---

21) 공공기관은 사회적 또는 정치적 갈등을 줄이기 위해 공적인 중재제도를 활용하지만, 이러한 공적인 중재제도를 개인적 문제해결에 적용하는 것은 적절하지 않다(Ansell & Gash, 2008: 547).

(United Nation, 2010), 사적 영역에서의 분쟁 당사자 모두가 동의하는 ADR 선도자(initiative) 역할을 더욱 강화할 필요가 있다. ADR 선도자를 중심으로 효과적인 분쟁해결을 위한 명확하고 표준화된 갈등관리 규약을 구성하고 분쟁당사자들이 자발적으로 동의할 수 있도록 하는 체계적인 가이드라인을 제시해 줄 때(World Bank, 2011: 65), 보다 선진화된 ADR 운영이 가능해질 것이다.

둘째, 정부가 발생되는 갈등을 독단적으로 해결하거나 사법부의 판단에만 의존해 해결하려고 하는 것은 갈등해결 비용과 시간을 증가시킬 뿐만 아니라 갈등 당사자들의 의견이 적극적으로 반영되지 않는다는 점에서 적절한 해결 방안이 된다고 할 수 없다. 이러한 분쟁해결 방안의 대안으로 등장한 것이 ADR이며, 이러한 ADR이 성공적으로 운영되기 위해서는 ADR의 장점을 적극적으로 활용할 필요가 있다. 이를 위해서는 ADR의 갈등해결 비용, 특히 정보비용과 집행비용을 포함한 거래비용을 낮추는 방안을 고려해야 한다. 예를 들어 분쟁당사자 누구나 ADR 기관을 쉽게 이용할 수 있도록 할 필요가 있다. 예를 들어, '중앙건설분쟁조정위원회', '원자력손해배상심의회', '우체국보험분쟁조정위원회'와 같이 정보접근비용과 정보획득비용이 높은 기관이 공식홈페이지를 운영하고 온라인 분쟁조정절차를 가능하게 하여 정보비용을 낮추는 방안이 필요하다. 또한 집행비용을 낮추기 위해 일괄적인 분쟁처리보다는 분쟁유형에 따라 분쟁처리기간을 달리하여 분쟁처리기간을 단축하는 것이 필요하다. 특히 '환경분쟁조정위원회'는 분쟁기간이 2014년의 경우 평균 6.9개월로 상대적으로 길었다. 조정기간을 단축시키기 위해서는 현재 알선, 조정, 재정신청방법을 보다 세분화하여 3개월이 소요되는 알선 방법보다 더 쉽게 문제를 해결할 수 있는 분쟁방법을 마련해 분쟁기간을 단축시키는 것이 필요하다. 뿐만 아니라 분쟁조정절차를 간소화하여 집행비용을 낮추는 것이 필요하다. 구체적으로 '원자력손해배상심의회'와 같이 다수가 신청할 때

3인 이내의 대표자를 선정할 수 있는 제도를 마련해 분쟁절차를 간소화할 수 있다. 분쟁 대표자를 통한 해결 방안은 집행비용을 줄이는 데 긍정적 역할을 할 것이다. 그리고 '개인정보분쟁조정위원회'와 같이 집단적 분쟁조정권을 허용하는 것이 필요하다. 개인이 혼자 분쟁을 조정하려면 비용이 많이 들기 때문에 집단 분쟁조정권을 허용해 주어 분쟁집행비용을 낮출 필요가 있다.

마지막으로, 미국의 연방 부처들이 원활한 ADR 프로그램을 운영할 수 있도록 돕는 '기관 간 ADR 실무단(Interagency ADR Working Group)' 설립·운영 사례를 벤치마킹할 필요가 있을 것이다.[22] '기관 간 ADR 실무단'은 1998년 5월에 설립되었으며, 각 부처에서 선발된 ADR 전문가들이 '직장갈등관리(workplace conflict management)', '계약과 조달(contracts and procurement)', '행정강제와 규제절차(administrative enforcement and regulatory process)', '소송(litigation)' 등 네 영역과 관련해 각 부처의 ADR 운영이 효과적으로 이루어질 수 있도록 전문적인 조언을 해 준다. 이 기관은 각 부처에서 시행되고 있는 ADR 프로그램을 상호 공유함으로써, ADR을 연방정부에 널리 확대시키는 데 긍정적인 역할을 하였다(Office of the Attorney General, 2007: 2). 우리나라 행정형 ADR 기관을 성공적으로 운영하기 위해서는, 각 행정형 ADR 기관에서 전문가를 선발하여 이들이 모든 행정형 ADR 기구를 종합적으로 관리하는 'ADR 종합실무기구'를 두는 방안을 고려해 볼 필요가 있다. 이 기구를 통해서 분쟁사안이 행정형 ADR 기구에서 다루어져야 하는지, 아니면 민간형 ADR에서 다루어져야 하는지를 판단하게 될 것이다. 만약 'ADR 종합실무기구'에서 특정 분쟁사안이 행정형 ADR 기구에서 다루어지는 것이 바람직하다는 판단을 내리면, 이와 관련해 비용을 줄일 수 있는 방안이 무엇인가도 조언해 줄 수 있을 것이다.

---

22) 구체적 내용은 http://www.adr.gov/about-adr.html을 참조

제 2 부

공론화와 숙의민주주의

제 5 장

공론화 의의

1. 공론화 의미

국민의 목소리(voice)를 정책의 전 과정에 반영하는 것은 민주주의를 발전시키는 핵심이 된다고 해도 과언이 아닐 것이다. 국민들의 모든 의견을 국가 정책에 반영하는 것이 가장 이상적이고 바람직하기는 하지만 높은 정책접근 비용과 실현가능성의 문제점을 고려해 볼 때 현대사회에서 이를 달성하기는 어려울 것으로 보인다. 따라서 대부분의 국가들에서는 국민의 대표자를 선출하여 국민들의 목소리를 정책과정에 대신 반영하도록 하는 간접민주주의와 대의민주주의를 채택하고 있다. 그러나 선출된 대표자들이 정책의사결정을 함에 있어서 많은 문제점들이 나타나기도 한다. 일례로, 민의를 반영하는 과정에서 국민들의 목소리가 정확하게 전달되지 않을 수도 있으며, 때로는 국민들의 의견이 왜곡되어 정책의사결정에 반영될 수도 있다. 특히 국민들의 의견이 분열되는 정책이나 갈등 문제를 해결하는 과정에서 단순히 참여자의 수적 우위만을 고려하는 대의민주주의 다수결 원칙은 민주주의사회에 적합한 정책결정 방안이 아닐 수 있다. 개인 선호 간 질적 차이나 선호의 변화가능성을 고려하지 않는 단순한 합산 방식 즉, 선호집합적(aggregation of preference) 의사결정 방식으로는 다양한 국민들의 의견 반영, 소수자들의 의견 반영, 정당한 의견의 형성, 의사결정 참여자의 태도와 선호 변화, 성찰과 학습 등을 고려할 수 없다는 한계가 존재한다(정정화, 2011). 이는 한국의 수많은 갈등 사례들(예: 방폐장 입지선정 갈등, 동남권신공항 선정 갈등, 탈원전 정책 등)을 고려해 볼 때 민주주의사회에서의 갈등 증폭 원인으로 작용하기도 한다. 오늘날의 복잡하고, 다양하고, 예측 불가능한 현대사회에서는 중요한 정책과 이슈결정에 국민들의 목소리를 어떻게 반영할 것인가 하는 문제를 중요하게 고려 할 필요가 있다(김정인, 2017a). 즉 정책과정에서 중요하게 고려해야 할 사항 중 하나가 바로 국민들의 정책의사결정 참여 방식인 것이다.

최근 대의민주주의의 대안으로서 다양한 참여자들이 자발적으로 참여하고 이성적인 토론과 토의를 통해 그들의 의견을 형성해 가는 숙의민주주의(deliberative democracy)가 제시되고 있다(Elstub & McLaverty, 2014). 숙의민주주의를 달성하기 위한 방안으로 시민배심원제(citizen juries), 합의회의(consensus conference), 공론조사(deliberative polls), 공론매핑(deliberative mapping), 국가 이슈 포럼(national issue forums), 시민 의회(citizen assemblies) 등 여러 유형의 공론(公論)방안들이 언급되고 있는 것이다(Elstub & McLaverty, 2014; Fishkin, 2009; Nelbo, 2015). 예를 들어 2001년 호주에서는 대대적인 공론조사를 활용하여 원주민 갈등문제 해결을 위한 정책방안을 마련하고자 하였으며(Fishkin, 2009: 161-163),[1] 2004년 울산시 북구에서는 음식물자원화시설 건립 갈등문제해결을 위해 시민배심원제를 도입하기도 하였다(정정화, 2011: 586-587). 숙의과정은 시민들의 참여 역량을 증가시키고, 증가된 시민역량은 정책형성에 긍정적인 역할을 하게 된다(Barrett et al., 2012: 183). 이와 같은 공론화 논의들이 최근 공공정책결정에 다양하게 활용되고 있지만 이와 관련된 이론적 논의나 공론화의 실제 적용 사례에 대한 논의는 제한적으로 이루어지고 있는 실정이다. 다시 말해 숙의민주주의를 실현하기 위한 다양한 공론화 방안들이 논의되고 정책과정에 활용되고 있기는 하지만, 공론화가 무엇인지, 공론화의 성공조건은 무엇인지 등에 관한 이론적 논의나 공론화가 실제로 어떻게 운영되는지에 관한 경험적 논의는 거의 이루어지지 않고 있는 실정인 것

---

1) 호주는 백호주의(白濠主義)를 기반으로 한 백인우월주의 정책을 펼쳤다. 호주 원주민에 대한 정책 역시 같은 맥락에서 진행되었으며, 원주민의 자녀들을 호주 공공기관에서 양육하는 백인화 정책이 존재했다. 1869년부터 1970년까지 이러한 정책이 시행되었는데, 이 세대를 '빼앗긴 세대(stolen generation)'로 명명하기도 하였다. 1999년 국민투표에서 헌법에 원주민의 지위를 인정하는 조항을 제안하였지만, 이것이 실제 이루어지지는 않았다. 이를 해결하기 위해 344명이 참여하는 공론조사가 실시되었다(Fishkin, 2009).

이다. 숙의민주주의와 공론화가 다양한 국민들의 의견을 정책에 반영할 수 있는 대안적 접근방안이 되고 있지만, 일부 갈등사례 연구(예: 정정화, 2011)를 제외하고는 행정이나 정책 분야에서 연구가 거의 이루어지지 않고 있는 실정이다(김정인, 2015).

2. 공론화 개념

공론화의 의미를 논의하기 이전에 먼저 공론(公論)에 대한 의미를 살펴볼 필요가 있다. 공론의 사전적 의미는 '여럿이 함께 논의함'으로 정의되며, 이는 '사회 대중이 공통으로 제시하는 의견'을 의미하는 여론(輿論)과는 다르다(다음 국어사전, 2017). 그럼에도 불구하고 공론과 여론이 비슷한 의미로 사용되고 있는 이유는 공론과 중론(衆論, mass opinion)이 혼돈되어 사용되는 경향이 있기 때문이다. 여러 사람의 의견을 단순히 소극적이고 수동적으로 모으는 중론과 능동적이고 적극적인 의사소통을 강조하는 공론은 다른 개념으로 이해될 필요가 있다(김대영, 2004: 119). 물론 공론과 여론의 영어 표현은 'public opinion'으로 유사하게 사용될 수 있으나, 공론은 여론보다 '공정하고 바른 의견'을 이끌어 내는 과정으로 이해될 수 있을 것이다. 즉 공론과 여론이 국민들 다수의 의견을 나타낸다는 점에서는 공통점을 지니나, 공론은 '다수가 모여 함께 논의하는 과정'을 강조한다. 이 때문에 여론과는 달리 공론은 '다수가 숙의(deliberation)하는 과정'으로도 이해될 수 있을 것이다.

역사적으로 공론의 의미는 중국 고전 「논어」와 「서경」에서도 잘 나타나고 있다. 「논어」에 의하면 '일향지인(一鄕之人)은 의유공론의(宜有公論矣)'라고 언급하고 있는데, 여기서 공론은 '지역사회에서 인정받는 공정한 의견'으로 정의된다(서울대학교 역사연구소, 2015). 「논어」가 쓰여질 당시 지역의 향촌에는 '향촌인들이 합의한 의견인 향론(鄕論)'

이라는 것이 있었는데, 이것이 곧 '공론'이라는 것이다. 또한 「서경」에서는 공론을 '천하의 공론'이라고 정의하면서, '국가 전체적으로 합의된 여론인 국론(國論)'을 공론이라고 명명하였다(서울대학교 역사연구소, 2015). 이처럼 공론은 여론과는 달리 '정제된 여론(refined public opinion)'을 의미한다(Fishkin, 2009: 14). 공론화와 공론이 동일 개념은 아니지만, 공론의 의미와 특징을 기반으로 공론화의 의미를 살펴볼 수 있을 것이다. 즉 공론화(公論化)는 '어떤 사안(이슈)에 대해 여러 사람들이 함께 모여 숙의와 학습을 통해 정제되고 합의된 의견을 형성하는 과정'이라고 정의할 수 있는 것이다. 즉 공론화는 '올바른 공론을 형성하는 과정'이 되는 것이다(김대영, 2004: 123).

공론화 과정은 어떤 이슈 또는 정책에 대한 국민들의 의견을 반영하는 과정이기에 민주주의 발전에 기반이 된다. 무엇보다도 민주주의 형성은 두 가지 근본가치, 즉 정치적 평등(political equality)과 숙의(deliberation)과정을 통해 이루어진다(Fishkin, 2009: 1; Gutmann & Thompson, 1996). 정치적 평등은 사회구성원 모두의 의견을 포괄 또는 포용(inclusion)하는 것이며(Felicetti, 2017: 14), 숙의는 참여자의 사려 깊음(thoughtfulness)을 의미한다고 할 수 있다. 때로는 두 개념이 충돌할 때도 있지만, 국민들의 의견을 반영하는 민주주의를 실현하기 위해서는 반드시 두 가지 개념 모두를 충족시킬 필요가 있다. 특히 민의를 반영하는 정책의사결정 시 반드시 구성원들의 정치적 평등이 보장되어야 하며, 정책의사결정 과정에서 참여자들 간 충분한 숙의과정이 실현되어야 한다. 숙의민주주의가 사회구성원들의 평등한 참여와 참여자들의 균등하고 사려 깊은 토론 및 토의과정을 통해 형성되기 때문에 공론화는 숙의민주주의의 발달에 큰 영향을 미친다고 할 수 있을 것이다.

3. 공론화의 발달과 역사적 맥락

앞서 언급한 것처럼 공론화 과정은 숙의민주주의의 실현과정이라고 할 수 있다. 따라서 서양에서의 공론화에 대한 역사적 발달과정은 숙의민주주의의 역사적 발달과정과 유사한 맥락을 갖는다고 할 수 있다. 숙의민주주의의 역사적 기원은 고대 그리스 아테네에서 찾을 수 있다. 고대 아테네의 민주주의는 모든 성인들을 포괄적으로 포함하지 못해(예: 여성, 노예, 외국인 등을 제외함), 진정한 숙의민주주의를 달성하지는 못했다는 비판을 받는다(Elstub & McLaverty, 2014). 그럼에도 불구하고 아리스토텔레스가 언급했듯이 아테네의 민주주의는 국민들이 서로의 의견을 자유롭게 주고받을 수 있는 '공론의 장'을 형성하고 있어 숙의민주주의 발달의 기원이 된다고 할 수 있다(Elstub & McLaverty, 2014: 3). 초기 숙의민주주의는 18세기와 19세기 E. Burke와 J. S. Mill에 의해서 주장되었다. 그들은 일반 국민들의 숙의를 강조한 아테네의 숙의민주주의와는 달리 선출된 의회 대표자들의 숙의과정을 더욱 강조하였다. 숙의과정을 거친 의회 대표자들이 더욱 좋은 정책의사결정을 내릴 수 있다고 강조한 것이다. 또한 19세기에는 모든 국민이 아닌 남성 위주의 숙의과정 참여가 이루어졌기 때문에 이는 제한된 숙의민주주의 사회로 볼 수 있다. 다시 말해 Burke와 Mill이 주장한 숙의민주주의는 모든 국민의 참여와 숙의과정을 중시하는 오늘날의 숙의민주주의와는 다른 개념으로 이해될 수 있을 것이다.

그러나 20세기 초반에 들면서 숙의민주주의에 대한 시각이 변화하였다. 20세기 초 대표적인 학자인 J. Dewy, A. D. Lindsay, E. Barker 등은 민주적 관점을 강조하였고, 특히 공적 숙의(public delib-eration)가 민주주의의 근본 요소가 됨을 강조하였다(Elstub & McLaverty,

2014: 4). 예를 들어 Dewy는 진정한 숙의민주주의가 달성되기 위해서는 숙의과정을 통해 공통적이고 집합적인(collective) 문제를 해결해야 하며, 이러한 과정에서 국민들의 자존감은 더욱 높아지게 된다고 주장하였다. Lindsay 역시 다수결에 따른 단순한 집합적(aggregative) 의사결정보다는 집합적 토론을 통한 의사결정이 숙의민주주의의 핵심이 된다고 강조하였다(Elstub & McLaverty, 2014).

숙의민주주의에 관한 논의는 고대 아테네 시절부터 시작되어 20세기 초반까지 지속되었지만, 실제로 숙의민주주의라는 용어가 사용된 것은 1980년대 미국 상원 토론과정에서 Bessette가 처음 사용하였다. 또한 학문적으로도 Habermas에 이르러서야 숙의민주주의라는 용어를 처음 사용하게 되었다(Elstub & McLaverty, 2014: 5). 이 시기를 숙의민주주의 1세대라고 할 수 있다. 1세대 숙의민주주의는 참여자들이 평등한 위치에서 충분한 숙의를 할 수 있도록 하고, 숙의과정 후 모든 참여자들이 열린 마음으로 결정된 의견을 받아들이며, 참여자들의 공익달성 의지가 강조되는 합의적 결정(consensus decision)을 강조하였다. 특히 Habermas는 '공론장(public sphere)'에서의 국민 숙의과정을 강조하였다. 이와 같이 Habermas를 비롯한 1세대 숙의민주주의 주장 대표 학자들은 규범적이고 이론적인 관점에서 숙의민주주의를 논의하였다.

2세대 숙의민주주의는 1990년대에 이르러서 시작되었다. 1990년대의 환경은 1980년대와 달랐다. 특히 1990년대 2세대 숙의민주주의의 특징은 복잡성, 다원성, 불평등, 전문성, 세계화 등에 있다고 할 수 있다(Elstub & McLaverty, 2014: 6). 2세대 숙의민주주의의 대표적 학자라고 할 수 있는 Bohman(1996: 34)에 의하면 숙의민주주의는 문화적 다원주의, 만장일치 달성의 한계 등으로 인해 현실적으로는 사회구성원들 간 일관된 동의와 합의가 이루어지기 어렵다고 강조하면서, 의사결정은 '다원적 동의(plural agreement)' 방법에 의해 이루어져야 한다고 주장하였다. 또한, 2세대 숙의민주주의는 지금까지 진행되는 3세대 숙의민주주의에까지 영향을 미쳤다.

3세대 숙의민주주의는 1세대 숙의민주주의 특징인 숙의민주주의에 대한 규범적이고 철학적인 정당화에 큰 관심을 두고 있지는 않았다. 대신 3세대 숙의민주주의 주장 학자들은 숙의민주주의가 실질적으로 어떻게 운영될 수 있을까에 보다 깊은 관심을 가졌다(Elstub & McLaverty, 2014: 7). 즉, 현존하는 민주주의 체제가 어떻게 숙의민주주의와 양립가능한가, 더 나아가 어떻게 숙의민주주의가 제도화(institutionalized)될 수 있는가에 많은 관심을 두고 있었던 것이다(Elstub, 2010).

숙의민주주의를 제도화하는 방안은 미시적 전략과 거시적 전략으로 나누어 설명할 수 있다. 미시적 숙의민주주의(micro deliberative democracy) 전략은 작은 규모로 운영되고 평등한 권력을 지닌 사람들이 같은 장소·같은 시간에 모여 의사결정을 하는 이상적인 숙의절차를 포함한다. 이에 반해 거시적 숙의민주주의(macro deliberative democracy)는 시간과 장소에 국한하지 않고 비공식적이고, 비구조화된 토론을 선호하며 시민사회의 의견 형성(opinion formation)을 주요 목적으로 한다. 따라서 미시적 숙의민주주의는 소수 엘리트 중심의 숙의가 한계점으로 제시되는 반면, 거시적 숙의민주주의는 참가자들 사이의 불평등과 그들의 자기이익 극대화에 의한 커뮤니케이션 왜곡이 한계점으로 제시되었다(Elstub, 2010). 이와 관련해 3세대 숙의민주주의 주장 학자들은 숙의민주주의를 어떻게 제도화할 것인지에 관심을 가져, 숙의민주주의 달성을 위한 다양한 방안들을 고안하였다. 즉 현재까지 이어져 오고 있는 3세대 숙의민주주의의 주요 관심사는 21세기의 숙의민주주의 의미가 무엇이며, 숙의민주주의 달성에 적합한 '공적숙의(public deliberation)' 방안이 무엇인가를 논의하는 것에 있었다(Elstub, 2010).

제 6 장

공론화 유형: Mini-publics 유형

1. 공론화(숙의민주주의) 유형과 Mini-publics

국민의 직접적인 정책의사결정 참여로 달성하고자 하는 민주주의 증진 방안들이 다양하게 논의되는 가운데, 최근 숙의민주주의(deliberative democracy)가 각광을 받고 있다. 국민 개개인의 의견을 단순히 수합하는 대중민주주의에서 한걸음 더 나아가 국민들이 일정한 기간 동안 관련 정책에 대해 정확하고 충분한 정보를 제공받고 토론과 토의를 통해 학습한 뒤 의사결정에 참여하는 숙의민주주의가 최근 한국 사회에서 중요한 민주주의 증진 방안으로 논의되고 있는 것이다. 전 세계적으로도 1980년대 이후 하버마스(Habermas)가 '공론의 장(public sphere)' 가능성을 제기하면서 시민들의 성숙된 의견을 정치에 직접 반영하고 이를 정책결정에 활용하는 숙의민주주의가 민주주의 이론뿐 아니라 정치이론에서도 매우 중요하게 논의되고 있다(Gutmann & Thompson, 2004). 숙의민주주의의 핵심은 정치적 의사결정이 투표 중심이 아니라 토론 중심으로 이루어져야 한다는 데 있다. 다시 말해, 숙의민주주의는 개인의 선호를 단순히 취합하는 데 그치는 것이 아니라, 공적인 이성적 토론과 논쟁(public reasoned discussion and debate)을 통해 형성된 집합적 의사결정(collective decision)으로 이루어진다고 할 수 있는 것이다(Elstub & McLaverty, 2014: 1).

그러나 이러한 숙의민주주의의 중요성에도 불구하고 행정과 정책이론 관점에서 숙의민주주의는 충분히 논의되지 못한 채 제한된 영역에서만 활용되어 왔다. 행정과 정책분야에서 기존에 수행된 숙의민주주의 관련 연구들은 대부분 커뮤니케이션을 통한 숙의효과에 대한 논의이거나, 지역 내 갈등문제 해결 방안 모색 등에 대한 논의가 주를 이루었다.[1] 뿐만 아니라, 대부분의 숙의민주주의 연구는 시민참여

---

[1] 예를 들어 원자력 발전과 관련된 숙의적 커뮤니케이션 효과 등을 제시하였다(이태준,

(citizens participation) 관점에서만 이루어져 왔다. 최근 미국 행정학에서는 시민의식과 민주주의 결핍(citizenship and democratic deficit) 문제를 해결하기 위한 방안으로 숙의민주주의를 제시하고 있다(Nabatchi, 2010). 숙의민주주의 참여자들은 함께 모여 다양한 가치들을 논의하며, 이를 통해 구체적인 정책대안을 제시할 수 있다는 점을 고려해 볼 때 숙의민주주의가 미국 민주주의와 시민의식 결핍 한계를 극복할 수 있다는 것이다(Nabatchi, 2010). 그럼에도 불구하고, 행정과 정책에서의 숙의민주주의 논의는 대부분이 숙의민주주의의 장·단점, 특징 등과 관련된 원론적인 논의에 국한되어 있었다. 이와 같은 행정과 정책분야에서의 숙의민주주의 논의 한계는 행정과 정책 영역에서 여전히 숙의민주주의를 이상적이고 규범적인 것으로 고려하고 있으며, 1980년대의 초기 숙의민주주의 연구 틀에 국한되어 있기 때문으로 볼 수 있다.[2] 즉, 공공선을 달성하기 위한 이상적이고 규범적인 논의를 다룬 초기 숙의민주주의의 특징만을 행정과 정책 분야에서 강조하고 있기 때문에 숙의민주주의가 현실에서 어떻게 적용되고 있으며, 향후 이를 어떻게 적용할 수 있을지에 관한 충분한 논의가 이루어지지 못하고 있는 실정인 것이다.

숙의민주주의에 대한 규범적이고 이상적인 논의만으로는 숙의민주주의를 효과적으로 달성할 수 없다. 오히려 숙의민주주의를 달성하기 위한 실질적이고 다양한 제도적 장치의 특징들을 살펴보고, 이러한 제도적 장치들이 숙의민주주의를 효과적으로 달성하는 데 어떠한 유용성과 한계점을 지니는지를 논의해야 한다. 특히 거시적 차원에서

2017).

2) Elstub & McLaverty(2014)는 이를 숙의민주주의 1세대라고 일컫는다. 이들은 토론을 통한 국민들의 공통된 합의 달성을 숙의민주주의의 핵심 특징이라고 강조한다. 숙의민주주의 1세대 대표학자로는 하버마스(Habermas)와 롤스(Rawls)가 있다. 예를 들어 공통된 합의를 달성하기 위해 더 나은 논쟁의 비강압적 힘(unforced force of the better argument)으로서 제한 없는 토론과 열린 참여를 강조했다(Habermas, 1990: 56–58).

의 담론과 제도 구축 수준에 머물러 있는 숙의민주주의 논의를 넘어서, 미시적이고 실용적인 숙의민주주의 제도 운영 방안들을 주의 깊게 살펴볼 필요가 있다. 무엇보다도 숙의민주주의의 핵심은 참여자들의 충분한 토론과 토의를 바탕으로 한 숙의에 있기에 이를 효과적으로 운용할 수 있는 소규모 숙의민주주의 활성화 방안을 우선적으로 검토해 볼 필요가 있는 것이다.

따라서 본장은 기존의 행정과 정책분야에서 논의되던 거시적이고 담론적인 숙의민주주의 연구에서 벗어나(예: Nabatchi, 2010), 숙의민주주의를 현실적으로 활성화할 수 있는 소규모 숙의민주주의 방안인 mini-publics[3])에 대하여 살펴보고자 한다. 보다 구체적으로 본장에서는 mini-publics의 유형으로 제시되는 시민의회(citizens' assembly), 공론조사(deliberative polls), 플래닝 셀(planning cells), 합의회의(consensus conferences), 시민배심원제(citizens' juries) 등 다섯 가지 유형을 중심으로 논의를 진행할 것이다.

2. Mini-publics의 특징과 유형

1) 숙의민주주의 달성을 위한 mini-publics

(1) Mini-publics의 의미와 특징

숙의민주주의는 정책 결정과정에서의 시민 참여를 중요하게 고려하기에 시민들의 적극적인 역할이 필수적이다(Niemeyer, 2011: 103-105). 하버마스는 공론의 장에서 이루어지는 '공적 추론(public reasoning)'이 이해관계자들의 갈등, 차이, 논쟁 등을 해결하고 합의를 이끌어 내는 데 긍정적인 역할을 할 것이라고 강조하였다(Elstub, 2014:

---

3) Mini-publics에 대한 국문번역은 다양하게 제시될 수 있을 것이다. '작은공중'이라고 번역할 수도 있으며(오현철, 2009), '미니공중'이라고 번역(국회입법조사처, 2015)할 수도 있다. 그러나 본장에서는 규모가 작은 '소규모'의 의미를 강조하기 위하여 한국어로 번역하기 보다는 mini-publics 원어를 그대로 사용하기로 한다.

166). 기존에 민주주의 발전을 위해 강조되던 다수 시민들의 정책참여는 때로 정제되지 않는 여론을 정책과정에 그대로 반영시킴으로써 오히려 시민들의 견해를 왜곡시키고 정책결정의 혼란을 가중시키기도 하였다. 이러한 문제를 극복하기 위해 숙의민주주의에서는 다양한 의견을 지닌 다수의 개인들이 진정한 숙의를 통해 어떻게 합의에 이르게 할 것인가를 중요하게 고려한다(Goodin & Dryzek, 2006: 219). 단순 집합적 여론이 아닌 시민들의 정제된 의견(refined opinion)을 정책과정에 투입하는 것이 합리적이고 올바른 정책의사결정을 위해서 보다 바람직하기 때문이다(Fishkin, 2009).

시민들의 정제된 의견을 정책과정에 반영하기 위해서는 공론과정에 모든 국민들이 참여하기보다는 소규모 mini-publics를 운영하는 것이 보다 현실적인 숙의민주주의 방안이라고 할 수 있다(Niemeyer, 2011). 특정 정책이슈에 관심 있는 사회구성원들이 직접적이고, 적극적으로 참여할 수 있도록 제도적 장치를 마련해 주는 mini-publics가 숙의민주주의 달성에 긍정적인 영향을 미칠 수 있다는 것이다. 다시 말해, 숙의민주주의의 실현은 거시적 규범설정보다는 미시적 실천에서 비롯된다고 할 수 있다(Niemeyer, 2011: 103). 특히 일부 커뮤니케이션 학자들은 소규모 그룹으로 이루어지는 숙의과정에서 정책이슈에 대한 정보와 견해가 신중하게 교환되고 판단되며, 충분한 발언 기회와 경청이 각 참여자들의 다양한 의견 차이들을 연결 짓는 진정한 의미의 소통이라고 주장한다(예: Burkhalter et al., 2002: 21). 이러한 숙의의 과정과 의미를 고려해 볼 때 mini-publics는 숙의민주주의 달성에 필수적인 실천방안이 된다고 할 수 있다.

Mini-publics라는 용어는 Dahl(1989)이 제시한 'minipopulus'[4]라는 용어에서 유래되었다고 할 수 있다. Dahl(1989)에 의하면 소수의

---

4) 본장에서는 mini-publics를 국문으로 번역하지 않았듯이 유사한 의미를 지닌 mini-populus를 원어 그대로 사용하고자 한다.

정치엘리트들은 자신들이 도덕적으로 우월하며 공공문제 해결과 공공선 달성에 있어 최적임자임을 주장하고 있으나, 실제 오늘날의 정치엘리트들은 공공선 달성을 견인하지 못하고 있다는 것이다. 오히려 정치엘리트들은 공공선이라는 명목하에 자신들의 조직적·집합적 이익만을 추구하는 경향이 강해 소수의 정치엘리트들에 의한 정책결정이 민주주의 달성에 부적합하다는 것이다. 때로는 소수 정치엘리트들에 의한 정책결정이 집단 이익 추구로 인한 부패 문제를 야기할 수도 있다. 현대 행정과 정책에서 소수엘리트들에 의한 정책결정의 문제점들을 극복하기 위해 minipopulus를 제시할 수 있다. 이는 모든 대중들이 정책결정에 참여하는 것은 아니지만 관심 있는 대중들을 중심으로 정책과정에 참여하는 방안을 의미한다(Dahl, 1989). Minipopulus 참여자들은 자신들이 관심을 가지고 있는 의제와 쟁점들에 대해 적극적으로 의견을 제시할 수 있어 민주주의 발전에 기여할 수 있다. 다시 말해, minipopulus를 통해서 시민들은 정책과정에의 민주적 참여 기회를 충분하고 동일하게 부여받을 수 있다는 것이다(Dahl, 1989: 109-176).

숙의민주주의의 실천방안이 되는 mini-publics는 다음과 같은 특징을 지닌다. Mini-publics는 국민투표와 선거 등 다른 정책의사결정 방법에 비해 통계적 대표성이 낮고 mini-publics 참여자들이 모든 시민의 의견을 대표한다고 할 수는 없지만, 참여자들 간 진정한 숙의를 통해 합리적이고 효과적인 민주주의를 달성하는 방안이 된다(Goodin & Dryzek, 2006: 220). Mini-publics 참여자들은 전문가가 아니라 평범하고, 비당파적인 보통 시민들이기에 mini-publics를 통한 정책의사결정이 민주적 혁신물(democratic innovations)이 된다고 할 수 있다(Elstub, 2014: 167). 특히 mini-publics는 민주성 확보를 위해 소수의 이익집단이나 계급 이익을 대변하지 않으며, 비당파적이고, 공적인 관점을 유지하려고 노력한다(오현철, 2009: 260). 특정 집단의 이익만을 대변하고 특정 계급 또는 특정 정치집단만을 대표하는 소규모 모임은 숙의민주주의에 적합한 mini-publics로 볼 수 없다.

(2) 정책의사결정과 mini-publics

시민들의 참여가 보장되고 토론과 토의를 통한 적극적인 숙의가 가능하다는 점에서 mini-publics는 정부 정책의사결정 과정에 충분히 활용될 수 있다. 숙의민주주의는 시민들의 정책관련 이슈에 대한 학습과 정책의사결정 참여를 연계시킬 수 있어 보다 성숙된 시민의견을 정부 정책결정에 투영시키는 과정이라고 할 수 있다(Nabatchi, 2010: 384). 이러한 차원에서 시민들의 학습과 토의, 그리고 참여가 기반이 된 숙의민주주의는 정부주도 혹은 소수 정치엘리트에 의해 주도되는 정책의사결정에 대한 대안으로 활용될 수 있으며(Gutmann & Thompson, 2004), 특히 mini-publics는 보다 현실적이고 실천 가능한 정책의사결정 대안으로 논의될 수 있다. 왜냐하면, mini-publics 참여자 간 토론과 토의, 학습을 통한 숙의를 바탕으로 개인의 제한된 합리성 문제를 극복할 수 있기 때문이다. 특히 복잡한 문제가 존재할 때 mini-publics 참여자들 간 학습과정은 일반 시민 개개인의 인지적 한계를 극복하는 데 도움을 준다(Simon, 1957). 또한 합리적인 토론 및 학습 과정을 통해 mini-publics 참여자들은 자신들의 이익극대화보다는 시민덕성(civic spiritedness)을 증진시키는 데 노력하게 된다(Niemeyer, 2011: 105). 나아가 참여자들은 숙의과정에서 상호 간의 정보 풀(information pool)을 형성하여 정보 획득 비용을 줄일 수 있다(Grofman & Owen, 1987). 즉 mini-publics를 통해 참여자들은 숙의를 경험하고, 이를 바탕으로 개인의 인지적 한계를 극복할 수 있다는 것이다. 이러한 관점에서 mini-publics는 정부의 정책의사결정에 시민들의 적극적이고 합리적인 견해를 반영할 수 있도록 한다.

그러나 mini-publics가 정부 정책의사결정 방안의 대안으로서 항상 긍정적인 영향만을 미치는 것은 아니다. 때로는 mini-publics의 규모적 측면 때문에 단점을 가질 수도 있다. 다시 말해, mini-publics에서는 시민 참여가 소규모로 이루어지기 때문에 정책의사결정 과정 전반이 너무 편협하게 고려될 수 있다는 것이다 (Bachtiger et al., 2010). 또한, 규범적으로는 mini-publics가 평범하고, 비당파적이고, 보통 시민들이 참여해야 한다고 제시하고 있지만(Goodin & Dryzek, 2006), 현실에서는 mini-publics 참여자들이 정파성 강한 집단, 이익집단, 시민단체 등을 중심으로 구성될 가능성이 높다. 이와 같이, mini-publics 참여자들이 특정 집단을 중심으로 구성된다면 토론과 토의, 학습 과정에서 참여자들에게 충분한 정보가 제공된다 하더라도 사려 깊은 판단이 불가능해지고 편향된 견해가 주를 이루어 합리적인 정책의사결정을 실현하기 어렵다. 뿐만 아니라, mini-publics 참여자들에 의해 결정된 정책의사는 대표성(representativeness)의 한계를 지닐 수밖에 없다. Mini-publics에는 사회 전체를 대표할 만큼의 다수 시민이 참여하는 것이 아니기에 일부 참여 시민에 의한 의사결정은 대표성의 한계를 유발시킬 수밖에 없다.

그러나 이와 같은 mini-publics 단점을 극복할 수 없는 것은 아니다. 우선 mini-publics의 대표성 문제는 대표성의 의미를 다르게 해석함으로써 개선할 수 있다. 다시 말해, 대표성을 반드시 통계적 관점으로만 해석하는 것이 아니라, 사회적 특성의 다양성(diversity)과 견해의 다중성(plurality) 의미로 해석할 수 있는 것이다(Goodin & Dryzek, 2006). 대표성을 통계적 차원에서의 대표적 표본 선발의 의미가 아니라 사회 구성원 의견 반영에 있어서의 다양성 의미로 이해한다면, mini-publics에 다양한 시민들이 참여하여 각각의 다양한 의견에 대해 토론하고 토의할 때 mini-publics의 대표성이 어느 정도 확보된 것이라 할 수 있다. 또한 참여자들이 대표성을 확보하기 위해 사회 전체와 동일 비율로 선출되어야 하는 것은 아니며, mini-publics 참여자들이 선거에 의해 선출된 대표자들과 유사한 정치적 책임을 져야하는 것도 아니다(Goodin & Dryzek, 2006: 221). 이러한 점들을 고려해 볼 때 비록 mini-publics에 다수의 인원이 참여하지는 않더라도, 이로 인해 발생이 우려되는 편향성 문제 등은 개선이 가능한 것으로 볼 수 있다.

그럼에도 불구하고 정책의사결정 과정에서 보다 긍정적인 mini-publics 효과를 창출하기 위해서는 mini-publics 참여자들의 의사결정이 더욱 큰 규모의 정치영역에 적용될 수 있어야 한다. 이러한 측면에서, mini-publics의 효과에 대한 의문이 지속적으로 제기될 수 있다(Goodin & Dryzek, 2006; Niemeyer, 2011: 104). 다시 말해, 정책의사결정 과정에 있어서의 mini-publics 긍정효과 창출의 핵심은 소규모로 이루어진 미시적 차원의 의사결정을 어떻게 대규모 거시적 차원의 정책결정으로 연계시킬 수 있는가에 달려있다는 것이다. 이러한 mini-publics의 정책의사결정 효과는 mini-publics 유형에 따라서 달라질 수 있다.

2) Mini-publics의 비교기준과 유형

(1) Mini-publics의 비교기준과 유형 분류

Mini-publics의 유형이 명확하게 정해져 있는 것은 아니지만 소규모 공중들(publics)이 참여한다는 공통점을 지니고 있다. 본장에서는 mini-publics에 관한 기존 연구들(Elstub, 2014; Fournier et al., 2011; LeDuc et al., 2008; Lindell, 2011)을 기반으로 mini-publics를 시민의회(citizens' assembly), 공론조사(deliberative polls), 플래닝 셀(planning cells), 합의회의(consensus conferences), 시민배심원제(citizens' Juries)에 한정하여 논의하고자 한다.5) Mini-publics 유형을 구분하는 기준은 다

---

5) 이러한 점을 고려해 볼 때 본장에서는 규제협상(regulatory bargaining)을 mini-publics 유형에서 제외하기로 한다. 1970년대 미국에서 시작된 규제협상은 정부의 규제정책에 영향을 받는 이해관계자들과 기관들이 상호 협의 하에 합의를 도출하는 것을 목적으로 하며, 이를 통해 규제불응을 줄이고자 한다(신고리 5·6호기 공론화위원회, 2017). 특히 규제협상은 규제정책이라는 특수한 영역에서만 활용된다는 점에서 시민들의 참

양하게 제시될 수 있으나, 본장에서는 Elstub(2014)와 Lindell(2011)의 연구에 따라 참여자 수와 의사결정 방법을 분류 기준으로 활용하였다. 첫 번째 기준인 참여자 수는 mini-publics 참여자 수가 100명을 초과하는지, 아니면 30명 미만인지에 따라 구분될 수 있다. 두 번째 기준인 의사결정 방법은 최종 의사결정이 개인 투표를 통해 선호 집합적으로 이루어지는지, 아니면 모든 구성원들의 공통된 의견 도출 즉 합의 달성을 통해 이루어지는지에 따라 구분될 수 있다. 특히, 의사결정 방법 중 구성원 공통의견 도출은 최종 의사결정이 집합적 권고(collective recommendation) 방안으로 이루어지는 것을 의미한다. 다시 말해, mini-publics 참여자들은 창조적이고 합리적인 해결 방안을 찾으려고 함께 노력하며, 최종 대안은 그들의 집합적 이성을 통해 형성된다는 것이다(Elstub, 2014: 171). 이에 반해 개인 투표에 의한 선호 집합적 의사결정은 주로 설문조사를 통해 이루어지며 참여자의 개인적 판단을 기반으로 한다.

이처럼 참여자 수와 최종 의사결정 방안 두 가지 기준에 따라 mini-publics를 네 가지 유형으로 분류할 수 있다(Elstub, 2014; Lindell, 2011). 첫 번째 유형은 참여자 수가 100명을 초과하고, 참여자들의 공통된 의견을 도출하여 최종 의사결정하는 방안으로 이에 해당하는 대표적인 mini-publics 유형으로는 시민의회가 있다. 두 번째 유형은 참여자 수가 100명을 초과하고, 참여자 각각의 개별 의사를 집합하여 최종 의사결정 하는 방안으로 이에 해당하는 대표적인 mini-publics 유형으로는 공론조사와 플래닝 셀이 있다. 세 번째 유형은 참여자 수가 30명 미만이며, 참여자들의 공통된 의견을 도출하여 최종 의사결정 하는 방안으로 이에 해당하는 대표적인 mini-publics 유형으로는 합의회의와 시민배심원제가 있다.6) 마지막 유형은 참여자

여와 숙의를 강조하는 mini-publics 유형과는 다르다고 할 수 있다.

6) 합의회의와 시민배심원제는 참여자가 30명 미만이기 때문에 대표성 문제가 더욱 심각

수가 30명 미만이며, 참여자 각각의 개별 의사를 집합하여 최종 의사 결정 하는 방안으로 이에 해당하는 mini-publics 유형은 존재하지 않는다(〈표 6-1〉 참조). 아래에서는 mini-publics 유형 각각의 특징과 관련 사례들에 대해 간략히 살펴보도록 한다.

〈표 6-1〉 Mini-publics의 분류

		최종 의사결정 방법	
		공통의견 (Common statement) 달성	개인투표 (Individual voting) 집합
참여자수	다수의 참여자 (100명 초과 참여자)	시민의회	공론조사, 플래닝 셀
	소수의 참여자 (30명 미만)	합의회의, 시민배심원제	없음

출처: Lindell(2011)을 기반으로 저자 수정 작성

(2) 구체적인 Mini-publics의 유형별 특징

시민의회는 다른 mini-publics 유형에 비해 가장 최근에 발생하였다. 2004년 처음 시행된 이후, 시민의회는 최근까지 가장 급진적이고 민주주의적인 mini-publics 유형으로 제시되고 있다(Elstub, 2014: 169). 시민의회는 약 103명에서 160명 정도의 참여인원으로 운영되며, mini-publics 유형 중에서는 상대적으로 규모가 큰 편에 해당한다. 최종권고안은 참여자 개인의 선호 의견을 집합하기보다 참여자 사이에 공통된 의견을 중심으로 결정한다. 시민의회는 몇 개월에서부터 1년 정도까지의 시간 동안 지속되며, 집중적인 회기는 20일에서 30일 동안 이루어진다. 시민의회 참여자 선발은 이후 설명될 합의회의와 같이 무작위 선발과 자기 선택적 선발 방식 모두를 활용한다

하게 부각될 수 있다(Elstub, 2014). 또한 합의회의와 시민배심원제는 참여자 선발이 자기선택(self-selection)적으로 이루어지기 때문에 대표성의 한계와 편향성 문제가 더욱 크게 발생할 수밖에 없으며, 비교집단을 구성하기 어려워 참여자의사결정의 정책 효과를 정확하게 측정할 수 없다는 한계가 있다(Fishkin, 2006: 43).

(LeDuc et al., 2008). 특히, 공론조사, 플래닝 셀, 합의회의, 시민배심원제 모두는 주로 전문가들로부터 정책 관련 정보를 제공받아 참여자들이 숙의과정을 거친 후 설문을 통해 인식조사를 하거나 정책권고안을 제시하는 것과는 달리, 시민의회는 전문가로부터 정책 관련 정보를 제공받아 참여자들이 숙의과정을 거칠 뿐만 아니라 컨설팅도 받게 되며, 이러한 활동들을 바탕으로 정부기관에 공식적이고 세부적인 정책제안을 제시하게 된다는 점에서 차이를 나타낸다(Fournier et al., 2011). 다시 말해, 시민의회의 가장 중요한 특징은 다른 mini-publics 유형과는 달리 보다 구체적인 정책제안을 정부에 제공한다는 점이다.

공론조사는 1988년 미국 스탠포드 대학 공론조사 센터(Center for Deliberative Polling)의 J. Fishkin에 의해서 개발되었다. 공론조사는 여론수렴, 참여자들의 성찰적 토론과 토의, 일정기간 동안의 충분한 학습 등이 이루어진다는 점에서 다른 mini-publics 유형과 유사성을 가진다고 할 수 있다. 그러나 시민의회, 합의회의, 시민배심원제와는 달리 의사결정 방식이 참여자들 각 개인의 의견을 설문 등을 통해 조사하여 수합하는 개별 선호 집합 방식을 활용한다. 공론조사는 참여 시민들에게 특정 정책이슈에 대한 정확하고 충분한 정보가 주어졌을 때, 참여자들이 특정 이슈에 대하여 어떻게 평가하고 인식하는가를 가장 중요하게 고려한다(Fishkin & Luskin, 2005). 공론조사 참여인원은 100명에서 500명 사이로 구성되며, mini-publics 유형 중 상대적으로 큰 규모로 운영된다(Fournier et al., 2011). 1994년 영국에서 처음으로 공론조사 방법을 활용하였으며, 이후 오늘날에도 미국, 호주, 캐나다, 유럽, 아시아 국가와 아프리카 국가 등지에서 공론조사 방법을 활용하고 있다.

공론조사 방법은 다음과 같은 과정으로 이루어진다. 먼저 특정한 이슈에 대해 일반 시민들을 대상으로 여론조사를 실시한다. 다음으로 여론조사 참여자들 중 연령, 성별, 지역 등의 특성을 고려하여 공론조사 참여자들을 선발한다. 선발된 참여자들에게는 정책이슈에 관한 정보가 제공되며, 일정기간 동안의 숙의를 거친 후 지정된 장소에 모여 정책이슈에 관한 토론, 전문가로부터의 의견청취, 분임별 심층 토론을 시행하게 된다(Fishkin, 2009; Fishkin & Luskin, 2005; Hough & Park, 2002). 그리고 공론조사 참여자들은 최종적으로 정책이슈에 대한 자신들의 의견이나 인식을 조사하게 된다. 다시 말해, 공론조사에서는 참여자들의 공통된 집합 의견을 합의하는 것이 아니라, 각 개인의 선호를 집합하여 의사결정에 반영한다는 점에서 시민의회, 합의회의, 시민배심원제와 다른 특성을 가진다고 할 수 있다(Elstub, 2014: 169).

플래닝 셀은 1970년대 독일 Wuppertal 대학 시민참여 연구기관의 P. Dienel에 의해 처음 고안되었다. 플래닝 셀은 주로 독일에서 활용된 숙의민주주의 방식이지만, 1970년대 이후에는 독일뿐 아니라 호주, 스위스, 스페인, 미국 등으로 확산되었다. 플래닝 셀 참여인원은 공론조사와 마찬가지로 100명에서 500명 사이로 구성되며, 이는 시민의회, 합의회의, 시민배심원제와는 달리 상대적으로 많은 수의 참여인원을 포함하는 것이다(Renn, 1991). 플래닝 셀 참여자들은 무작위 추출을 통해 선발되며, 약 4일에서 5일 정도의 집중 숙의과정을 거치게 된다. 이 때문에 플래닝 셀은 작은 의회(micro-parliament)로 일컬어지기도 한다(Fournier et al., 2011). 플래닝 셀 운영비용은 약 18만 달러(한화 약 1억 9천만 원 정도)에서 약 24만 달러(한화 약 2억 5천만 원 정도) 정도이며, 각각의 정책 이슈에 대한 소규모 그룹이 약 6-10개로 형성되고, 개별 소그룹에는 약 25명 정도가 참여하게 된다(Elstub, 2014: 168). 플래닝 셀 참여자들에게는 개별 정책에 대한 충분한 정보가 제공되며, 이를 바탕으로 충분한 숙의가 이루어질 수 있도록 한다. 특히 플래닝 셀의 촉진자(facilitators)들은 해당 정책이슈 전문가들로 구성된다. 4일 정도의 집중 플래닝 셀 숙의과정을 통해 참여자들은 해당 정책에 대한 의사를 결정하게 된다. 의사결정은 참여자들 간 공통의견을 바탕으로 하는 것이 아니라, 참여자 개개인의 견해를 수합한 집합적 지위 보고서(collective position report) 형태로 제공된다. 플래닝 셀은 다른 mini-publics 유형에 비해 상대적으로 정부기관에 큰 영향을 미칠 수 있는데, 이는 정부기관이 플래닝 셀에서 다루는 정책이슈에 관한 시민들의 정책제언을 보다 적극적으로 정책의사결정에 반영하고자 하기 때문이다(Renn, 1991). 특히 시민들은 정부정책에 만족하지 못할 때, 혹은 불만이 있을 때 플래닝 셀을 통해 즉각적으로 불만을 표출하기 때문에 정부는 플래닝 셀의 정책제언을 중요하게 고려한다.

합의회의는 1987년 덴마크 기술위원회(Board of Technology)에서 고안된 제도로 일명 덴마크 모델(the Danish model)로도 불린다(Mirenowicz, 2001). 이후 합의회의는 호주, 아르헨티나, 뉴질랜드, 이스라엘, 일본, 미국 및 영국 등지에서 활발히 운영되고 있다(Elstub, 2014: 168). 합의회의 운영비용은 약 7만 달러(한화 약 7천 5백만 원 정도)에서 20만 달러(한화 약 2억 천만 원 정도) 정도이다. 합의회의의 절차는 크게 두 단계로 이루어진다. 첫 번째 단계는 10-25명 정도의 참여자들을 무작위 층화표본 추출방법을 통해 선발하는 단계이다. 시민들은 대상 정책이슈 관련 주제 설정, 그룹 형성 등을 위해 약 2주간의 준비모임을 가지게 된다. 두 번째 단계는 합의회의에 참여하는 시민들에게 자문을 해 줄 전문가들과 이익집단을 선발하는 단계이다. 이 단계에서는 공공포럼(public forum)을 약 4일 동안 진행하게 되며, 일반 시민들은 선발된 전문가들의 강연 등을 듣게 되고, 이후 합의회의 참여자들은 공통된 의견을 바탕으로 집합적 지위보고서(collective position report)를 작성하게 된다(Fournier et al., 2011). 특히 두 번째 단계에서는 외부 자문위원회를 구성하게 되는데 자문위원회는 학자, 실무자, 이슈 전문가, 그리고 이익집단 대표자들로 구성된다(Hendriks, 2005). 합의회의를 통해 마련된 최종권고안은 정치인과 언론의 주요 관심을 받게 된다. 2003년 미국 상원 법령에서는 합의회의가 윤리적, 사회적, 법률적, 환경적 관심 이슈에 대해 명확한 기준을 제시해 주는 기구로 명시하였다(Goodin & Dryzek, 2006).

시민배심원제는 미국 비영리단체 Jefferson 센터의 Crosby에 의해 1971년 처음 고안되었다. 시민배심원제는 미국에서 처음 시작되었지만, 이후 영국, 아일랜드, 네덜란드, 프랑스, 호주 등 다양한 국가들로 확산·유입되었다(Crosby & Nethercut, 2005). 시민배심원제의 참여자는 대략 12명에서 26명으로 구성되는데, 참여자들은 각각의 정책이슈와 직접적인 이해관계가 없는 일반시민들로 구성된다. 시민배심원제 참여자들은 무작위 추출법을 통해 선발되며, 참여자들이 일정한 장소에 모여 관련 이슈에 대해 집중적으로 논의하는 회의 일수는 약 4−5일 정도가 된다(Fournier et al., 2011). 시민배심원제의 운영비용은 정확하게 제시하기는 어렵지만, 대략적으로 1만 6천 파운드(한화 약 2,450만 원 정도)에서 3만 파운드(한화 약 4,400만 원 정도)가 된다(Davidson & Elstub, 2014). 시민배심원제의 총 운영 기간은 약 3개월 정도로서, 이 기간 동안 참여자들은 전문가 및 정책 관계자들로부터 대상 정책이슈와 관련된 충분한 정보를 제공받아 학습하고 숙지한다. 이때 시민배심원제의 촉진자(facilitator)[7]에게는 증인선택, 증인연계, 화해 등을 포함하여 회의과정 전반을 통제할 수 있는 권한이 제공된다. 4−5일 동안의 회의를 거친 후 마지막 날에 시민배심원제 참여자들은 정책권고안을 관계 기관에 제출하게 된다. 정책권고안은 참여자 개개인의 의사를 집합하여 결정하는 것이 아니라, 참여자들의 공통된 의견을 바탕으로 집합적 권고(collective recommendation)안을 마련하는 것이다. 시민배심원단의 최종 정책권고안을 기반으로 하여 관계 책임 기관에서는 최종 정책의사결정 결과를 발표하게 된다(Elstub, 2014: 167).

---

7) 시민배심원제에서 촉진자(facilitator)는 현장 실무경험과 전문성이 있는 시민사회 활동가나 전문가로 구성된다.

〈표 6-2〉 Mini-publics 주요 특징 비교

	시민의회	공론조사	플래닝 셀	합의회의	시민배심원제
최초 고안자	Gordon Gibson (Canada, 2002)	J. Fishkin (U.S., 1984)	Dienel (German, 1970s)	덴마크 기술위원회 (Demark, 1987)	Crosby (U.S., 1971)
참여자 수	103-160명	100-500명	100-500명	10-18명	12-26명
특정 장소 집합 숙의기간	20-30일	2-3일	4-5일	7-8일	4-5일
선발 방법	무작위 추출 + 자기선택 선발	무작위 추출	무작위 추출	무작위 추출 + 자기선택 선발	무작위 추출
활동	정보공유 + 컨설팅 + 숙의	정보공유 + 숙의	정보공유 + 숙의	정보공유 + 숙의	정보공유 + 숙의
결과	구체적 정책 제안	설문조사	설문조사 + 집합적 지위 보고서	집합적 지위 보고서	집합적 지위 보고서
활용처	정부와 공공 국민투표	후원자와 대중매체	후원자와 대중매체	의회와 대중매체	후원자와 대중매체

출처: Fournier et al.(2011: 11); Elstub(2014: 170) 재구성

3. Mini-publics의 사례와 적합성 평가

1) Mini-publics의 해외 활용 사례

(1) 시민의회 활용 사례

시민의회 활용 사례로는 캐나다의 British Columbia 사례, 캐나다의 Ontario 사례, 네덜란드의 Bungerforum 사례 등을 제시할 수있다. 이 세 가지 사례 모두 선거제도 개혁에 관한 주제를 다루고 있으며, 특히 캐나다의 두 가지 사례는 모두 시민의회를 활용하여 국민투표와 선거제도 개혁에 관한 정책 대안을 마련하였다(Fournier et al., 2011). British Columbia 시민의회는 161명의 참여자로 구성되었으며, 이들은 British Columbia 79개 지역에서 무작위로 선발되었다(Election BC, 2005). 시민의회는 모집단의 성별, 연령, 지역분포 등을고려하여 표본을 선발하였기 때문에 대표성이 확보되었다고 할 수 있다. 시민의회 참여자 선발 절차는 세 단계로 이루어졌다. 2003년 8월

British Columbia의 15,800명 시민에게 무작위로 초대장이 보내졌으며, 이 중에서 시민의회 참여의사를 밝힌 사람들을 79개 지역 20명씩으로 구성하였다. 이후 시민의회 참여자들은 성별과 거주지를 고려하여 79개 지역, 남녀 각 2명씩을 무작위로 선발하였으며, 두 명을 가외로 선발하였다(LeDuc et al., 2008).

캐나다 British Columbia 시민의회에서 다룬 핵심 주제는 지역 선거제도 개정으로 2004년 10월 25일에 개최되었다. 10월 시민의회 개최 이전 2004년 1월부터 5월까지, 참여자들은 12주 동안 전문가 발표, 그룹토론, 다양한 자료 검토 등을 통해 선거제도에 대한 학습을 수행하였으며 2004년 5월과 6월 공공자문이 이루어졌다(LeDuc et al., 2008). 이 과정에서 시민의회 참여자들은 약 50회 이상의 공청회와 총 1,603건의 서면자료를 제공 받았다(Election BC, 2005). 2004년 9월과 10월 동안, 시민의회 참여자들은 숙의과정을 통해 어느 선거제도가 가장 적합한지를 토론하였으며, 2004년 10월 23일과 24일 투표를 시행하였다. 혼합비례대표제(mixed member proportional system)와 단기이양식 비례대표제(single transferable vote system) 중에서 하나를 선택하는 것으로 123명이 단기이양식 비례대표제를, 31명이 혼합비례대표제를 선호하는 것으로 조사되었다(Election BC, 2005). 이러한 결과는 이후 정부의 선거제도 개정에 대한 정책의사결정에 반영되었으며, 이러한 점을 고려해 볼 때 시민의회의 정책결정 효과는 상당히 큰 것으로 볼 수 있다.

네덜란드에서도 선거제도 개혁에 대한 시민의회의 정책제안을 정부가 채택할 것인지의 여부를 심각하게 고려한 사례가 있다(Elstub, 2014). 시민의회 참여자들은 선거인 명부에 등록된 시민들 중에서 무작위로 선발되었으며, 선발된 인원 중 참여의사가 있는 시민들만이 자발적으로 시민의회에 참여하였다는 것을 알 수 있다. 시민의회 운영 과정은 주로 세 단계로 나타났다(Fournier et al., 2011). 첫 번째 단계는 6주 정도에 거쳐 시행되는 학습과정이며, 이때 참여자들은 각자의 서로 다른 의견을 교환하고 학습하였다. 두 번째 단계에서는 참여자들이 지방선거구 공청회를 열어 다양한 이해 관계자들로부터 선거제도 개혁에 대한 정보와 의견을 수집하였다. 마지막 단계에서는 시민의회 참여자들이 이슈에 관해 토론하고, 상호간 공통된 의견을 바탕으로 정책제언을 수립·제시하였다. 이러한 단계를 거쳐 마련된 구체적인 정책제언이 최종적으로 정부기관에 전달된 것이다(Fournier et al., 2011).

(2) 공론조사 활용 사례

공론조사 사례로는 1994년 영국에서 시행된 범죄방지 공론조사를 살펴볼 필요가 있다. 1994년 4월 15일부터 시행된 영국 런던의 공론조사는 최초의 공론조사 사례로서 사회 공동체 계획 연구(Social and Community Planing Research)에 등록된 시민들 중 869명을 대상으로 범죄 증가에 따른 대응방안을 조사하였다(Fishkin, 1994). 이후 연령, 지역, 성별 등 대표성을 고려하여 총 301명을 무작위 선발하여 공론조사 참여자를 구성하였다(Fishkin & Luskin, 2005). 869명 모두가 토론형 공론조사에 참여한 것은 아니지만, 공론조사 참여자들이 인구통계학적 측면에서 국민들과 비슷한 분포로 참여하였다는 점을 고려해 볼 때 영국의 범죄방지 공론조사는 대표성을 확보하였다고 할 수 있다. 공론조사 주제는 범죄방지(Rising crime: What can we do about it?)에 관한 것이었으며, 2박 3일간(4월 15일부터 17일까지) 공론조사 참여자들이 영국 맨체스터의 특정 장소에 모여 전문가들로부터 영국 범죄방지제도에 관한 정보를 제공받고, 토론과 토의, 학습을 통해 범죄방지에 대한 정책대안을 마련하였다. 공론조사 참여자들에게 범죄학자, 실무자, 전 수감자, 정치인들의 의견들이 제시되었다. 이들의 의견과 객관적인 자료들을 학습하면서 참여자들은 소규모 그룹으로 나뉘어 의견을 나누었으며, 원활한 토론 및 토의 진행을 위해 전문가들로 구성된 조정자들의 도움을 받았다(Hough & Park, 2002). 특히, 영국 범죄방지 제도에 대한 공론조사 과정은 영국 Channel 4에서 전국적으로 방송 되기도 하였다(Fishkin, 2009).

공론조사는 숙의과정 이후 참여자들의 의견에 변화가 발생했다 는 측면에서 높은 숙의성을 가진다고 할 수 있다(Fishkin & Luskin, 2005). 영국의 공론조사 결과 참여자들의 범죄방지 제도에 대한 인식 에 변화가 발생하였는데, 예를 들어 '범죄자들을 감옥에 보내는 것이 가장 효율적인 범죄예방정책'이라고 응답한 참여자가 57%에서 38% 로 감소하였으며, 청소년 범죄와 관련해서는 감옥 대안(alternatives to prison) 정책을 마련해야 한다는 의견을 가진 참여자가 33%에서 49% 로 증가하였다(Fishkin, 1994).

(3) 플래닝 셀 활용 사례

플래닝 셀의 대표적인 사례로 1982년 8월 독일 연구과학부 (Ministry of Research and Technology)에서 시행한 플래닝 셀 사례를 살 펴볼 필요가 있다(Niemeyer, 2011).[8] 독일 연구과학부는 에너지 정책 과 관련하여 1979년 의회에서 제시한 네 가지 대안을 플래닝 셀을 통 해 결정하였다(Renn, 1991). 해당 플래닝 셀은 1982년부터 약 3년간에 거쳐 시행되었으며, 서독전역 7개 지역에서 24개의 독자적인 플래닝 셀이 운영되었다(Sellereit, 2010). 각각의 에너지 정책 대안에 관한 일 반대중들의 선호와 선호에 따른 동기부여 방안을 검토하는 것이 플래 닝 셀 운영의 주요 목적이 되었다. 독일정부는 네 가지 에너지 시나리 오 중에서 국민들이 가장 선호하는 시나리오가 무엇인지, 그리고 시

---

8) 이외에도 플래닝 셀의 대표적인 예는 스페인과 미국에서도 살펴볼 수 있다. 스페인의 경우 1990년대 초반 체육관 건설과 관련하여 플래닝 셀이 실시되었으며, 미국은 1988 년 뉴저지 주정부의 환경부가 럿커스 대학 농장의 하수 슬러지 소각처리장 규제와 관 련하여 플래닝 셀을 실시하였다(Sellereit, 2010).

민들은 어떤 기준에 의해서 가장 선호하는 정책시나리오를 선택하는
지를 알아보기 위하여 플래닝 셀을 활용하였다(Renn, 1991). 플래닝 셀
은 연속 4일 동안 참여자들이 일정한 장소에 모여 학습과 토론을 하
는 것으로 운영되었다(Niemeyer, 2011). 플래닝 셀 미팅 참여자들의 인
적 구성은 전체 국민들의 연령, 소득, 교육수준 분포와 동일하게 구성
되었으며, 이러한 측면에서 높은 대표성과 포괄성을 가진다고 할 수
있다(Renn, 1991). 토론과정에서는 전문가의 의견과 시청각자료 등이
활용되었으며, 플래닝 셀 운영 결과, 에너지 보존과 에너지의 효율적
활용 정책대안이 선호되는 것으로 나타났다(Niemeyer, 2011).

또 다른 플래닝 셀 운영 사례로는 1992년 독일 연방 우편서비스
와 통신부(Federal Ministry of Postal Service and Telecommunication)에서
시행한 플래닝 셀 사례가 있다(Niemeyer, 2011). 연방 우편서비스와 통
신부는 플래닝 셀을 통해 미래 전화(future telephone) 활용 관련 주제
를 토론하고, 정책대안들을 검토하였다. 해당 정책이슈에 대해 22개
의 플래닝 셀이 형성되었으며, 85,000여 개의 세부 정책제언들이 만
들어졌다(Sellereit, 2010). 플래닝 셀 운영 최종 보고서는 연방 우편서
비스와 통신부에 전달되었으며, 이때 통신 데이터 보호와 관련된 구
체적인 정책제언 66개가 제시되었다. 이 중 몇몇 제언들은 독일 정부
에 의해 채택되기도 하였다(Sellereit, 2010).

(4) 합의회의 활용 사례

대표적인 합의회의 사례로는 1999년 6월 4일부터 7일까지 시행
된 스위스 PubliForum 사례를 들 수 있다(Skorupinski et al., 2007). 스위
스는 1998년 봄, '국가공론기술평가절차(National Deliberative Technology
Assessment Procedure)'를 수립하였으며, 그 해 5월 스위스 기술평가
센터(Swiss Center for Technology Assessment)는 전기와 사회라는 주제
로 PubliForum을 설립하였다(Mirenowicz, 2001). PubliForum이라는

합의회의가 등장하게 된 배경은 스위스에서는 과학과 기술에 관한 공공토론이 활성화되었기 때문으로 볼 수 있다(Elstub, 2014). 특히 1998년 6월 실시된 유전기술에 관한 국민투표는 PubliForum이라는 합의회의를 형성하는 중요한 계기가 되었다(Mirenowicz, 2001).

PubliForum 합의회의에는 28명의 시민들이 참여하였으며, 참여자들은 산업, 과학, 행정, 언론, 정책, NGO 단체의 대표자들로 구성되었다. 스위스 PubliForum 합의회의에서 다룬 주요 주제는 유전자기술과 영양(Genetic Technology and Nutrition)에 관한 정책이슈들이었다(PubliForum, 1999). 유전자 변형 식품에 대한 윤리성 논의는 시민들의 적극적 관심과 공론이 필요한 이슈이다(Elstub, 2014; PubliForum, 1999).9) 그러나 유전자 변형 식품에 대한 일반 시민들의 의견이 여전히 중요함에도 불구하고, 해당 영역이 지극히 전문적이고 기술적이라는 이유로 시민들의 참여 필요성 및 가능성에 대한 논란이 제기되었다. 그럼에도 불구하고 스위스 정부는 과학과 기술 영역에 국민들의 의견을 적극적으로 받아들이는 PubliForum과 같은 숙의적 의사제도를 도입하려고 하였다. 뿐만 아니라, 스위스 정부는 10명의 이해관계자들로 구성된 위원회(Board of Directors of the Swiss Center for Technology Assessment)를 설치하여 PubliForum를 감독하였다(PubliForum, 1999). 특히 이 위원회는 PubliForum 합의회의 과정의 객관성과 중립성을 증진시키기 위해 경제적, 사회적, 정치적 관점에서 사전평가를 실시하였다(Mirenowicz, 2001).

PubliForum 합의회의 참여자들은 다양하고 객관적인 정보를 습득할 수 있어 충분한 숙의가 가능했던 것으로 보인다. PubliForum

---

9) 유전자 변형식품과 관련한 합의회의는 2000년 노르웨이에서도 있었다. 2000년 10월 노르웨이 노동 행정부(Minister of Labour and Government Administration)는 공공부문 개혁 차원에서 시민들에게 공공서비스를 제공할 때 사용자 지향 모델(user ori-entation model)을 강조하였다. 노르웨이 정부는 의사결정에 있어 서비스 제공자와 시민들의 직접참여를 중요하게 고려하였다. 이러한 과정의 일환으로 유전자 변형식품 합의회의가 노르웨이에서 실시된 것이다(OECD, 2001).

합의회의 준비기간 동안, 시민들은 유전자 변형 식품과 관련하여 각
계각층의 다양한 이해관계자들이 제공한 출판물들로부터 정보를 얻었
다(PubliForum, 1999). 또한 합의회의 참여자들에게 정치적, 사회적, 경
제적 관점에서 충분한 판단이 가능할 수 있도록 전문가들로부터 객관
적이고 중립적인 정보가 제공되었다. 특히 합의회의 참여자들은 20명
정도의 전문가들로부터 관련 설명을 들을 수 있었으며, 이를 바탕으
로 참여자들은 합리적인 결론에 도달할 수 있었다(Mirenowicz, 2001).
무엇보다 PubliForum은 합의회의 참여자들이 투명성, 신뢰성, 공정
성을 증진시킬 수 있도록 명확한 규칙을 제시하였다.

(5) 시민배심원제 활용 사례

시민배심원제를 활용한 대표적인 숙의민주주의 사례로는 호주
열대 북동부에 위치한 데인트리(Daintree) 지역의 Bloomfield Track
관리 정책 사례를 제시할 수 있다(Niemeyer, 2011: 112-114). 데인트리
지역은 열대우림과 산호초 문제로 오랫동안 갈등을 겪어 왔으나, 해
당 문제에 대한 공공 참여가 부족한 반면 정치적 이해관계자들의 충
돌이 심화되던 지역이었다. 특히 해당 지역은 도로 등 기반 시설 확충
도 제대로 이루어지지 않은 지역이었다. 이와 관련해 Bloomfield
Track 운영을 통한 지역 경제 활성화 정책이 논의되기 시작하자, 환
경보호론자들과 개발론자들 사이에 환경이슈 논쟁이 격화되기 시작하
였다. 이러한 논쟁을 해결하고자 2000년 1월 Bloomfield Track 시민
배심원제가 시행된 것이다. 호주 Cairns 북쪽 지역의 2,000명 시민들
로부터 12명의 배심원들이 선발되었다(Niemeyer, 2011). 시민배심원의
특성상 소수의 인원을 참여자로 선발해야 하는 점을 고려해 볼 때 참
여자들의 사회적 구성에 대한 대표성은 낮다고 할 수 있다.

효과적인 Bloomfield Track 관리를 위한 정책권고안을 마련하기
위해 시민배심원단은 4일간의 숙의과정을 거치게 된다. 숙의 첫째 날

은 해당 정책에 대한 토론 준비와 정책에 대한 참여자 인식 조사, 둘째와 셋째 날은 해당 정책 관련 증인들(예: 전문가 및 해당 지역 시민 등)의 참석과 증언을 통한 정보수집 및 숙의, 마지막 날에는 정책권고안 보고서 작성 및 제출이 이루어졌다. 시민배심원단은 숙의과정을 거친 전후 해당 정책에 대한 인식변화를 나타내었으며, 배심원 간 토론과 토의를 통해 합의된 의견을 도출하였다(Land & Water Australia, 2005). 이러한 공통된 의견을 바탕으로 Bloomfield Track 시민배심원단은 Bloomfield Track 관리 방안에 대한 두 가지 정책권고안을 제시하였다(Niemeyer, 2011). 첫 번째 정책권고안은 데인트리 지역의 자연 보호를 위해 관광객 수입이 줄어든다 하더라도 향후 10년에서 15년까지는 Bloomfield Track을 폐쇄할 것을 권고하는 안이었으며, 두 번째 정책권고안은 Bloomfield Track을 대신할 도로를 마련해 줌으로써 데인트리 지역 자연 훼손을 최소화할 수 있는 방안을 강구할 것을 권고하는 안이었다. 시민배심원들은 토론과 토의 및 학습을 포함한 숙의과정을 통해 개인별 의견 차이를 점차 좁혀갈 수 있었으며, 합의에 의한 최종 정책권고안 마련에 이를 수 있었다.

2) 효과적인 숙의민주주의 달성을 위한 mini-publics 유형 비교

앞서 제시한 다섯 가지 mini-publics 유형 중 숙의민주주의 달성에 가장 적합한 방안은 무엇일까? 물론 다섯 가지 유형 모두가 숙의민주주의 달성에 효과적으로 적용될 수 있기에 절대적인 적합성 우선순위를 판단하기는 어려울 것이다. 그럼에도 불구하고, 숙의민주주의를 보다 효과적으로 달성하기 위해서는 mini-publics 참여자들이 시민들의 의견을 어느 정도 포괄하고 대표할 수 있는가에 대한 포괄성(inclusiveness)과 참여자들이 토론과 토의를 통해 어느 정도 깊이 있는 숙의를 하였는지에 대한 숙의성(deliberation) 정도를 살펴볼 필요가 있다(Fishkin, 2009).

우선, 효과적인 숙의민주주의 달성을 위해서는 숙의라는 민주적 가치가 형성되어야 한다. 숙의는 "개인들이 함께 모여 토론을 통해 경쟁적인 논쟁의 장점들을 진정으로 중요하게 고려하는 과정"으로 정의할 수 있다(Fishkin, 2009: 33). 충분한 숙의가 이루어지기 위해서는 참여자들 간 경쟁적 논점들이 토론을 통해 합의를 이루거나, 또는 다른 사람들의 견해를 토론 및 토의를 통해 이해할 수 있도록 하여야 한다. 이를 위해서는 무엇보다도 숙의과정에서의 충분한 토론 시간, 객관적이고 중립적인 정보를 얻을 수 있는 조건, 서로 다른 생각과 의견을 존중해 줄 수 있는 문화 형성 등이 고려되어야 한다.10)

또한 숙의민주주의 달성을 위해서는 숙의과정 참여자들이 사회 구성원들을 포괄(inclusive)할 수 있어야 한다. 숙의과정 참여자들의 포괄성은 대표성(representativeness)을 의미한다. 참여자들의 대표성을 확보하기 위해서는 무작위 추출을 통한 통계적 대표성 확보뿐만 아니라, 토론과 학습과정 참여자 의견 및 견해의 다양성 확보도 고려되어야 한다(Goodin & Dryzek, 2006: 221). 이러한 측면에 숙의민주주의의 대표성은 정치적 평등(political equality)을 전제로 한다. 정치적 평등은 사회를 대표하는 참여자들의 정치적 선호를 동일하게 고려하는 것을 의미한다(Fishkin, 2009: 43-44). 즉 참여자들의 선호에 대해 차별적인 가중치가 부여되지 않고, 각각의 선호는 평등하게 취급받아야 하며, 특정한 의견과 견해가 숙의과정에서 배제되는 일이 없어야 한다.11)

---

10) 보다 구체적으로 Fishkin(2009: 34)은 진정한 숙의(authentic deliberation) 즉 양질의 숙의가 이루어지기 위해서는 다음과 같은 다섯 가지 조건이 충족될 필요가 있다고 주장한다. 1) 참여자들에게 이슈와 관련된 정확하고 충분한 정보(information)가 제공될 것, 2) 서로 다른 견해를 가진 참여자 구성에 있어 실질적인 균형(substantive balance)을 이룰 것, 3) 토론과정에서 참여자들이 일반 사회 구성원들을 대표하는 다양성(diversity)을 이룰 것, 4) 토론과정에서 참여자들이 진정으로 공익을 우선시하는 양심·성실성(conscientiousness)을 갖출 것, 5) 어떤 의견이든 상관없이 동등하게 고려(equal consideration)할 것 등, 이러한 다섯 가지 조건이 갖추어진 숙의야말로 진정한 숙의가 될 수 있다는 것이다. 그러나 Fishkin(2009)이 제시한 이 다섯 가지 조건 중 세 번째 다양성 조건은 숙의민주주의의 포괄성 기준과 더 높은 관련성을 가지고 있다고 볼 수 있을 것이다.

〈표 6-3〉 숙의성과 포괄성 기준에 따른 mini-publics 비교 분석

효과적인 숙의민주주의 기준		시민의회	공론조사	플래닝 셀	합의회의	시민 배심원제
숙의성	시민참여자들의 숙의 과정 통제수준	중간	낮음	중간	높음	중간
	숙의과정의 정책결정 영향	높음	낮음	중간	중간	낮음
포괄성	숙의과정 참여자들의 사회적 구성원 대표성	중간/높음	높음	중간/높음	낮음/중간	낮음/중간

출처: Elstub(2014: 172)

  이러한 숙의성과 포괄성을 평가하는 기준에 대해 Elstub(2014)
는 숙의민주주의 관련 선행연구들(예: Smith, 2009)을 종합적으로 분
석해 다음과 같은 기준을 제시하고 있다. 우선 숙의성 평가 기준으로
는 1) 시민참여자들이 숙의과정을 어느 정도 통제할 수 있는지(levels
of citizens control over process)와 2) 숙의과정이 정책결정에 어느 정도
영향을 미칠 수 있는지(policy decision—making impact) 등 두 가지 기
준을 제시하였다. 또한 포괄성은 숙의과정 참여자들이 사회구성원 모
집단을 어느 정도 대표하고 있는가를 중심으로 평가하였다.12) 특히,
Elstub(2014: 171–172)는 숙의성과 포괄성 기준에 따른 mini—publics

---

11) 따라서 숙의민주주의에서의 포괄성(대표성)은 다음과 같은 조건을 충족할 필요가 있
   다. 1) 참여자들이 추첨을 통해 무작위로 선발되며(사회적 대표성 확보), 2) 그들의
   의사결정 투표 가치는 차별 없이 모두 동일하고, 3) 참여자들의 다양한 의견은 차
   별 없이 고려되어야 한다는 것이다. 다시 말해, 숙의민주주의에서의 대표성은 무작
   위 추출 등의 방법으로 일반 시민 전체를 대표하는 참여자들이 선발되고, 그들의
   의견 가치가 동등하게 고려되어야 한다는 것을 의미하는 것이다.

12) 본장에서는 mini—publics의 숙의민주주의 적합성을 논의함에 있어서 Fishkin(2009)
   의 숙의성, 포괄성 평가 기준을 활용하지 않고, Elstub(2014)의 기준을 중점적으로
   활용하고자 한다. 그 이유는 Fishkin은 공론조사 연구에만 초점을 맞추어 숙의성과
   포괄성 기준을 연구한 반면, Elstub은 다섯 가지 mini—publics 유형 모두를 고려하
   여 이들 기준을 연구·적용하였기 때문이다. 따라서 본장에서는 Elstub(2014)이 제시
   한 숙의성 평가기준과 포괄성 평가기준을 주로 검토하며, Fishkin(2009) 및 다른 학
   자들(예: Lindell, 2011)의 숙의성, 포괄성 평가기준은 보완적 평가기준으로 논의하고
   자 한다.

유형에 대한 평가결과를 〈표 6-3〉과 같이 제시하고 있다.

위 〈표 6-3〉에서 제시한 바와 같이 Elstub(2014)의 mini-publics 평가 결과, 숙의성 기준에 따라 시민참여자들의 숙의과정 통제수준이 높게 나타나는 mini-publics 유형은 합의회의로 나타났으며, 시민의회, 플래닝 셀, 시민배심원제 등은 시민참여자들의 숙의과정 통제수준이 중간 정도로 나타났고, 공론조사는 낮은 수준인 것으로 나타났다. 숙의과정이 정책결정에 미치는 영향과 관련된 기준은 시민의회가 가장 높은 것으로 나타났고, 플래닝 셀과 합의회의는 중간 정도로 나타났으며, 공론조사와 시민배심원제는 낮은 수준인 것으로 나타났다.

이러한 Elstub의 연구결과 이외에 mini-publics의 숙의성을 판단할 수 있는 기준으로는 참여자들의 숙의활동 정도를 제시할 수 있다(Fishkin, 2009). 참여자들에게 객관적이고 충분한 정보를 제공하고, 참여자들은 이러한 정보를 기반으로 하여 적절한 숙의활동을 수행한다는 차원에서 모든 mini-publics 유형이 공통점을 지닌다. 하지만, 다른 mini-publics 유형에 비해 시민의회는 참여자들에 대한 정보제공과 이를 바탕으로 한 참여자들의 숙의활동 이외에 정책 컨설팅까지 제공한다는 점을 고려해 볼 때, 시민의회의 숙의성이 가장 높게 나타나는 것으로 볼 수 있다(〈표 6-2〉 참조). 또한 mini-publics 참여자들의 숙의성 정도는 최종 의사결정 방법으로도 판단할 수 있다. 앞서 제시한 〈표 6-1〉에 의하면 참여자들의 최종 의사결정 방법 중 참여자들의 공통된 의견 산출 방안이 개인투표를 통한 선호집합보다 더욱 높은 수준의 숙의활동 결과물로 볼 수 있다(Lindell, 2011). 이와 관련해 mini-publics 유형 중 공론조사와 플래닝 셀은 참여자들 개인의견을 반영하여 최종 의사결정이 이루어지는 데 반해 시민의회, 합의회의, 시민배심원제는 참여자들의 공통의견을 도출한다는 점에서 보다 높은 수준의 숙의활동이 이루어지는 mini-publics 유형으로 볼 수 있다. 이러한 모든 내용을 취합해 볼 때 다섯 가지 mini-publics

유형 중에서 숙의성이 가장 높게 나타나는 순서는 시민의회, 합의회의, 시민배심원제와 플래닝 셀, 공론조사로 볼 수 있다.

포괄성 기준과 관련하여 Elstub(2014)는 공론조사가 포괄성이 가장 높게 나타난다고 주장하였다. 또한 Elstub(2014)는 시민의회와 플래닝 셀은 높음에서 중간 정도로 포괄성이 나타났으며, 합의회의와 시민배심원제는 중간 또는 낮음 정도로 포괄성이 나타났다고 주장하였다(〈표 6-3〉 참조). 이러한 Elstub의 포괄성 평가 기준 외에 Fournier et al.(2011)는 숙의과정 참여자들의 선발방법을 활용하여 포괄성 정도를 판단하였다. 다시 말해, 표본추출에 활용하는 통계방법 중 층화 표본추출과 무작위 표본추출은 사회구성원의 대표성을 높일 수 있다고 할 수 있으나, 자기선택(self-selection) 방법은 선발 과정에서 참여자들의 참여 의지가 매우 강하게 반영될 수 있어 층화 표본추출이나 무작위 표본추출에 비해 대표성은 낮다고 할 수 있다(Elstub, 2014; Fishkin, 2009). 모든 mini-publics 유형에서는 참여자들을 무작위 표본추출에 의해서 선발하고 있지만, 합의회의와 시민의회는 자기선택 추출방법 또한 활용할 수 있어 상대적으로 다른 mini-publics에 비해 대표성 또는 포괄성이 낮다고 할 수 있다(Fournier et al., 2011). 또한 Fournier et al.(2011)에 따르면, mini-publics의 대표성은 참여자 수에 비례할 수 있다. Mini-publics 유형 중에는 공론조사에서 가장 많은 참여자들을 선발하였으며, 다음으로 플래닝 셀, 시민의회, 시민배심원제, 합의회의 순으로 많은 참여자를 포함하는 것으로 나타났다(〈표 6-1〉 참조). 이러한 모든 포괄성 기준을 고려해 볼 때 mini-publics 유형 중 포괄성이 높게 나타나는 순서는 공론조사, 플래닝 셀, 시민의회, 시민배심원제, 합의회의로 제시될 수 있었다.

이상에서 살펴 본 숙의성과 포괄성 기준에 따라 다섯 가지 mini-publics 유형을 분석한 결과, 숙의성이 높게 나타나는 mini-publics는 시민의회, 합의회의, 시민배심원제와 플래닝 셀, 공론조사

순으로 나타났다. 반면, 포괄성이 가장 높게 나타나는 mini-publics
는 공론조사, 플래닝 셀, 시민의회, 시민배심원제, 합의회의 순으로
나타났다. 이러한 결과를 정리하면 〈표 6-4〉와 같이 제시될 수 있을
것이다.

〈표 6-4〉 숙의성과 포괄성 기준에 따른 mini-publics 비교

		숙의성		
		낮음	중간	높음
포괄성	낮음		시민배심원제	합의회의
	중간			시민의회
	높음	공론조사	플래닝 셀	

즉 숙의성과 포괄성이 모두 높은 mini-publics 유형은 없는 것
으로 나타났으나, 상대적으로 시민의회가 숙의성이 높고 포괄성이 중
간 정도인 것으로 나타났다. 플래닝 셀은 포괄성은 높으나 숙의성이
중간 정도로 나타났다. 이에 반해 공론조사는 포괄성은 높으나 숙의
성이 상대적으로 낮게 나타났으며, 합의회의는 이와 반대로 숙의성은
높으나 포괄성은 낮은 것으로 나타났다. 시민배심원제는 숙의성은 중
간 정도로 나타났지만, 포괄성이 낮은 것으로 나타났다. 이러한 결과
들을 종합해 볼 때, 높은 숙의성과 포괄성을 나타내고 효과적인 숙의
민주주의 달성에 적합한 mini-publics 유형으로는 시민의회가 제시
될 수 있을 것이다. 이와 관련해, Crosby & Nethercut(2005:117)는
"시민의회는 공론의 장에 참여하는 시민들에게 직접적인 권한을 부여
하는 새로운 지평을 마련하였다"고 강조하기도 하였다.

4. 공론화 유형 함의점

본장에서는 행정과 정책 영역에서 숙의민주주의를 효과적으로
실현할 수 있는 방안이 되는 mini-publics 유형에 대해 탐색적 연구

를 시행하였다. Mini-publics의 개념과 특징을 숙의민주주의 달성 관점에서 살펴보았으며, mini-publics의 다섯 가지 유형, 즉 시민의회, 공론조사, 플래닝 셀, 합의회의, 시민배심원제의 특징과 사례를 살펴보았다. 그리고 효과적인 숙의민주주의를 달성하기 위한 조건으로 Elstub(2014) 등의 연구에 따라 숙의성과 포괄성 기준을 제시하고, 이를 바탕으로 다섯 가지 mini-publics 유형을 비교·검토하였다. 그 결과 시민의회는 숙의성은 높았으나 포괄성은 중간정도로 나타났고, 플래닝 셀은 포괄성은 높으나 숙의성은 중간인 것으로 나타났다. 공론조사는 포괄성은 높으나 숙의성은 낮은 것으로 나타났고, 합의회의는 숙의성은 높으나 포괄성은 낮은 것으로 나타났다. 또한, 시민배심원제는 숙의성은 중간이나 포괄성이 낮은 것으로 나타났다. 물론 숙의민주주의 달성에 절대적으로 효과적인 mini-publics 유형이 존재하는 것은 아니지만, 해당 정책이슈의 특성과 숙의성·포괄성 기준 중요도 등을 면밀히 검토하여 정책이슈에 적합한 mini-publics 유형을 선택·적용한다면 숙의민주주의 실현 가능성을 드높이는 데 충분히 기여할 수 있을 것이다.

이러한 점들을 고려해 볼 때 mini-publics는 향후 한국의 행정과 정책과정에 다음과 같은 함의점을 제시해줄 수 있다. 다섯 가지 mini-publics 유형 중에서 숙의성과 포괄성이 모두 높은 mini-publics 유형은 존재하지 않는다. 이론상으로는 플래닝 셀과 시민의회가 상대적으로 높은 숙의성과 포괄성을 지니지만, 이러한 mini-publics 유형들을 그대로 국내·외 사례에 적용하기는 어려울 것이다. 다섯 가지 mini-publics 유형에 관련된 해외 사례를 살펴볼 때 숙의성과 포괄성이 높은 mini-publics 유형 적용은 각 나라의 정치적 환경, 정책문제의 특성, 국민들의 관심과 정부의 지원 등 전반적인 특성들을 모두 검토하여 고려할 필요가 있다.

향후 숙의민주주의 발전을 위해 효과적인 공론화를 달성하기 위해서 정부는 정책의사결정 과정에서 기계적이고, 일방적인 mini-publics 유형 선택을 추진하기 보다는 국가·사회적 맥락, 문제의 특성, 정치적 상황 등을 종합적으로 고려한 mini-publics 활용을 도모할 필요가 있다. 다섯 가지 mini-publics 유형 중에서 어느 유형이 절대적으로 우수한 것은 아니며, 포괄성과 숙의성이 높은 공론화를 실현시키기 위해서는 공론화 맥락과 상황에 적합한 mini-publics를 활용할 필요가 있다. 정치적 상황, 공론화 목적, 공론화 의제 특징, 정책문제 특징 전반을 종합적으로 고려하여 mini-publics 유형을 창의적으로 활용할 필요가 있다. 특히 공론화 과정에서 숙의성과 대표성이 높은 공론화를 이루어내기 위해서는 정부와 사회 모두 높은 정치적 관심을 가지고, 적극적인 경제적 지원을 제공할 필요가 있다. 정부와 사회 모두의 관심이 높고, 충분한 인적·물적 지원이 이루어질 때 숙의과정의 포괄성과 숙의성이 증진될 수 있는 것이다. 공론화 과정에 참여하는 시민참여단의 대표성과 숙의성은 사회 전체적으로 관심이 높은 정책이슈를 공론화할 때 증가할 가능성이 높다(Elstub, 2014).

특히 공론화 과정에서 숙의성과 포괄성을 증진시키기 위해서는 공론화에 높은 관심을 가지고 있지만 동시에 직접적인 이해관계가 없는 객관적이고 중립적인 참여자들로 구성할 필요가 있다. Mini-publics를 구성할 때 관련 이슈에 대해 정파성이 높은 이해관계자들은 가능한 참여자에서 제외할 필요가 있다. 이익집단, 시민단체, 정파성이 높은 집단, 직접이해관계자들은 자신들의 의견을 지속적으로 유지하려는 성향이 강하기 때문에(김정인, 2015), 숙의민주주의의 핵심 기준 중 하나인 '숙의'의 효과를 증대시키기 위해서는 이들 정파성이 높은 이해관계자들을 배제할 필요가 있다(Goodin & Dryzek, 2006). Mini-publics에 의한 의사결정이 정부의 최종정책결정에 도움이 되는 정책의사결정으로 활용되기 위해서는 mini-publics의 참여자들에게 객관적이고 중립적인 정보가 전달되고, 참여자들에게 충분하고 공평한 발언의 기회가 제공될 필요가 있다. 이를 고려해 볼 때 mini-publics의 참여자들은 평범한 일반 시민들로 구성되는 것이 포괄성과 숙의성 증진에 있어 바람직할 것으로 보인다.

그리고 정부의 공식적인 최종 정책의사결정을 보완하는 의사결정 방안으로 mini-publics를 활용하는 방안을 고려해 보아야 한다. 공론과정 참여자들의 높은 숙의성과 대표성을 반영하는 정책결정은 정책의 수용성과 정당성을 증가시키는 데 도움을 줄 수 있지만 최종적인 정책결정 책임은 정부가 져야 함을 잊어서는 안 될 것이다(김병섭·김정인, 2014; 2016a). 다시 말해, 민주적 정당성 확보와 이에 대한 정책결정의 책임성은 다른 차원에서 논의될 필요가 있다는 것이다. Mini-publics를 활발하게 활용하고, 이에 참여하는 참여자 수를 확대하는 것은 정책의사결정의 민주적 정당성 확보 차원에서는 바람직하나, mini-publics가 공식적이고 합법적인 책임기관이 될 수는 없다. 또한 mini-publics의 의사결정이 정부의 최종 정책의사결정과 동일시된다면, 특정인들을 제외한 일반 시민들은 mini-publics에서의 의사결정 책임에 대한 심리적 부담감 때문에 mini-publics 참여 자체를 꺼릴 수도 있다는 점을 잊어서는 안 될 것이다.

본장에서는 효과적인 숙의민주주의 달성을 위해 다섯 가지 mini-publics 유형을 탐색적으로 비교·검토하였다. 물론 본장은 다섯 가지 mini-publics 유형에 대한 시민들의 의견과 견해를 설문이나 인터뷰를 통해 실증적으로 조사하지 못했다는 한계를 지닌다. 그럼에도 불구하고, 아직 한국의 행정과 정책 영역에서 mini-publics에 대한 논의가 이론적·실천적으로 충분히 이루어지지 못하고 있다는 점을 고려해 본다면 본장은 향후 mini-publics 연구 활성화의 기틀을 마련하는 데 기여하였다고 할 수 있다. 따라서 본장은 우리나라 숙의민주주의 발전을 위한 방안을 모색하는 다양한 연구의 기초 자료로 활용될 수 있을 것이다.

제 7 장

정책결정 과정에서의 공론화 적용 가능성

1. 공론화 적용 가능성 의의

최근 한국 사회에서 공론화에 대한 관심이 급증하고 있다. 신고리 5·6호기 공론화 이후 한국 사회에 산적한 다양한 국가적·지역적 이슈들에 대해 공론화 논의가 제기되고 있고, 나아가 공론화를 통한 정책결정이 시도되고 있다. 예를 들어 정부형태나 선거제 개편과 같은 개헌, 조세, 낙태죄 등에 대한 공론화 가능성 논의가 지속되고 있으며(조선일보, 2017), 정부조직개편 과정에서도 공론화가 이루어질 필요가 있다는 논의가 제기되고 있다. 또한 과학기술정보통신부의 통신정책을 방송통신위원회로 이관해야 하는가를 공론화하여 결정해야 한다는 주장이 제기되고 있다(아주경제, 2017). 공론화에 대한 논의는 이제 주요 정책이슈에 대한 공론화 가능성 논의 정도를 넘어서 공론화 기구 설립에 대한 논의로까지 확대되고 있다. 대규모 갈등 문제를 해결하기 위해 상시적 갈등조정 기구인 '국가공론위원회'를 설치하여 전국의 주요 갈등이슈를 해결하자는 주장이 지속적으로 제기되고 있는 것이다.[1]

공론화의 공과(功過)에 대해 성급한 판단을 내려서는 안 될 것이나, 실제 정책결정에서 공론화를 적극적으로 활용하는 방안이 모색되고 있다는 측면에서 공론화가 한국 사회의 중요한 화두로 등장한 것은 분명해 보인다. 특히 최근에는 지방자치단체에서 공론화를 실제로 활용한 정책결정 사례들이 나타나고 있다. 예를 들어 2017년 12월 서울시 성북구에서는 최저임금 향상에 따른 아파트 경비원 임금인상으로 경비인력고용감축 문제가 대두되자 이를 해결하기 위하여 '성북

---

1) 민주당 전해철 의원은 '국가공론위원회의 설립 및 운영에 관한 법률안'을 제출하였다. 이 법률안은 상시적 갈등 조정 기구인 국가공론위원회의 설치를 골자로 하고 있다. 국무총리 소속으로 국가공론위원회를 설치·운영하고 총 사업비 5천억 원 이상인 사업 등에 대해서 공공토론을 실시할 수 있도록 하며, 그 결과를 국가가 적극적으로 반영할 수 있도록 하고 있다(경기일보, 2017).

시민의회'를 시행하였다. 성북구청은 '성북 시민의회'의 공론화 과정에서 도출된 정책권고안을 전달받았고, 이후 성북구 소재 아파트들이 해당 권고안을 시행할 수 있도록 유도하였다(중앙일보, 2017). 경상남도의 경우, 구치소 건립과 관련하여 공론화 준비 위원회를 발족하였으며 공론화를 통해 지역의 갈등이슈를 해결하려 하고 있다.[2] 이처럼 우리 사회 곳곳에서 국가적 이슈뿐만 아니라 지역적 이슈에 대한 공론화 움직임이 일어나고 있는 것이다.

그러나 공론화의 필요성과 중요성에 대한 논의가 유행처럼 확산되고 있음에도 불구하고 공론화에 대한 이론적·실증적 분석은 충분히 이루어지지 않고 있는 실정이다. '모든 정책이슈에 대해 공론화를 적용할 수 있을까?' 정책결정 과정에서의 무조건적인 공론화 도입 혹은 이에 대한 반대 논의를 제기하기 이전에[3] 공론화 적용 가능성이 높은 정책이슈의 특징을 먼저 살펴볼 필요가 있을 것이다. 또한 정책결정 과정에의 공론화 적용을 논의하기 위해 어떤 조건을 고려해야 하는지를 살펴볼 필요가 있을 것이다. 모든 정책이슈가 공론화의 대상이 될 수는 있을 것이다. 하지만 정책결정의 효과성을 증진시킬 수 있도록 공론화를 적절히 활용하기 위해서는 공론화 적용 가능성의 기준 또는 조건에 대한 이론적·실증적 논의가 우선될 필요가 있다.

따라서 본장에서는 공론화와 정책결정의 관계를 이론적 측면에서 논의하고, 정책결정 과정에서 공론화를 활용할 때 공론화가 정책결정에 미칠 수 있는 긍정적·부정적 영향을 살펴볼 것이다. 특히 본장에서는 공론화를 정책결정에 효과적으로 활용할 수 있는 방안에 대해 논의할 것이다. 또한 이와 같은 이론적 논의를 입증하기 위하여 다

---

2) 경상남도에서는 거창법조타운 내 구치소 건립 문제를 해결하기 위하여 공론화 준비 위원회를 발족하였다. 성산마을 부지 원안 추진과 중산마을 외곽 이전을 원하는 주민들의 찬·반 양론 갈등을 해결하기 위하여 거창구치소 공론화 준비 위원회를 설립한 것이다(시사저널, 2017).

3) 특히 공론화를 통해 개헌 등과 같은 정치적인 이슈를 해결한다는 것은 국회의 기능을 무시할 가능성이 있다는 주장이 제기되었다(조선일보, 2017).

양한 공론화 방안 중 공론조사 사례를 중심으로 실증분석을 시행할 것이다.[4] 실증분석은 공론조사 방법을 처음 개발한 J. Fishkin이 미국 스탠포드대학의 숙의민주주의 센터(Center for Deliberative Democracy)를 통해 1990년대 이후 시행한 47개의 공론조사 사례를 중심으로 할 것이다. 여러 국가에서 다양한 정책이슈를 대상으로 시행된 공론조사 사례를 분석함으로써 효과적인 공론화가 이루어지기 위한 특성 및 조건 등을 살펴볼 것이다. 기존의 공론화 관련 연구들은 단순한 이론적 논의만을 제시하고 있을 뿐(예: 김대영, 2004), 정책결정 과정에서 공론화를 어떻게 활용할 수 있을지에 대해 이론적·실증적으로 분석하지 못하였다. 특히 공론화의 적용 가능성에 관한 연구는 거의 전무한 실정이다. 따라서 본장은 한국 사회에서 중요하게 논의되고 있는 정책결정에의 공론화 적용 가능성을 이론적·실증적으로 분석함으로써, 향후 정책결정 과정에서의 바람직한 공론화 활용 방안 모색에 중요한 시사점을 제공할 수 있을 것이다.

2. 공론화와 정책결정에 대한 이론적 논의

1) 정책과정에서의 공론화 필요성과 성공적인 공론화 방안

(1) 정책과정에서 공론화의 필요성

공론화는 국민들의 의견을 적극적으로 수렴하는 활동이기에 정책과정에서 반드시 고려될 필요가 있다고 할 수 있다. 정책문제의 등장에서부터 정책문제의 채택, 대안의 탐색, 정책결정과 집행 및 환류에 이르는 정책과정 전반에서 국민들의 의견 반영은 매우 중요하다. 특히, 국민들의 관심을 끄는 이슈를 공식적인 정책문제로 채택하고, 그 정책문제를 해결하기 위한 바람직한 정책대안을 선택하는 의사결

---

4) 공론화 방안에는 공론조사 이외에도 시민의회, 플래닝 셀, 합의회의, 시민배심원제 등이 있다(Elstub & McLaverty, 2014).

정과정에서 국민들의 의견은 반드시 반영될 필요가 있다. 국민들의 정책과정 참여와 의견 수렴은 다양한 방식으로 이루어진다(김정인, 2017b). 가장 일반적인 방식은 대중의 여론(public opinion)을 반영하는 것이다(Fishkin, 2009). 대표적인 여론반영 방법으로 국민투표, 여론조사 등이 제시될 수 있다. 그러나 여론에만 의존하여 정부정책을 결정한다는 것은 또 다른 문제를 유발시킬 수 있다. 특히 정확하고 충분한 정보가 제공되지 못하는 대중사회에서는 시민들의 자발적이고 적극적인 정책과정 참여를 기대하기 어렵고, 충분한 사고의 과정을 거치지 않은 유권자들의 투표행위는 합리적인 정책의사결정을 방해할 수도 있다. 또한 여론만을 고려할 경우 정책 토론 시 참여자들 간 정치적 평등이 충분히 보장되기 어렵고, 여론 조작 가능성까지 제기되는 경우가 많다. 즉, Fishkin(2009: 2-4)에 따르면 여론에만 의존하여 정책을 결정할 때에는 민주주의의 근본가치라고 할 수 있는 정치적 평등과 숙의과정이 충분히 고려되지 못하는 한계가 나타난다는 것이다.

최근 인터넷 또는 사회연결망서비스(Social Network Service: SNS)의 발달로 틀린 혹은 잘못된 정보를 기반으로 한 괴담(예: 가짜 뉴스)이 급증하여 널리 확산되는 등의 현상이 더욱 심각해지고 있다.5) 잘못된 정보에 의해 여론이 조작(manipulation)될 가능성이 존재한다. 조작과 설득(persuasion)은 분명히 구분될 필요가 있는데, 생각과 표현의 자유를 기반으로 한 타인에 대한 설득은 민주주의 달성에 필수적 요소가 되지만, 조작은 오히려 타인의 의사결정을 방해할 수 있어 숙의과정에 부정적인 영향을 미친다. 대중들이 형성하는 여론은 조작될 수 있으며, 때로는 충분한 토론과 숙의과정을 바탕으로 한 설득으로 이어지지 않아(Fishkin, 2009: 6), 여론에만 의존하는 정책결정은 비합리적일 수 있다(김정인, 2016b). 다시 말해 여론을 기반으로 한 정책결정은

---

5) '가짜뉴스(fake news)'라는 단어가 2017년도 사용 빈도수에서 다른 용어들을 압도적으로 능가하였으며, 이 때문에 영국 사전출판사 콜린스의 '올해의 단어'에 선정되기도 하였다(연합뉴스, 2017).

국민의 민의를 반영한다는 점에서는 바람직할 수 있지만, 불충분하거나 잘못된 정보의 제공으로 인해 여론이 조작될 가능성이 높아 여론에 지나치게 의존하여 무조건적으로 중요 정책결정에 반영하는 것은 바람직하지 않다고 할 수 있다. 인터넷과 SNS 등 정보통신기술의 발달은 국민들이 직접적으로 정부 정책에 대한 의견을 개진하는 직접민주주의를 실현시킬 수 있는 중요 수단으로 고려되고 있지만, 숙의과정을 거치지 않아 정제되지 않은 여론은 오히려 정책적 의사결정에 부정적인 영향을 초래할 가능성이 매우 높다. 따라서 바람직한 정책의사결정을 위해서 여론은 정확한 정보에 근거해야 하며(informed), 적극적으로 의사결정에 관여해야 하고(engaged), 사려 깊어(attentive)야 한다(Fishkin, 2009: 13). 이와 같은 특성을 고려해 볼 때 다수의 의견을 반영하는 여론보다는 다양한 참여자들의 학습과 토론 즉 숙의과정이 포함된 공론화가 합리적인 정책의사결정을 위해서 필요하다고 할 수 있는 것이다(Elstub & McLaverty, 2014).

합리적 의사결정을 도출하기 위해 정책과정에서 공론화를 성공적으로 수행하기 위해서는 참여자들의 충분한 숙의과정, 정치적 평등, 그리고 다수의 횡포 방지(avoiding tyranny of the majority) 등과 같은 민주적 가치들을 갖추어야 한다.[6] 첫째, 국민들이 정책과정에서 효과적으로 공공자문(public consultation)을 하기 위해서는 국민들을 대상으로 하는 충분한 숙의과정이 존재해야 한다(Fishkin, 2009: 160). 숙의는 "다함께 토론하는 과정에서 개인들이 진정으로 경쟁하는 논쟁에 가중치를 부여하는 방법"으로 정의될 수 있다(Fishkin, 2009: 33). 숙의과정은 참여한 구성원들이 집단적인 사전 동의(collective informed consent)를 통해서 합의에 도달하는 과정이라 할 수 있다. 무엇보다도

---

6) Fishkin(2009)에 의하면 대중적 참여(mass participation) 역시 숙의, 정치적 평등, 다수의 횡포 방지와 함께 숙의민주주의를 달성하는 데 필요한 민주적 가치라고 설명하였으나, 대중적 참여는 정치적 평등과 다수의 횡포 방지에서 함께 논의할 수 있어 여기서는 생략하고 세 가지 민주적 가치만을 설명한다.

양질의 성공적인 숙의가 이루어지기 위해서는 다음과 같은 조건들이 성립될 필요가 있다(Fishkin, 2009: 34-42). 진정한 숙의가 이루어지기 위해서는 모든 참여자들에게 정확하고 충분한 정보가 제공되어야 하며, 찬성과 반대의 논리가 균형 있게 제공되어야 하고, 사회의 대표구성원들이 토론에 참여해야 하며, 논쟁에 대한 자신의 선호를 밝히고, 평등한 논쟁과정을 거쳐야 한다. 이러한 조건의 숙의과정을 통해 국민들의 의견이 정책과정에 반영될 때 보다 합리적인 정책의사결정이 이루어질 수 있을 것이다.

둘째, 공공자문 시 정책과정 참여자들 사이에 정치적 평등이 이루어져야 한다(Fishkin, 2009: 43-45; Felicetti, 2017: 14-17). 정치적 평등은 사회구성원들의 정치적 선호(political preferences)를 평등하게 고려하는 것으로, 사회구성원들의 정치적 선호가 차별받지 않는 것을 의미한다. 보다 구체적으로, 이를 실현하기 위한 가장 최선의 방안으로는 참여자들의 무작위 추출(random sampling) 방안이 제시될 수 있다. 또한 모든 참여자들의 가치가 동일하게 고려된 참여행위가 이루어져야 하며, 참여 과정에서 공정한 정치적 경쟁(political competition)이 이루어져야 한다. 마지막으로, 정책과정에서 효과적인 공공자문이 이루어지기 위해서는 다수의 횡포를 방지해야 한다(Fishkin, 2009: 60-64). 소수가 아닌 다수의 의견을 중심으로 의사결정을 하는 것이 민주주의 원칙은 될 수 있지만, 무조건적으로 다수의 의견만을 따를 경우 집단사고(groupthinking)와 같은 다수결의 횡포가 나타날 수도 있다(Nelbo, 2015).

(2) 정책과정에서의 성공적인 공론화 조건

앞서 선행연구를 통해 살펴본 공론화의 정치적 평등, 숙의, 다수 지배 배제 등과 같은 민주적 가치들을 기반으로 하여 성공적인 공론화 조건을 제시하면 다음과 같다. 정책과정에서 참여자들이 효과적인 공론화를 달성하기 위해서는 다음과 같은 조건이 성립되어야 한다 (Fishkin, 2009: 95－105). 첫째, 공론화 과정에서 선발된 참여자들은 전체 집단의 적절한 견해나 목소리를 대표할 수 있는 포괄성(inclusion)을 가져야 한다(Felicetti, 2017). 참여자들의 포괄성 문제는 참여자가 전체 집단을 어느 정도 대표하고 있는가에 관한 문제이다. 모집단의 특성에 따라 표본추출 방법을 다르게 논의할 수 있지만, 대표성을 확보하기 위해서는 무작위 추출이 가정될 필요가 있다. 대표성 확보 과정에서 주의해야 할 점은 각 계층의 표면적인 대표성뿐만 아니라 각 계층 견해의 대표성도 확보해야 한다는 점이다. 단순히 성별, 인종, 연령 등과 같은 인구통계학적 관점에서 표본이 모집단에 비례해 추출되었는가에 중점을 둘 것이 아니라, 각 인구통계학적 계층에 따라 선발된 멤버들이 각 계층의 견해를 대표하는가가 중요하게 고려될 필요가 있다(Fishkin, 2009: 111). 따라서 공론화 과정 참여자들은 표면적으로 각 계층의 국민들을 대표해야 할 뿐만 아니라 각 계층의 견해들도 대표할 수 있어야 한다.

둘째, 사려 깊음(thoughtfulness)[7])이 존재하는 높은 수준(high quality)의 숙의과정이 이루어져야 한다. 양질의 숙의과정이 이루어졌는가를 판단할 수 있는 다섯 가지 기준은 다음과 같다(Fishkin, 2009: 126－127; Felicetti, 2017: 10; Steenbergen et al., 2003). 우선, 정보 (information) 차원에서 참가자들은 정책과 관련된 정확하고 충분한 정보를 제공받을 수 있어야 한다. 정보에 근거한 의견(informed opin－ion)이 숙의과정에서 제시될 때 성공적인 공공자문이 이루어질 수 있다. 또한, 실질적 균형(substantive balance) 차원에서 토론과 토의 참여자 어느 한쪽의 의견이나 견해가 다른 참여자들의 견해나 주장에 일방적인 영향을 줄 수 없도록 의견의 균형이 이루어져야 한다.

---

7) Felicetti(2017)는 이를 진정성(authenticity)이라 명명하였으며, Steenbergen et al. (2003)은 'Discourse quality index'로 숙의과정의 질을 측정하였다.

그리고 다양성(diversity) 차원에서 토론의 참여자들이 일반 사회 구성원 다수를 대변하고 있어야 한다(김정인, 2016c). 다음으로 양심·성실성(conscientiousness)차원에서 토론의 참여자들은 논쟁의 장점을 우선적으로 고려해야 한다. 마지막으로, 동등한 고려(equal consideration) 차원에서 참여자가 누구든 모든 참여자들의 논쟁은 차별 없이 고려되어야 한다.

셋째, 숙의과정 이후 정책효과가 나타나야 한다(Fishkin, 2009: 133-158). 보다 구체적으로, 숙의과정을 통해 참여자들과 공공정책 관련자들의 정책태도 변화(changes in policy attitudes)가 있어야 한다. 정책과정 참여자들은 숙의과정을 통해 정책에 대한 자신들의 성향 등에 변화를 이끌어내게 된다. 이는 단순히 정책에 대한 지지 변화뿐만 아니라 가치관의 변화까지 포함한다. 충분한 숙의과정은 참여자들의 가치 형성에 중대한 영향을 미친다. 또한 숙의과정을 통해 투표의사의 변화(changes in voting intention)가 발생해야 한다. 일반적으로 투표 행위는 충분한 정보가 주어지지 못한 채 행해지는 경우가 많다. 이에 반해 충분한 숙의가 이루어지면 낮은 정보 합리성(low information rationality)에서 높은 정보 합리성(high information rationality)으로 변할 가능성이 증대되어 참여자들의 투표의사를 변화시킬 가능성이 커진다(Fishkin, 2009: 135). 뿐만 아니라, 숙의과정은 시민역량의 변화(changes in civic capacities)에 영향을 줄 수 있다(Barrett et al., 2012). 숙의과정은 참여자들의 정확한 정보, 효능감(efficacy), 공공정신(public spiritedness), 참여(participation) 등 공적인 능력을 증진시킬 수 있다(Fishkin, 2009: 143). 또한 숙의과정은 집합적 일관성의 변화(changes in collective consistence)를 초래할 수 있다. 숙의과정을 통해 참여자들은 단순한 개인의 합리성이 아니라 집단의 합리성 또는 일관성을 증진시키는 역할을 한다. 그리고 참여자들은 숙의과정을 통해 상호간 밀접한 관계를 유지하면서 이슈에 참가한다. 이를 통해 공공담론의 변화(changes in public dialogue)가 발생할 수 있다. 앞서 설명한 모든 연유에서 숙의 과정 후 참여자들은 공공정책의 변화(changes in public policy)에 영향을 주게 되는 것이다.

2) 공론화와 정책결정의 관계

공론화와 관련된 참여적 의사결정은 다음과 같은 특징을 지닌다. Fishkin(2009)에 의하면 의사결정 규칙(decision rule)과 선호형성의 방법(mode of preference formation) 기준에 따라 네 가지 의사결정 방안이 제시될 수 있다. Fishkin이 제시한 두 가지 기준 중 의사결정 규칙(decision rule)은 다시 집합적(aggregative) 의사결정 방안과 합의적(consensual) 의사결정 방안으로 구분될 수 있는데 전자는 다수결 원칙을 기반으로 하여 구성원들의 정치적 평등을 중요하게 고려하는 방안인 반면, 후자는 오랜 시간 동안 토론과 토의를 통해 합의를 형성해 나가는 의사결정 방안이 된다(Fishkin, 2009: 85). 또 다른 기준인 선호형성의 방법(mode of preference formation)은 숙의를 통한 방안과 있는 그대로(raw)의 의견을 반영하는 방안 이 두 가지 방안으로 분류될 수 있다. 이러한 기준들에 따라 의사결정 유형이 네 가지로 제시되는 것이다.

의사결정 유형 중 첫 번째 유형은 '집합적 숙의(deliberation with aggregation)'로 이 유형에서는 구성원들 사이에 일정 기간 동안의 학습과 토의를 바탕으로 한 숙의가 이루어지기는 하지만 의사결정은 다수결과 같은 집합적 방법을 활용한다. 이러한 '집합적 숙의'의 대표적인 예로는 공론조사가 제시될 수 있다. 두 번째 유형은 '합의적 숙의(deliberation with consensus)'로 이 유형에서는 구성원들 사이에 숙의가 이루어지며 의사결정은 합의적 방법을 활용한다. 주로 위원회 미팅(committee meeting)을 통해 합의가 달성되는데, '합의적 숙의'의 대표적인 예로는 합의회의8)가 제시될 수 있다(Fishkin, 2009: 88).

세 번째 유형은 '집합적 직접 선호(raw preferences with aggregation)'로 이 유형에서는 구성원들이 숙의과정 없이 자신들의 선호를 있는 그대로 제시하고 이를 집합하여 의사결정에 반영한다. '집합적 직접 선호'의 대표적인 예로는 시민들의 의사를 직접적으로 반영하는 국민투표(referenda) 또는 주민투표제도와 미국에서 운영되는 정당 또는 대통령 예비선거(primaries) 등이 제시될 수 있다. 마지막 유형은 '합의적 직접 선호(raw preferences with consensus)'로 이 유형에서는 구성원들이 숙의과정을 거치지 않고 합의를 도출한다. '합의적 직접 선호'의 대표적인 예로는 집단적 세뇌(collective brainwashing)를 통한 합의 등이 있다. 정치엘리트들이 의사결정을 하고 광고 캠페인 등을 통해 대중들이 정치엘리트의 결정에 따르도록 하는 방안이 이에 해당한다고 볼 수 있다(Fishkin, 2009: 87).[9]

오랜 기간 동안 행정학이나 정책학에서는 정책결정 과정에의 시민참여를 강조해 왔다(예: Irvin & Stansbury, 2004; Renn et al., 1993). 시민들의 의견을 정책결정에 반영하는 방법은 그들의 의견을 있는 그대로 반영(raw public opinion)하거나, 또는 숙의에 참가한 참여자들의 정제된 여론(refined public opinion)을 반영하는 방안으로 구분해 볼 수 있다(Fishkin, 2009: 14). 국민(주민)투표와 여론조사를 활용한 정책결정 방안에 대해서는 이제까지 많은 연구가 이루어져 왔으나, 숙의

---

8) 합의회의는 1987년 덴마크에서 처음 실행되었으며, 주로 과학기술정책 도입과정에서 활용되었다. 먼저 합의회의 진행을 위해 구성된 운영위원회가 중심이 되어 무작위표본추출방식으로 15명 내외의 시민패널을 선정하고, 사전 모임을 개최하여 전체적인 개요를 공유하며 이후 본회의 전까지 사전 학습의 기회를 제공한다. 3박 4일간의 본회의에서는 전문가패널과의 질의응답을 토대로 심층토론을 거쳐 최종 보고서를 작성·제출하게 되는데, 전문적인 부분에 오류가 있는 경우 전문가 패널들이 이를 수정할 수 있다(신고리 5·6호기 공론화위원회, 2017: 145).

9) 네 가지 유형 모두가 민주주의를 달성할 수 있는 의사결정 방안들이지만 '집합적 직접 선호'와 '합의적 직접 선호'는 구성원들의 선호를 직접 반영하기 때문에 의사결정 과정에서 이들의 선호가 어떻게 형성되는가를 명확하게 확인하기 어렵다(Fishkin, 2009: 87). 따라서 본장에서는 '집합적 숙의'와 '합의적 숙의' 방안이 공론화의 특징과 보다 높은 관련성을 지닌다고 본다.

를 바탕으로 한 공론화는 오늘날 정책결정의 방안으로 충분하게 연구되지 못하고 있는 실정이다(Halpin & Cintula, 2014: 69). 다시 말해, 공론화는 특정 정책이슈에 대해 정부가 정책의사를 결정할 때 보완적(supplementary) 수단 정도로만 간주되어 온 것이다(Halpin & Cintula, 2014: 69).

〈표 7-1〉 의사결정 규칙과 선호형성 기준에 따른 의사결정 유형

		의사결정 규칙	
		집합적	합의적
선호형성의 방법	숙의적	집합적 숙의 (예: 공론조사)	합의적 숙의 (예: 합의 회의)
	가공하지 않은	집합적 직접 선호 (예: 국민투표, 예비선거)	합의적 직접 선호 (예: 집단적 세뇌를 통한 합의)

출처: Fishkin(2009: 87)의 내용을 저자가 수정·보완

Fishkin(2009)에 따르면, 정제된 여론을 정책결정에 반영하는 공론화는 시민들의 의견을 대표하는 동시에 단순히 시민들의 의견을 합산 방식 즉 선호 집합적 의사결정 방식(예: 다수결)으로 반영해 오던 정책결정 과정의 한계를 보완해 주는 방안이 되고 있다(Fishkin, 2009). 보다 구체적으로 학습과 토론 즉 숙의를 통해 형성된 시민들의 정제된 여론인 공론은 정부 정책결정에 있어 대표성을 증진시킬 수 있을 뿐만 아니라, 집합적 합리성을 증진시킬 수 있는 중요한 정책결정 방안의 하나로 고려될 수 있다는 것이다. 특히 정책 실행에서의 공론(deliberation in policy practice)은 실제 정책을 결정하고 집행하는 정책 실무자들에게 중요한 의미를 지닌다(Halpin & Cintula, 2014: 70). 또한 공론화 과정은 시민들의 정제된 여론을 정부에 전달하는 과정이기에 정부의 정책행위를 정당화(legitimate)하는 중요 방안이 될 수 있다. 공론화를 통한 시민들의 정책결정 참여가 포괄적(inclusive), 자발적(voluntary), 이성적(reasoned), 평등적(equal)으로 이루어진다면, 공론화는 시민들

의 의견을 정책에 반영하는 과정에서 정당성(legitimacy)을 획득했다고 할 수 있다(Barrett et al., 2012: 186).

3) 공론화가 정책결정에 미치는 영향

공론화는 정책을 둘러싼 다양한 이해관계자, 시민, 심지어 엘리트들 사이에서도 이루어질 수 있다(Smith, 2009). 앞서 언급한 것처럼, 공론화는 다양한 정책참여자들의 의견을 적극적으로 수렴하는 과정이며, 바람직한 공론을 형성하는 과정이라고 할 수 있다. 공론화는 시민들의 정책결정 참여 기회를 제공한다는 측면에서 민주주의의 기반으로 작용할 수 있다. 특히 숙의과정은 사회구성원 모두의 의견을 포괄적이고 포용적(inclusive)으로 반영하여 정치적 평등을 확보하는 민주주의 실현 과정으로 이해될 수 있다(Felicetti, 2017). 시민들의 의견을 차별 없이 포용적으로 받아들이는 공론화의 특징을 고려해 볼 때, 공론화는 정책결정의 대표성을 확보하는 과정이라고 할 수 있는 것이다(Fishkin, 2009). 무엇보다도 시민들의 공론화 참여는 정부가 시민들이 원하는 것, 즉 시민들의 요구(needs)를 파악할 수 있는 기회를 제공하기 때문에 공론화가 시민들의 의견을 정부에 전달하는 민주적 과정으로 표현되는 것이다(Barrett et al., 2012: 183).

공론화는 시민들의 의견을 정부 정책에 반영하여 대표성을 확보하는 방안일 뿐만 아니라, 공론 참여자들의 '사려 깊음(thoughtfulness)'이 실현되는 과정이라고 할 수 있다(Fishkin, 2009: 1). 즉 공론화는 공론 참여자들의 사려 깊은 토론과 학습을 통해 숙의하는 과정이기도 한 것이다(Gutmann & Thompson, 1996). 이러한 측면을 고려해 볼 때, 공론화는 정부 정책결정에 있어 숙의를 통한 집합적 합리성을 증진시키는 중요한 방안이 될 수 있다. 정책이슈와 관련된 중요한 정보를 보유한 참여자들이 공론화를 통해 타인에게 이를 공개하고, 타인 역시 숙의과정을 통해 그 정보의 진위와 중요성 등을 확인하고 학습함으로써 공론화는 합리적인 정책결정을 돕는 것이다(Neblo, 2015: 102－110). 이처럼 공론화를 통한 참여자들의 정보교환은 상호 간의 합리적 기대 (rational expectations)를 증진시키게 된다.

공론화가 정책결정에 미치는 이러한 긍정적인 영향에도 불구하고, 공론화의 한계점도 제기되고 있다. Neblo(2015: 7)에 의하면 공론화는 정책과정에서 다양한 의견들이 논의되도록 함으로써 비일관적 (inconsistent)인 의사결정을 초래할 수도 있다고 한다. 또한 공론 참여자들은 자신의 권력 또는 이익을 극대화하기 위해 공론화를 지지하며, 일반 사람들은 정치토론으로 시간 보내기를 좋아하지 않는다는 것이다. 특히 일반대중들의 공론화 참여는 엘리트에 의한 정책결정보다 비효율적(inefficient)인 의사결정 행태를 나타내는 경우가 많다는 것이다(Neblo, 2015). 이러한 이유 때문에 정부 정책결정에 공론화를 적용하는 것이 반드시 긍정적인 효과를 나타내는 것은 아니라고 한다.

뿐만 아니라, 공론화를 통한 일반대중의 정부 정책결정은 전문성 부족 문제도 야기할 수 있다. 공론화 참여자들이 일반시민들로 구성될 때 공론화 이슈에 대한 정보 부족으로 객관적이고 중립적인 정책결정이 불가능할 수도 있다는 것이다. 또한 관련 이슈에 대한 전문지식 부족으로 전문가들의 주장에 일반시민들의 의견이 편향될(biased) 가능성도 존재한다. 특히 위험(risk)과 관련된 이슈에 대해 일반시민들은 전문가들과는 달리 자신들의 경험 등에 따른 편향에 기반해 해당 이슈를 과장되게 인식하는 경향이 있다(Slovic, 2000). 이와 같은 정보 및 전문성 부족 등으로 인해 일반대중들의 공론화 참여는 합리적인 정책결정에 부정적인 영향을 미칠 수 있다. 이 밖에도 공론화 과정에서의 숙의는 소규모 그룹으로 나뉘어 실행되는 경우가 대부분인데, 때로는 집단 내 획일성과 동질성 추구로 인한 집단사고(groupthinking)의 문제점이 발생하는 등 정책결정의 왜곡 현상이 나타날 수도 있다는 것이다(Janis, 1972; Fishkin, 2009: 102).

공론화를 통한 정책결정이 대표성을 저해하기도 한다. 모든 사회 구성원들을 공론화에 참여시키는 데에는 많은 비용과 시간이 소모되기 때문에, 선택된 일부 시민들만 공론화에 참여하게 되면서 이러한 문제가 발생하는 것이다(Fishkin, 2009). 공론화 참여자의 수가 제한되어 있기 때문에 모든 사회구성원들의 의견을 반영할 수 없고, 따라서 일부 공론화 참여자들의 의견이 정책과정에서 마치 모든 시민들의 의견인 양 왜곡될 수 있어 대표성이 저해될 수 있다. 특히 소수집단에 의해 주도되는 '고립된 공론화(enclave deliberation)'가 발생하는 경우 공론화는 시민들의 합의와 상생을 추구하기보다 집단 간 분열(polarization)과 갈등(conflict)을 확산시킬 수 있다는 비판을 받는다(Fishkin, 2009: 101; Collingwood & Reedy, 2012: 255).

이처럼 공론화가 정책결정에 부정적인 영향을 미칠 수 있음에도 불구하고, 이러한 주장들은 공론화를 활용한 정책결정이 본질적으로 잘못되었다는 것을 의미하지는 않는다. 예를 들어 Collingwood & Reedy(2012)는 이론적으로도, 실무적으로도 공론화는 부정적인 효과보다 긍정적인 효과가 더 큰 정책결정 방안이 된다고 주장한다. Fishkin(2009) 등의 학자들은 정책결정에서 공론화의 부정적인 효과가 나타나는 이유는 공론화를 효과적으로 운용하기 위한 조건이 확보되지 못하였기 때문으로 본다. 공론화에서 나타나는 대표성의 한계는 모든 시민들을 대상으로 하는 전수조사가 아닌 경우, 표본오차로 인해 항상 발생할 수밖에 없다(Fishkin, 2009). 대의민주주의 달성 방안인 국민투표, 주민투표, 여론조사 역시 참가율에 따라서 대표성의 문제를 야기할 수 있다. 따라서 공론화는 정책결정에서 대표성의 한계를 가지므로 지양해야 한다고 주장할 필요는 없다. 공론화 과정에서 나타날 수 있는 전문성 한계 역시 같은 맥락에서 고려될 수 있을 것이다. 공론화 과정에서의 전문성 부족이 반드시 참가자 의사결정의 집합적 합리성 저해를 초래하는 것은 아니며, 전문지식이 부족한 참여자들이 검증된 전문가들의 도움을 받거나 다양한 방식으로 충분한 전문지식을 확보할 수 있다면 전문성 부족 문제는 보완될 수 있기 때문이다.

〈표 7-2〉 공론화에 대한 주요 비판과 평가

주요 비판		평가와 반응
이론적 비판	시민들은 정치에 무관심할 뿐만 아니라 공론화에 적극적으로 참여하지 않음	• 숙의과정 참가자들은 참가 경험을 중요하게 고려함 • 일반적인 정치 참여 과정에서 인식할 수 없는 효능감을 숙의과정은 제공 • 몇몇 공론화 과정은 참가자들의 적극적인 참여를 요구
	공론화는 시민들의 강력하고, 평등하고, 공평한 참여를 요구한다는 차원에서 너무 이상적임	• 공론 그 자체는 달성 가능한 공적 실행과정 • 기존 정치에 대한 좌절과 숙의에 대한 열망은 공론 과정에서 다양한 참여자들을 확보할 수 있도록 함
	공론화의 이성적이고 사실 기반적 논증은 사회의 특정 집단에게 유리함	• 공론화 실행자들은 특정 그룹들이 공론과정에서 불이익을 받지 않도록 다양한 토론, 논증, 증거제시 방안들을 개발함 • 공론화가 권력 불평등을 야기시켰다는 주장은 입증되지 않음 • 오히려 공론화를 통해 권력의 불평등 문제를 해소시킬 수 있음
	사람들은 너무 쉽게 편견에 사로잡혀 열린 마음을 유지하기 힘듦	• 공론화를 통해 사려 깊은 분석과 열린 마음을 증진시킬 수 있어 문제해결에서 기존의 전통적 정치접근보다 효과적일 수 있음
	그룹 토론은 오히려 불일치와 분열을 야기함	• 공론화는 구성원들의 공동기원, 공유목표, 다른 의견과 대안에 대한 이해를 증진시킴
실무적 비판	하나의 공론화 모델은 효과적이지 않음	• 하나의 공론화 방식이 모든 것을 해결할 수 있다는 생각보다 여러 가지 공론화 접근 방안이 모색될 필요가 있음
	특정한 공론화 이벤트 구조는 의도적으로 참여자 또는 주제를 선택함으로서 편견을 증진시킴	• 모든 공론화가 편견이 있음을 인정 • 조직은 다양한 의견을 대표성 있게 반영해야 함
	공론화는 정책 결정과 관련이 없음	• 정책과 연계된 공론화는 성공할 확률이 높음 • 실무자들은 공론화를 정책과정과 연계하고 이를 통해 직접 민주주의를 달성할 수 있음
	공론화는 개인들에게 부정적인 영향을 미침	• 공론화를 통한 정책참여는 참여자들에게 긍정적인 영향을 준다는 증거가 있음
	일반적으로 공론화를 활용하기에는 비용이 너무 많이 소모됨	• 공론화의 비용은 다양하게 고려될 수 있음 • 장기적 관점에서 공론화의 비용을 줄일 수 있는 방안이 존재
	공론화는 정치단체들의 갈등을 줄이는 데에는 소홀함	• 공론화는 다양한 의견의 대표성 확보를 위해 노력함 • 공론화는 소수자들의 의견을 반영하고, 소수자들의 의견에 관심을 더 가짐

출처: Collingwood & Reedy(2012: 234-235)의 내용을 저자가 수정·보완

4) 정책결정 과정에서의 공론화 적용 가능성

(1) 정책결정과 공론화의 국가적 특수성

정책결정에 있어서 공론화의 효과성을 높이기 위해서는 국가별 차이를 고려할 필요가 있다(예: Felicetti, 2017). 각 국가마다 서로 다른 정치제도, 법규체제, 행정문화, 사회규범, 정책결정시스템, 국민의 정치/정책과정 참여, 공공갈등 특성 등을 지님으로 인해 공론화의 효과성이 상이하게 나타날 수 있다. 이러한 측면에서 국가적 특수성은 공론화의 적용 가능성을 가늠해 볼 때 중요한 필수조건이 될 수 있다. 정제된 여론인 공론은 사회구성원의 적극적인 의견반영을 의미하기에 공론화의 적용 가능성은 각 국가의 정치, 사회, 문화 환경에 따라서 다르게 결정된다고 할 수 있다(Felicetti, 2017). 즉 정치제도, 법규체제, 사회규범, 행정문화는 공론화에 참여하는 참가자들의 가치관과 성향을 형성시키는 데 영향을 미치는 중요한 외부적·맥락적 요인들이며, 이들은 공론화 적용 가능성을 판단하는 중요한 조건들이 될 수 있다는 것이다.

미국의 사회운동을 연구한 Polletta(2002: 21)에 의하면 공론화 참여자들은 사회적으로 효과적이라고 인정되는 제도와 이데올로기에 영향을 받을 뿐만 아니라 사회문화와 규범에도 영향을 받는다고 한다. 따라서 국가별 정치제도, 법규체제, 행정문화 등은 공론화 참여자들에게 영향을 미치는 요인으로 고려될 수 있을 것이다. 이와 관련해 Felicetti(2017)는 정치, 사회, 문화적 맥락요소들은 공론화의 성공을 결정지을 수 있는 중요한 숙의역량(deliberative capacity)이 된다고 강조하였다. 특히 정치체제와 관련하여서 공론화는 다양한 가치와 생각을 지닌 구성원들이 서로 다른 의견을 조율해 나가는 과정이기에 다원주의와 밀접한 관련성을 가진다(Cinalli & O'Flynn, 2014). 또한 공론화를 통한 정책문제 해결은 구성원들 간 공유가치와 문화형성에 밀접한 관련성이 있어 각 국가들의 문화와 규범에 따라 공론화 과정과 효과는 다르게 나타날 수 있을 것이다(Eliasoph & Lichterman, 2003).

(2) 정책결정과 공론화의 대표성 확보

정책결정에 있어서 공론화가 긍정적인 효과를 나타내기 위해서는 시민들의 의견을 반영할 수 있는 대표성이 확보되어야 한다. 공론화가 대표성을 확보하기 위해서는 다음과 같은 조건이 충족될 필요가 있다. 첫째, 공론과정에서 시민 의견을 대표하는 참여자들의 정치적 평등이 확보되어야 한다(Fishkin, 2009). 숙의과정의 정당성은 누가 숙의과정에 참여하는가에 달려 있다(Neblo, 2015: 117). 특정 집단을 대표하는 구성원들만이 공론화를 통해 정책결정에 참여한다면, 특정 집단의 의견과 이익만이 대변될 가능성이 높다(Mansbridge, 1992: 32). 숙의를 통한 시민참여(deliberative civic engagement)는 시민들의 정책역량을 증가시킬 수 있는 방안이기에(Barrett et al., 2012: 183), 공론화는 특정 집단의 이익만을 반영해서는 안 된다. 즉 정책이슈를 공론화 할 것인지의 여부를 결정할 때에도 해당 정책이슈가 특정 집단의 이익이 아니라 시민 모두의 이익과 관련되는가를 판단해야 한다.

둘째, 정책이슈의 포괄성이 높을 때 공론화의 대표성이 확보될 수 있다. 정책이슈의 포괄성이 높다는 것 역시 정책이슈가 특정 집단에만 적용되는 것이 아니라 불특정 다수 집단에 고루 적용될 수 있어야 한다는 것을 의미한다. 특정 집단에만 관계된 이슈는 숙의과정에서도 공론화 참여자들의 집단 이익 강조를 초래해 원활한 토론과 학습, 즉 효과적인 숙의를 저해할 수 있다. 숙의과정에서 자신의 집단에게만 우호적인 편향된 정보를 선택하여 충분한 의견 교류와 상호 이해 없이 개인의 이기적인 선호만을 표출할 가능성이 높기 때문이다(Mansbridge, 1992). 공론화 과정에서 논의되는 이슈들이 포괄적이지 못하고, 지나치게 특정 집단에만 적용되는 이슈라면 오히려 특정 집단의 의견만이 더욱 고착화되는 현상이 나타날 수 있을 것이다. 따라서, 공론화 과정에서는 대표성 확보를 위해 정책이슈의 포괄성도 검토할 필요가 있다(Collingwood & Reedy, 2012: 235).

(3) 정책결정과 공론화의 집합적 합리성 확보

정책결정 과정에서 효과적인 공론화를 이루어 내기 위해서는 공론화 참여자들 간 집합적 합리성이 증대될 필요가 있다. 공론화는 일반시민들에게 정보에 근거하여(informed) 의견을 제시할 수 있도록 지원하고, 시민들의 의견을 정제하고 확장(refined and enlarged)시키며, 학습과 토론의 기회를 제공한다. 이를 통해 공론화는 참여자 개개인의 집합적 합리성 제약을 극복하는 데 긍정적인 역할을 하는 것이다(Fishkin, 2009). 무엇보다도 공론화는 전략적 의사소통(strategic communication)을 통해 집합적 합리성이 강화된 의사결정을 달성하도록 돕는다. 즉 숙의과정은 참여자들 간 전략적 의사소통을 가능하게 하여 주어진 공동의 목표를 합리적으로 달성할 수 있도록 하는 것이다(Hallahan et al., 2007; Hatch, 1997).

공론화 참여자들이 숙의를 통해 달성할 수 있는 집합적 합리성은 개인보다는 복수의 의사결정자들이 상호 간 정보를 교환하면서 합리적으로 의사를 결정하는 과정이라고 할 수 있다. 상호 토론 및 토의, 학습을 통한 숙의는 집합적 합리성 증진에 핵심적인 역할을 한다(Halpin & Cintula, 2014). 공론화 참여자들은 학습과 토론을 통한 상호 정보교환을 바탕으로 집단지성(collective intelligence)을 형성시킬 수 있다. 심지어 공론화는 서로 경쟁하는 집단들 사이에서도 집합적 합리성을 형성시킬 수 있다. 집단 간 정보교환과 소통, 반복되고 끊임없는 집단 간 연계는 정책의 새로운 대안을 창출하는 데 도움을 주어, 대립되는 집단 사이에서도 긍정적인 집단 합리성을 구축할 수 있다는 것이다(Halpin & Cintula, 2014: 76; 김정인, 2017c).[10]

---

10) 불확실하고 예측 불가능한 행정환경에서도 공론화는 집합적 합리성을 증진시키는 방

집합적 합리성은 집단이 직면하고 있는 문제를 풀기 위한 구성원들의 협력적 노력이라고 할 수 있다(Townley, 2008). 각 개인의 문제를 해결하는 것이 아니라 집단 또는 집단 구성원 모두에게 적용될 수 있는 문제를 구성원들이 협력해 해결하는 과정에서 나타나는 것이 바로 집합적 합리성이다. 집합적 합리성을 달성하기 위해서는 토론 과정에서 다양한 배경을 지닌 구성원들의 의견이 반영되어야 한다. 서로 다른 이해관계를 지닌 구성원들이 자신들만의 이익추구가 아니라, 집단의 공동 목표를 달성하기 위하여 노력하는 과정이 중요시 된다는 것이다(Townley, 2008). 이러한 집합적 합리성의 성격은 공론화에도 적용될 수 있다. 공론화는 다양한 의견을 지닌 구성원들이 일정기간 동안의 숙의를 거쳐 공통된 문제를 해결하는 과정이기에 집합적 합리성이 기반되어야 한다. 특히 구성원들의 다양한 의견을 바탕으로 하는 집합적 합리성은 공론 과정에서 다양한 견해가 제시될 수 있도록 하는 조건들(예: 문제 해결의 다양한 대안)이 충족될 때 달성된다고 할 수 있다.

앞서 논의한 바와 같이, 공론화 과정은 각 국가의 정치제도, 법적 체제, 행정문화 등의 특수성에 따라 달라질 수 있어 국가적 특수성을 효과적인 공론화 적용 가능성 조건으로 고려해야 한다. 그리고 공론화의 효과성을 높일 수 있는 정책이슈는 소수의 특정 집단에만 적용되는 이슈가 아닌, 다수의 시민들에게 적용될 수 있는 이슈여야 한다. 즉 정책이슈 적용 대상범위(coverage)가 특정 소수 집단이 아닌 다

안이 될 수 있다. 오늘날 더욱 심각해지는 불확실하고 예측 불가능한 행정환경에서 관료들의 일방적인 정책결정은 급증하는 '난제(wicked problem)'에 효과적으로 대응할 수 없다. 오히려 다양한 이해관계자들의 대안 모색과 합리적 대안 선택을 위한 학습과 토론이 행정적·정책적 '난제' 해결에 더 큰 도움이 될 수 있을 것이다(김병섭·김정인, 2016a, 2016b). 특히 정책이슈가 단순하지 않고 다양한 행정환경에서 복잡하게 얽혀 있으며, 하나의 이슈가 다른 이슈와 높은 상호 관련성을 가지는 상황에서는 제한된 구성원과 조직에 의한 일방적인 정책결정보다 다수 참여자들의 숙의에 의한 공론 형성이 집합적 합리성을 기반으로 한 정책결정에 도움이 된다는 것이다. 공론화는 참여자들 간 협력적 거버넌스를 증진시켜 불확실한 미래 문제 해결에 도움을 줄 수 있는 것이다.

수일 때 대표성 차원에서 공론화의 효과성은 더욱 증진될 수 있을 것이다. 또한 참여자들의 다양한 의견을 적극적으로 활용할 수 있는 정책이슈일 때 공론화 참여자들 간 집합적 합리성이 증진되어 공론화의 효과성이 증진될 수 있을 것이다.

3. 정책결정 과정에서의 공론화 적용 가능성 실증분석

1) 조사대상 선정과 분석 기준

(1) 조사대상 선정과 특징

본장에서는 이론적 분석을 통해 효과적인 공론화를 위해서는 국가적 특수성이 고려되어야 하고, 공론화 대상 정책이슈가 대표성과 집합적 합리성을 지녀야 한다고 주장하고 있다. 이러한 주장을 실증적으로 입증하기 위하여 본장에서는 기존에 여러 국가에서 시행되었던 공론화 사례들을 조사·분석하였다. 특히 본장에서는 다양한 공론화 사례 중 공론조사 방법을 활용한 사례들을 중심으로 분석을 시행하였다. 공론조사는 1990년대 이후 J. Fishkin에 의해서 창안된 공론화 방식으로 여론수렴, 참여자들의 성찰적 토론과 토의, 일정기간 동안의 충분한 학습과 논의가 이루어진다는 점에서 공론화의 특성을 잘 반영한다고 할 수 있다(Fishkin, 2009). 예를 들어 시나리오 워크숍과 합의회의는 과학기술 정책과 같이 전문적 지식을 요구하는 영역에서 주로 활용되고, 시민배심원제는 관련 정책과 이해관계가 없는 20여 명 정도의 배심원단을 형성하게 된다. 특히 시민배심원제는 공론화 참여자 수가 너무 제한적이라는 점을 고려해 볼 때(Elstub & McLaverty, 2014), 공론조사가 가장 적절한 공론화 방안이 된다고 할 수 있다.

본장의 구체적인 분석대상은 미국 스탠포드 대학의 숙의민주주의 센터(Center for Deliberative Democracy)에서 수행한 공론조사 사례들이다. 보다 구체적으로 본장에서는 미국 숙의민주주의 센터에서 수행한 47개 해외 공론조사 사례를 분석하였으며, 분석된 공론조사 사례는 1994년부터 2017년까지 시행된 사례들을 포함하고 있다.[11] 예를 들어 본장에서 분석 대상으로 한 1990년대 초반의 공론조사 사례는 1994년 4월에서 5월까지 있었던 영국 범죄제도 공론조사로서 이는 영국 Channel 4를 통해 방송되기도 하였다. 다음으로 1996년과 1998년 사이에 있었던 공론조사는 미국 텍사스 공공전기위원회(Texas Public Utility Commission)가 지역의 8개 전기회사들과 연계하여 실시한 풍력과 에너지정책에 관한 공론조사였다. 본장에서는 미국 숙의민주주의 센터에서 시행한 공론조사 사례를 분석대상으로 하고 있으며, 2000년대 이후 우리나라에서 시행한 공론조사 사례들[12]은 분석 대상에서 제외하였다.

(2) 분석 방법

본장은 분석 대상이 되는 47개의 공론조사 사례가 앞서 이론적 논의에서 제시한 바와 같이 국가별 특수성에 따라 어떠한 차이를 나타내는지, 효과적인 공론화의 대표성과 집합적 합리성 기준을 어느 정도 충족하고 있는지에 대해 분석하였다. 본장에서는 공론조사가 시행된 국가별 차이가 무엇인지, 정책이슈(공론조사 사례) 그 자체의 특징이 얼마나 대표성을 확보하고 있으며, 집합적 합리성을 나타내고 있

---

11) 미국 스탠포드 대학 숙의민주주의 센터(Center for Deliberative Democracy)에서 시행한 공론조사들은 다양한 해외사례들을 포함하고 있으며, 1994년부터 2017년까지 약 24년 동안 시행되었기에 공간과 시간 차원에서 대표성을 확보했다고 할 수 있다. 물론 본장이 미국 스탠포드 대학 숙의민주주의 센터의 공론조사들을 조사하였기에 편의표본추출의 한계를 지닌다고 할 수 있다. 그럼에도 불구하고 시간적 · 공간적 범위와 실제 시행된 공론조사 사례를 심층적으로 논의할 수 있다는 점에서 장점을 지닌다고 할 수 있다.

12) 예를 들어 한국에서는 2005년 8.31 부동산정책(공론조사 토론참가자 총 486명), 2006년 한미 FTA(총 599명), 2007년 북항 재개발프로젝트(총 544명), 2008년 GMO 정책(총 100명), 2011년 통일정책(총 193명), 2014년 고용양극화복지 국민대토론회(총 254명), 2015년 사용후핵연료(총 173명), 최근 2017년 신고리 5 · 6호기 건설재개(총 471명)와 관련된 공론조사가 시행되었다.

는지에 대해 분석하였다. 또한 정책이슈에 대한 공론화가 시행되는 과정에서 실제로 대표성과 집합적 합리성이 나타났는지에 대해서도 분석하였다.

보다 구체적으로 본장에서는 다음과 같은 분석방법을 활용하였다. 첫째, 공론화 과정의 국가적 특수성을 분석하기 위하여 선행연구(예: Cinalli & O'Flynn, 2014; Eliasoph & Lichterman, 2003; Felicetti, 2017; Hofstede, 2001)에 따라 각 국가의 정치제도, 법규체제, 행정문화, 정책결정 시스템의 차이를 분석하였다.13) 보다 구체적으로 정치제도는 각 국가들이 대통령제/의원내각제/이원집정부제 중 무엇을 선택하고 있는지(예: 황태연, 2005), 법규체제는 각 국가들의 법체계가 대륙법계와 영미법계 체계 중 무엇을 따르고 있는지(예: 김수용, 2011), 행정문화는 각 국가들의 문화를 상호 비교한 Hofstede(2001)의 연구에 따라 권력거리, 남성-여성주의, 개인-집단주의, 불확실성 회피가 어떠한지를 중심으로 분석하였다.14) 그리고 국가별 정책결정 시스템 차이는 정치 이데올로기가 진보인지 보수인지 따라 분류하였다(예: 현재호, 2008).

둘째, 대표성은 선행연구(예: Collingwood & Reedy, 2012; Elstub & McLaverty, 2014; Fishkin, 2009)에 따라 참여자들의 정치적 평등 확보여부, 정책이슈의 포괄성, 집단 편향성 등으로 측정하였다. 정치적 평등 확보여부는 공론조사에서 참여자들이 시민 전체를 대표하여 선발되었는가를 중심으로 분석하였다(Elstub & McLaverty, 2014; Fishkin, 2009). 이를 위해 각 공론조사의 참여자 선발과정 및 참여자 분포 등을 평가하였다. 참여자를 선발할 때 성별, 지역, 직업 등을 고려한 무작위 추

---

13) 공공갈등은 가치관, 문화, 이데올로기, 정치·경제체제 등과 밀접한 관련성이 있으며 국민의 정치/정책 참여과정은 정책결정 시스템과 관련이 있기 때문에(예: 김정인, 2015; 정용덕, 2010), 본장에서는 국가별 공공갈등 특성과 국민의 정치/정책과정 참여 차이 분석은 시행하지 않았다.

14) Hofstede 문화기준에는 장기와 단기성향 기준이 있으나 이는 중국을 비롯한 동아시아 국가들의 경제성장을 설명하기 위한 변수로 고려되었기에 본장에서는 분석에 고려하지 않았다(유민봉, 2015).

출방법이 활용되었는지, 실제 공론조사 참여자들이 모집단을 대표하여 구성되었는지를 판단하였다. 또한 정책이슈의 포괄성은 정책이슈가 시민들을 대표하는 이슈인가를 중심으로 분석하였다. 정책이슈의 포괄성은 정책이슈가 적용되는 대상 집단의 범위에 관한 것이다(Collingwood & Reedy, 2012). 특히 정책이슈의 포괄성은 정책이슈의 주제 및 적용분야와도 관련될 수 있다.15) 마지막으로 집단 편향성은 공론조사에서 정책이슈가 특정한 집단에 편향된 이슈인지를 중심으로 분석하였다(Collingwood & Reedy, 2012).

셋째, 집합적 합리성은 선행연구(예: Halpin & Cintula, 2014; Townley, 2008)에 따라 공론화 대상이 된 정책이슈의 대안선택 폭, 대안 선택의 기준/방법, 최적대안의 선택유무 등으로 측정하였다.16) 정책이슈의 대안선택 폭이 얼마나 넓은지를 분석하였는데(Townley, 2008), 공론화 대상의 정책이슈가 가부(可否)만을 결정하는 것인지, 아니면 다양한 대안 제시가 가능한 것인지의 여부를 평가하였다. 그 이유는 다양한 대안 제시가 가능한 정책이슈일수록 집합적 합리성이 더욱 강화될 수 있기 때문이다(Townley, 2008). 또한 정책대안의 선택 기준/방법은 공론화 과정에서 정책대안을 선택할 때 경제적·환경적 기준 등이 존재했는지를 평가하였다(권기헌·이홍재, 2005). 대안선택 시

---

15) 예를 들어 정치, 환경, 에너지, 보건, 복지 등에 대한 정책이슈는 모든 시민들에게 적용될 수 있어 이와 관련된 정책이슈들은 포괄성이 높다고 할 수 있다. 반대로, 특정 집단 규제와 갈등 관련 이슈는 일부 집단에게만 비용과 편익을 부가할 수 있기 때문에 포괄성이 낮다고 할 수 있다.

16) 이 외에 집합적 합리성을 판단하기 위하여 공론화의 숙의방법(기간)과 숙의효과 등의 기준을 제시할 수 있다(예: Fishkin, 2009.) 그러나 제시된 47개 사례들은 대부분 일정한 장소에 모여 숙의과정을 시행하는 기간이 적게는 1일(공론조사의 날) 혹은 합숙 1박 2일 또는 2박 3일, 그리고 길게는 약 1주일 정도의 숙의과정 밖에 되지 않기 때문에 이를 기준으로 집합적 합리성을 판단하기 어렵다. 또한 숙의효과 역시 47개 공론조사 대부분 에서 공론 참여자들의 정책태도(policy attitude)가 유의미하게 변화하는 것으로 나타났으나, 숙의효과를 참여자들의 선호/의견/인식 변화로만 판단하는 것은 무리가 있다. 공론화 과정 전후로 정책태도 선호/의견/인식이 변화하지 않더라도 활발한 토론과 토의 등 학습이 이루어졌다면 이 자체를 숙의효과로 볼 수 있기 때문이다. 따라서 본장에서는 숙의방법(기간)과 숙의효과는 논의하지 않기로 하였다.

명확한 기준이 있을 때 공론화 참여자들은 더욱 활발한 토론과 토의 등 학습과정을 통해 집합적 합리성에 도달할 수 있다(Halpin & Cintula, 2014). 마지막으로 공론화 과정에서 참여자들이 대안을 선택할 때 최적대안 선택이 존재하는지를 판단하였다. 최적대안 선택이 존재한다면 참여자들은 최적 대안을 도출하기 위하여 적극적인 토론과 토의를 시행할 가능성이 높기 때문이다(Townley, 2008).

2) 공론조사 실증분석결과

본장에서 분석한 47개의 공론조사 사례들의 전반적인 특징은 다음과 같다. 공론조사는 특정 국가에 한정되지 않고 전 세계적으로 시행되었다(참조 〈표 7-3〉). 보다 구체적으로, 공론조사가 가장 많이 시행된 국가는 미국으로서 총 11차례(약 23.4%)의 공론조사가 있었다. 유럽 국가들 역시 영국, EU, 그리스, 이탈리아, 불가리아, 폴란드, 북아일랜드 등에서 총 14차례(약 29.7%)의 공론조사가 시행되었으며, 아시아 국가에서도 일본과 중국 각각에서 5차례, 몽고에서 2차례 등 공론조사가 시행되었다. 뿐만 아니라, 남미(예: 브라질, 아르헨티나), 호주, 아프리카(예: 세네갈, 가나, 우간다, 남말라위 등)에서도 공론조사가 시행되었다. 이러한 결과를 고려해 볼 때 공론화는 단순히 민주주의가 발달한 서구 선진국에서만 나타나는 현상이 아니었다. 특히 2015년 이후에는 몽고, 가나, 세네갈, 남말라위, 마케도니아 등의 국가에서도 공론조사가 실시되었다.[17]

공론조사가 실시된 연도의 특징은 다음과 같다(참조 〈표 7-3〉). 1994년부터 2000년 이전까지 실시된 공론조사는 영국 범죄 제도 제안 공론조사(1994년), 미국 텍사스 공공 전기 위원회와 8개 전기회사들이 연계한 에너지 공론조사(1996년에서 1998년), 호주의 입헌군주제

---

17) 국가 유형(대륙별)과 공론조사 실시 연도(공론조사 시기)의 관계를 교차분석으로 분석한 결과 통계적으로 유의미 하게 나타났다($x^2 = 22.2$, df=8, $p < 0.01$). 특히 아시아와 아프리카 국가들의 공론조사는 총 16건 중 14건이 2010년 이후에 이루어졌다.

와 공화제 선택 공론조사(1999년) 등 단 3건(약 6.4%) 뿐이었다. 대부분의 공론조사가 2000년대 이후 시행된 것이다. 2000년부터 2005년 이전까지는 6건(약 12.7%)의 공론조사가 시행되었으며, 2005년부터 2010년 이전까지는 19건(약 38.7%)의 공론조사가 시행되어 가장 높은 빈도를 나타냈다. 2010년부터 2015년 이전까지는 10건(약 21.2%)의 공론조사가 있었으며, 2015년 이후부터는 공론조사가 9건(약 19.1%) 정도 시행된 것으로 나타났다. 이러한 측면을 고려해 볼 때, 2000년대 후반에 공론조사 사례가 가장 많이 나타난다는 점은 특징적이라고 할 수 있다.

본장에서는 분석 대상이 되는 공론조사 사례들의 국가적 특수성, 대표성과 집합적 합리성을 다음과 같은 측면에서 평가하였다. 공론조사 사례들의 국가적 특수성을 살펴보면 정치제도의 경우 의원내각제 국가에서 공론조사가 시행된 사례는 18건(약 38.3%)으로 높게 나타났다. 다음으로 대통령제 국가에서 공론조사가 시행된 사례는 16건(약 34%)이었으며, 대통령제와 의원내각제의 절충제도인 이원집정부 국가에서 공론조사가 시행된 사례는 6건(약 12.7%)이었다.[18] 특히 미국을 제외하면 대통령제 국가들에서 시행된 공론조사 사례는 5건밖에 되지 않았으며, 대부분의 유럽 국가들이 의원내각제를 선택하고 있다는 점을 고려해 볼 때 공론화는 의원내각제 정치제도와 적합하다고 할 수 있었다. 임기가 정해져 있는 대통령제보다는 민의를 보다 적극적으로 반영할 수 있는 의원내각제에서 공론화가 적용될 가능성이 더 높다고 할 수 있는 것이다. 다음으로 법규체제를 분석한 결과 대륙법체계를 채택한 국가들의 공론조사 사례는 25건(약 53.2%)이며, 영미법체계를 채택한 국가의 공론조사 사례는 20건(약 42.5%)이었다. 공론조사 사례가 성문법 중심 대륙법체계와 판례 중심의 영미법체계에서 비슷하게 나타났다는 점을 고려해 볼 때, 대륙법과 영미법의 법적 체제는 공론

---

18) EU와 중국의 공론조사 사례는 본장의 목적에 적합하지 않아 분석에서 제외하였다.

화 적용 가능성에 큰 영향을 주지 못했다고 할 수 있다.

행정문화는 Hofstede(2001)의 문화모형을 활용하여 분석하였다. 권력거리, 개인주의 성향, 남성성, 불확실성 회피에 관한 문화점수를 전반적으로 측정한 결과19) 권력거리가 낮을수록(수평적 문화일수록), 개인주의 성향이 높을수록, 불확실성 회피가 낮을수록(변화지향적 문화일수록) 공론화 적용 가능성이 높게 나타났다. 예를 들어 공론조사가 가장 활발하게 이루어졌던 미국의 경우 권력거리는 40점으로 낮았으며, 개인주의 성향은 91점으로 매우 높았고, 불확실성 회피는 46점으로 낮게 나타났다. 이러한 경향은 공론조사 사례가 자주 발생한 대부분의 유럽과 오세아니아 국가에서도 비슷하게 나타났다. 영국은 권력거리 35점, 개인주의 89점, 불확실성 회피 35점, 덴마크는 권력거리 18점, 개인주의 74점, 불확실성 회피 23점, 아일랜드는 권력거리 28점, 개인주의 70점, 불확실성 회피 35점, 호주는 권력거리 36점, 개인주의 90점, 불확실성 회피 51점 등으로 나타났다. 이에 반해 공론화가 상대적으로 낮게 나타난 아시아·아프리카·남아메리카 국가들의 문화는 권력거리 점수가 높고, 개인주의 성향 점수가 낮으며, 불확실성 회피 점수가 높게 나타났다. 예를 들어 브라질의 경우 권력거리 69점, 개인주의 38점, 불확실성 회피 76점으로 나타났다. 이에 반해 남성성(과업지향 문화) 또는 여성성(관계지향 문화) 문화유형은 공론화 적용 가능성과 직접적인 관계가 없는 것으로 나타났다.20) 이와 같이 행정문화의 권력거리가 낮을수록, 개인주의가 높을수록, 불확실성에 대한 회피가 낮을수록 적극적인 공론화 수용이 나타남을 확인할 수 있었다. 마지막으로 국가별 정책결정 시스템은 공론화가 시행되는 시기의 집권세력이 진보인지 보수인지 여부를 중심으로 분석하였다. 대통령제

---

19) 각 국가들의 행정문화 점수는 http://www.clearlycultural.com/geert-hofstede-cultural-dimensions의 자료를 활용하였다.

20) 각 국가의 남성성 지수는 미국 62점, 영국 66점, 아일랜드 68점, 덴마크 16점, 브라질 49점 등으로 일관적으로 나타나지 않았다.

는 대통령의 정당을, 의원내각제는 의회 다수당을 중심으로 살펴보았다.[21] 그 결과 공론조사 사례 빈도는 보수정권(9건, 19.1%)보다 진보정권(24건, 51.1%)에서 훨씬 높게 나타났다. 이러한 결과를 바탕으로 살펴볼 때 토론과 토의 문화를 중요하게 고려하는 진보정권의 정책결정 시스템에서 공론화가 시행될 가능성이 높다고 할 수 있을 것이다(박승관, 2000).

대표성은 공론조사의 정치적 평등 확보여부, 정책이슈의 포괄성, 집단 편향성여부를 중심으로 살펴보았다. 우선 공론조사의 정치적 평등 확보여부는 참여자들의 선발과정 및 참여자 분포 등을 중심으로 평가하였다. 분석결과 대부분의 공론조사는 연령, 성별, 지역, 직업 등을 고려하여 무작위 추출방법을 활용해 참여자들을 선발하였다. 따라서 참여자 선발과정 및 참여자의 분포 측면에서의 대표성은 확보되었다고 할 수 있다.[22]

---

21) 이원집정부제 국가들과 중국, EU 등은 분석에서 제외하였다.

22) 구체적으로 47개 공론조사 참여자 수는 다음과 같다. 영국 범죄 정책(1994) 301명, 미국 전기에너지 공급정책(1996-1998) 평균 208명, 호주 입헌군주제와 공화제(1999) 347명, EU 유로 참가 여부 덴마크(2000) 384명, 호주 원주민 정책(2001) 344명, 불가리아 범죄 예방 정책(2002) 자료 없음, 미국 By the People(2003) 343명, 미국 By the People: 국가안보와 세계경제(2004) 약 2000명, 캐나다 Nova Scotia Power 에너지 포럼(2004) 135명, 중국 사회간접자본 시설 관련 투자(2005) 257명, 미국 보건과 교육정책 공론(2005) 약 1000명, 그리스 제1야당의 Marousi 시장후보 선출(2006) 138명, 이탈리아 보건·재정정책 공론(2006) 119명, 북아일랜드 교육 이슈정책(2007) 127명, 이탈리아 고속철도 정책(2007) 214명, 불가리아 빈곤정책(2007) 255명, EU 유럽의 미래(2007) 362명, 미국 버몬트 주 미래 에너지 정책(2007) 146명, 미국 21세기 미국 시민주의(2007) 301명, 중국 인프라정책(2008) 257명, 미국 주택정책(2008) 238명, 미국 민주주의 프로젝트(2008) 65명, 헝가리 실업과 취업정책(2008) 자료 없음, EU 의회 350명, 브라질 공무원의 경력 및 처우 개선(2009) 226명, 라 플라타의 교통문제 해소방안(2009) 62명, 폴란드 스타디움 사용방안(2009) 148명, 일본의 연방개혁(2009) 150명, 미국 By the People: 미시간 미래(2010) 약 300명, 런던 새 정치 공론화(2010) 127명, 일본 연금제도 개혁(2011) 자료 없음, 홍콩 행정부 개혁(2011) 자료 없음, By the People: 캘리포니아의 미래(2011) 412명, 일본 식품안전 정책(2011) 152명, 마카오 언론법 개정(2011) 118명, 일본 에너지환경정책(2012) 284명, 일본 삿포로 제설 정책(2014) 204명, 우간다 환경 및 인구 정책(2014) 217명, 가나 급속한 도시화 정책(2015) 243명, 중국 도시화 정책(2015) 116명, 브라질 인터넷 거버넌스 포럼(2015) 61명, 몽고 도시정책(2015) 317명, 캘리포니아 교육정책(2016) 173명, 세네갈 마을 공동체(2016) 167명, 몽고 헌법개정(2017) 약 2000명, 남말라위 홍수정책(2017) 480명, 마케도니아 EU 가입

정책이슈의 포괄성과 집단 편향성 여부의 분석 결과는 다음과 같다. 공론조사의 정책이슈는 적용 범위에 따라 국가 또는 지역 관련 이슈로 분류할 수 있었다. 국가와 관련된 이슈는 대부분 선거구 조정, 정치제도 변화, 에너지 · 환경 정책, 보건 · 복지, 범죄 제도 등에 관한 것이었으며, 지역 관련 이슈는 제설작업, 시설활용 등 주민들의 생활과 밀접한 관련성이 있거나 지역 예산제도와 교통문제 등의 이슈가 다수를 차지하였다. 국가 이슈와 지역 이슈를 구분해 분석한 결과 국가적 이슈는 20건(약 42.5%), 지역적 이슈는 27건(약 57.5%)으로 나타났으며, 이를 통해 공론조사가 지역 이슈에서 더 많이 이루어진다는 것을 확인할 수 있었다(참조 〈표 7-3〉). 정책이슈를 보다 구체적으로 구분하여 정치 · 행정 · 경제, 보건복지 · 교육 · 범죄, 에너지 · 환경, 도시개발 · 교통 · 공동체 등 네 가지로 분류하였다.[23] 정책이슈 중 공론조사의 빈도가 가장 높은 영역은 정치 · 행정 · 경제 분야로 총 22건(약 46.8%), 다음으로 도시개발 · 교통 · 공동체 분야로 12건(약 25.5%), 보건복지 · 교육 · 범죄 분야가 9건(약 19.1%), 마지막으로 에너지 · 환경 분야는 4건(약 8.5%)으로 나타났다. 정책이슈의 특징을 살펴보면 전반적으로는 정치 · 행정 · 경제이슈와 관련하여 공론조사가 가장 많이 실시되었으며, 이는 대부분 국가 차원의 이슈와 관련된 것이 많았다. 그러나 2010년 이후에는 도시개발 · 교통 · 공동체 등 주민들의 생활과

(2017) 자료 없음이다.

23) 보다 구체적으로, 정치 · 행정 · 경제 이슈는 미국의 By the People 미래정치성향, 호주의 입헌군주제와 공화정선택 그리고 원주민들의 권리보호, 덴마크의 EU 단일화폐 참가, 그리스의 시장선출, EU의 민주주의, 브라질의 공무원 처우개선, 일본 연방개혁, 영국의 새 정치 토론, 홍콩과 마카오 관련 통치제도, 마케도니아 EU 가입 등이었으며, 보건복지 · 교육 · 범죄 관련 공론조사의 경우 영국의 범죄제도 개선, 불가리아 범죄와 빈곤정책, 미국 교육제도 개선, 이탈리아 보건제도, 북아일랜드 교육이슈, 일본 연금제도 등이 있었다. 에너지 · 환경 관련 공론조사는 미국, 일본, 캐나다의 미래 에너지 정책에 관한 이슈이며, 도시개발 · 교통 · 공동체 관련 이슈는 이탈리아 고속도로 건설, 중국 인프라 건설, 미국 주택정책, 아르헨티나 교통, 폴란드 스타디움 활용, 일본 삿포로 제설정책, 우간다, 가나, 중국의 도시화 정책, 세네갈의 마을공동체, 남말라위 홍수 이슈 등이었다.

밀접한 관련성이 있는 정책이슈들에 대해 공론조사가 많이 시행되었다는 것을 확인할 수 있었다. 특히 일본의 제설정책, 중국과 아프리카의 도시화정책 등은 최근 공론화 정책이슈가 주민들의 생활과 밀접하게 관련되어 있음을 보여주는 사례들이다.

〈표 7-3〉 공론조사 정책이슈 특징

기준	현황
공론조사 실시 국가별 분류	① 북미와 유럽: 55.3% ② 아시아와 아프리카: 36.1% ③ 남미와 호주: 8.5%
공론조사 실시 시기별 분류	① 1994-1999년: 6.4% ② 2000-2004년: 12.7% ③ 2005-2009년: 38.7% ④ 2010-2014년: 21.2% ⑤ 2015년-2017년: 19.1%
공론조사 적용범위	① 국가이슈: 42.5% ② 지역이슈: 57.5%
공론조사 이슈분류	① 정치·행정·경제:46.8% ② 도시개발·교통·도시(공동체): 25.5% ③ 보건복지·교육·범죄: 19.1% ④ 에너지·환경: 8.5%

47개 공론조사의 대상이 된 정책이슈의 특징들 간 관계를 보다 명확히 분석하기 위해 본장에서는 교차분석 방법을 활용하였다(참조 〈표 7-4〉). 분석결과 공론조사 정책이슈 유형은 국가이슈와 지역이슈에 따라 분포 차이가 통계적으로 유의미하게 나타났다($x^2=8.47$, df=3, $p<0.05$). 그 결과를 살펴보면, 정치·행정·경제이슈는 국가이슈와 지역이슈 모두에서 나타났지만, 도시개발·교통·공동체와 관련된 정책이슈는 대부분 국가이슈보다는 지역이슈와 관련해 나타났으며, 보건복지·교육·범죄는 지역이슈보다는 국가이슈에서 더욱 많이 나타났다. 에너지·환경 이슈는 국가와 지역이슈 모두에서 나타났다. 또한 공론조사 대상 정책이슈 유형은 국가에 따라 통계적으로 유의미한 차이가 있었다($x^2=10.8$, df=6, $p<0.1$). 정치·행정·경제 이슈는 주로 북아메리카와 유럽 국가들의 공론조사에서 나타났으며, 도시개발·교

통·공동체 정책이슈 공론화는 아시아와 아프리카 국가들에서 주로 나타났다. 보건복지·교육·범죄 정책이슈는 북아메리카와 유럽 국가들, 그리고 에너지·환경 정책이슈 역시 북아메리카와 유럽 국가들에서 주로 공론조사의 대상이 되는 것으로 나타났다. 특히 아시아나 아프리카와 같이 급속한 성장기를 겪은 국가들에서는 도시개발·교통·공동체와 같은 정책이슈들이 주요 공론화 대상이 되는 것으로 나타났다.[24)]

분석결과 공론조사의 대상이 된 정책이슈들은 대부분이 국민·주민들과 밀접한 관련성을 지니고 있었다(약 93.6%). 일부 공론조사 사례들, 예를 들어 그리스 제1야당 Marousi 시장후보 선출 공론화(지지자들 간 대립), 2001년 호주의 원주민 정책 공론화(호주 백호주의 관점에서 인종대립), 2009년 브라질 공무원의 경력 및 처우 개선 공론화(공무원 집단에 한정된 이슈) 등은 높은 집단편향성을 가지는 사례라고 할 수 있다. 그러나 이들을 제외한 공론조사 사례들은 시민들 모두에게 포괄적으로 적용될 수 있고 낮은 집단편향성을 가지는 정책이슈였다. 예를 들어 정치·행정·경제, 보건복지·교육·범죄, 에너지·환경, 도시개발·교통·공동체 등의 정책이슈들은 대부분 특정 집단에만 적용되는 것이 아니라, 모든 시민들에게 적용될 수 있는 정책이슈였다. 헌법 개정, 연금제도 개정, 제설정책, 국가 에너지 선택, 식품안전정책 등은 특정 이익집단에만 적용될 수 있는 정책이슈가 아닌 것이다.

---

24) 그러나 국가/지역 여부와 공론조사 국가 유형과의 관계($x^2 = 3.47$, df=2, $p > 0.1$), 국가/지역 여부와 공론조사 기간과 관계($x^2 = 2.72$, df=2, $p > 0.1$), 정책이슈 유형과 공론조사 기간과의 관계($x^2 = 11.2$, df=12, $p > 0.1$)는 모두 통계적으로 유의미하지 않게 나타났다.

〈표 7-4〉 공론조사 정책이슈 유형과 국가/지역 이슈 관계 분석

		공론조사 정책이슈 유형			
		정치·행정·경제	도시개발·교통·공동체	보건복지·교육·범죄	에너지·환경
공론조사 적용범위[1]	국가 이슈	11건 (23.4%)	1건 (2.1%)	6건 (12.7%)	2건 (4.25%)
	지역 이슈	11건 (23.4%)	11건 (23.4%)	3건 (6.38%)	2건 (4.25%)
공론조사 실시 국가별 분류[2]	북미와 유럽	13건 (27.6%)	3건 (6.38%)	7건 (14.89%)	3건 (6.38%)
	아시아와 아프리카	5건 (10.6%)	8건 (17.02%)	2건 (4.25%)	1건 (2.12%)
	남미와 호주	4건 (8.51%)	1건 (2.12%)	0건 (0%)	0건 (0%)

주의 1: x^2=8.47, df=3, $p < 0.05$, 2: x^2=10.8, df=6, $p < 0.1$

집합적 합리성은 정책이슈의 대안 선택 폭, 대안 선택의 기준/방법, 최적대안의 선택유무를 중심으로 살펴보았다. 찬성·반대와 같은 제한된 응답만을 요구하는 정책이슈는 집합적 합리성이 낮고 대안선택의 폭이 넓은 정책이슈는 집합적 합리성이 높은 것으로 평가되었다. 47개 공론조사의 대상이 된 정책이슈들은 대부분 이분법적 선택 혹은 대안을 요구하는 이슈가 아니라 다양한 대안을 요구하는 정책이슈들이었다(약 93.6%). 예를 들어 일본에서 2012년 시행된 '에너지·환경 선택지' 공론조사에서는 미래 2030년에 원자력 에너지 의존도를 어느 정도까지로 할 것인가에 대해 논의하였다. 이 공론조사에서 논의된 대안은 단순히 원자력 에너지 사용여부만을 판단하는 이분법적인 대안이 아니라, 세 가지 에너지 대안 즉 제로 시나리오(원자력 0%), 15 시나리오(원자력 15%), 20 − 25 시나리오(원자력 20 − 25%) 등의 대안을 중심으로 다양하게 제시되었다(エネルギ―·環境の選択肢に関する討論型世論調査 実行委員会, 2012). 이에 반해, 2000년 덴마크의 EU 단일화폐(유로) 참가 여부, 2006년 그리스 제1야당의 Marousi 시장 후보 선출 방안, 2017년 마케도니아의 EU 가입 여부와 관련된 공론화는

참여자들의 대안 선택 폭이 좁아 집합적 합리성을 추구하기에는 한계가 있는 것으로 나타났다.

공론조사 시행의 집합적 합리성은 대안 선택의 기준/방법과 최적 대안의 선택유무를 통해서도 평가되었다. 각각의 공론조사에서는 대안 선택 기준/방법이 무엇인지를 판단했다. 단순히 의견을 수렴하는 공론화 사례들(예: EU의 '유럽의 미래' 공론조사에서 현황조사)을 제외하고 거의 대부분의 공론조사 사례들은 경제적 · 환경적 기준 등 대안 선택 기준/방법이 존재했다. 예를 들어 영국과 불가리아의 범죄정책 사례의 경우 범죄율 감소라는 기준에 따라 범죄제도 대안들을 평가하였으며, 미국의 에너지정책, 일본의 에너지 · 환경정책 공론화에서는 경제적 · 환경적 기준(비용분석)에 따라 대안들을 비교 · 평가하였다. 또한 공론화의 최적대안 선택 유무 효과는 명확하게 나타나지 않았다. 공론화 과정에서 최적대안을 선택할 수도 있지만 그렇지 않을 수도 있었다. 예를 들어 호주의 입헌군주제와 공화제에 관한 공론조사에서는 입헌군주제와 공화제 중에서 최적의 대안선택이 무엇인가를 판단하였으며, 일본의 에너지 · 환경정책 공론화에서는 원자력 에너지를 어느 수준까지 허용할 것인가에 대한 최적대안을 선택하였고, 일본 삿포로 제설정책 공론화에서 역시 가장 효과적인 제설정책 방안이 무엇인가를 선택하였다. 또한 폴란드의 사례에서는 가장 효과적인 스타디움 활용방안이 무엇인가를 선택하였다. 그러나 공론화의 집합적 합리성은 반드시 최적대안의 선택유무가 존재할 때만 높은 것이 아니다. 참여자들의 정책이슈에 대한 인식과 다양한 대안 선택 조사에서도 집합적 합리성은 높아질 수 있다. 범죄율을 줄이기 위한 형사정책에는 어떤 것들이 존재하는지, 그리고 각 대안의 현황을 파악하는 과정에서도 집합적 합리성이 제고될 수 있다는 것이다.

4. 공론화 적용 가능성에 대한 논의 및 함의점

1) 공론화 적용 가능성 논의 한계

본장에서는 공론화와 정책결정의 관계, 공론화가 정책결정에 미치는 긍정적·부정적 영향, 효과적인 공론화를 위한 국가적 특수성, 대표성과 집합적 합리성 조건 등에 대해 이론적·실증적으로 살펴보았다. 공론화는 정제된 여론을 형성해 나가는 민주적이고 합리적인 과정이기에 정부는 정책결정 시 공론화 방안을 적극적으로 활용할 필요가 있다. 그럼에도 불구하고 공론화 과정의 효과성은 각 국가의 특수성(정치제도, 행정문화, 정책결정 시스템 등)에 의해서 차이가 나타날 수 있다. 그리고 공론화의 본질적인 특성상 모든 시민들의 의견을 반영하는 데 한계가 있고, 선발된(selected) 공론화 참여자들의 의견을 반영시킴에 있어 대표성에 대한 한계가 존재할 수도 있다. 또한 집합적 합리성을 달성하는 과정에서 때로는 집단사고와 전문성 부족으로 인한 어려움을 겪을 수 있다. 그럼에도 불구하고 효과적인 공론화 수행은 정책결정에의 시민참여를 증진시켜 우리사회의 민주주의 발전을 도모할 수 있는 중요한 방안이 된다.

앞서 논의한 바와 같이 효과적인 공론화를 수행하기 위해서는 국가적 특수성을 고려하여 공론화를 시행해야 하며, 공론화 대상이 되는 정책이슈의 대표성과 집합적 합리성을 충족할 필요가 있다. 이러한 주장을 실증적으로 입증하기 위해 본장에서는 공론화 기법들 중 J. Fishkin이 창안한 공론조사 방법으로 공론화를 수행한 미국 스탠포드대학 숙의민주주의 센터의 해외 공론조사 사례 47건을 분석하였다. 1994년 이후 현재까지 전 세계적으로 공론조사는 활발하게 시행되고 있다. 특히 시기적으로는 2000년대 후반에 공론조사가 가장 활발하게 시행되었으며, 북미와 유럽국가뿐 아니라 아시아와 아프리카 국가들에서도 공론조사가 빈번하게 시행되고 있었다. 또한 국가적 이슈보다 지역적 이슈에 대한 공론조사가 더욱 많이 시행되었다. 오늘날까지 정치·경제·행정 정책이슈에 대한 공론조사가 가장 활발하게 이루어졌지만, 최근에는 도시개발·교통·공동체 등 지역 생활형 정책이슈에 대한 공론조사가 더욱 활발하게 이루어지고 있었다. 특히 정책이슈 유형은 지역과 국가이슈에 따라 차이가 나타났으며, 국가별로도 다르게 나타났다. 특징적인 것은 최근 빈번하게 공론화되는 도시개발·교통·공동체 정책이슈는 지역차원 이슈로 나타났으며 아시아와 아프리카 국가들에서도 이러한 정책이슈가 주요 공론화 이슈로 등장하고 있었다. 무엇보다도 본장에서는 대통령제보다는 의원내각제 정치제도에서, 낮은 권력거리, 개인주의, 불확실성 수용의 행정문화에서, 진보정권의 정책결정 시스템에서 공론화의 적용 가능성이 높게 나타남을 확인할 수 있었다. 즉 각 국가들의 특수성이 공론화 적용 가능성의 중요 고려 조건임을 확인할 수 있었던 것이다. 또한 47개 공론조사 사례에 나타난 정책이슈들은 특정 집단에만 집중되는 편향된 이슈가 아니라 시민들 모두에게 고루 적용될 수 있는 포괄성을 지녔으며, 참여자들의 정치적 평등이 확보되는 대표성이 높은 정책이슈였다. 또한 47개 공론조사 사례들은 한정된 대안보다는 다양하고 창의적인 대안을 다루고 있어 집합적 합리성을 추구하고 있었다. 이 밖에도 대안선택의 기준/방법이 제시되었다는 점을 고려해 볼 때 대부분의 공론조사 사례에서는 집합적 합리성이 나타난다고 볼 수 있었다.

본장이 정책결정의 공론화 적용 가능성에 대해 논의하고 있다는 연구의 중요성에도 불구하고 본장은 다음과 같은 측면에서 한계점을 지닌다. 먼저 다양한 공론화 기법들 중 공론조사 사례만을 연구하였다는 점은 한계로 제시될 수 있다. 시민배심원제, 합의회의, 공론매핑, 시나리오 워크숍, 국가 이슈 포럼, 시민 의회, 규제협상 등과 같은 다른 공론화 방안들을 연구의 분석대상으로 포함시키지 못하였다는 한계를 지닌다. 향후 연구에서는 공론조사 이외의 공론화 방안도 함께 논의해야 할 것이다. 또한 본장은 해외 사례에 초점을 맞추어 분석을 하였기에 한국 사례 분석 내용을 반영하지 못하였다는 한계를 지닌다. 2000년대 이후 한국에서 시행된 공론화 사례들을 한국적 맥락을 고려하여 연구할 필요가 있을 것이다. 그럼에도 불구하고, 본장은 공론화에 대한 이론적 논의만을 제기하던 기존의 연구들과는 달리 이론적 · 실증적 논의를 함께 제공하고 있으며, 해외 사례를 바탕으로 우리나라 공론화 발전 방안 모색에 기초 자료를 제공하고 있다는 점에서 중요한 의의를 가진다고 할 수 있다.

2) 한국의 정책결정 과정에 공론화 적용

본장은 47개의 해외사례에 초점을 맞추어 분석을 시행하였기에 한국 사례에 대한 심도 있는 논의를 제시하지는 못하였다. 그럼에도 불구하고 최근 한국에서 정책결정 과정에 공론화를 적극적으로 도입하고 있다는 사실을 고려해 볼 때, 본장의 결과를 바탕으로 신고리 5 · 6호기 공론화 사례[25]를 검토함으로써 한국 정책결정 과정에의 공론화 적용 가능성을 간략히 논의해 보고자 한다. 2018년 현재 한국 정치체제는 대통령제이며, 법적 체제는 대륙법체계를 따르고 있고, 진보적 정책결정 시스템이 운영되고 있다. 또한 행정문화는 권력거리 60점으로 권위주의 문화를 나타내며, 개인주의는 18점으로 집단주의 문화를 나타내고 있다. 남성성은 39점으로 온정주의 문화를 나타내고, 불확실성 회피는 85점으로 안정주의 문화 특성을 보이고 있다(유민봉, 2015). 이러한 한국의 정치 · 법적 · 문화적 맥락을 고려해 보았을 때 해외 사례의 공론화 적용 가능성 조건들(의원내각제, 진보정권의 정책결정 시스템, 수평주의 · 개인주의 · 변화지향 문화)과 반드시 일치하지는 않는다는 것을 확인할 수 있다. 그럼에도 불구하고 신고리 5 · 6호기 공론

---

25) 자세한 사례 설명은 제8장 공론화 사례에서 제시한다.

화 사례가 대통령의 공약사항과 관련된 고도의 정치적 이슈였다는 점을 고려해 볼 때(신고리 5·6호기 공론화위원회, 2018), 정치적 맥락이 중요한 공론화의 적용 가능 조건이 되었다는 것을 알 수 있다.

신고리 5·6호기 공론화 사례는 모집단 대표성이 매우 높았다. 일반적인 공론조사는 대표성을 증진시키기 위해 단순 무작위 추출방법을 사용하는 경우가 많으나, 신고리 5·6호기 공론화 사례는 일반시민조사와 숙의참여자 선정에 있어 지역·성·연령뿐만 아니라 건설재개/건설중단/판단유보 세 가지 의견 모두를 고려하여 '층화이중추출법'을 활용해 시민참여단을 선발하였다(신고리 5·6호기 공론화위원회, 2018). 또한 2017년 5월 기준으로 이미 종합공정률 28.8%에 이른 신고리 5·6호기의 건설 중단 여부를 판단하는 것이 모든 국민들에게 경제적·환경적으로 상당히 큰 영향을 미칠 수 있었기 때문에 이슈가 특정 집단에 한정되지는 않았다고 볼 수 있다.

또한 집합적 합리성 차원에서 신고리 5·6호기 공론화 정책이슈는 건설 중단/재개의 양자택일을 해야 하는 사안이었기 때문에 대안선택 폭은 좁을 수 있었다. 특히 종합공정률이 28.8%나 되는 사업의 중단/재개 여부를 시민참여단이 결정하고, 이러한 시민참여단의 결정을 정부가 그대로 수용하겠다고 선언한 점을 고려해 볼 때(한국일보, 2017), 신고리 5·6호기 공론화 사례에서 시민참여단의 대안선택 폭은 좁다고 할 수 있다. 그럼에도 불구하고 건설 중단과 재개를 선택함에 있어 환경적 가치와 경제적 가치라는 분명한 대안선택의 기준/방법이 존재하였으며, 시민참여단이 건설 중단/재개 중 여러 조건들을 고려하여 최적대안을 선택했다는 점 등을 종합적으로 고려해 볼 때 신고리 5·6호기 공론화 사례의 집합적 합리성은 다소 높았다고 평가할 수 있을 것이다.

3) 공론화 적용 가능성 함의점

이러한 내용들을 종합적으로 검토해 볼 때 본장의 분석결과는 공론화 연구와 관련하여 다음과 같은 이론적·실용적 함의점을 지닌다. 첫째, 국가·제도·문화의 특수성은 공론화 적용 가능성에 중요한 요인 변수가 된다는 것이다. 물론 최근에는 아프리카와 같은 개발도상국에서도 공론화가 시행되고 있지만 각 국가들의 정치제도, 행정문화, 정책결정 시스템에 따라서 공론화의 효과성이 달라질 수 있다는 것이다. 공론화가 미국과 유럽을 중심으로 시행되었으며, 의원내각제, 낮은 권력거리 문화, 개인주의, 불확실성에 적극적으로 대응하는 문화, 진보정권 정책결정 시스템에서 더 활발하게 논의된다는 점을 고려해 볼 때, 공론화 과정은 정치·사회·문화 환경 등 맥락적 요인에 큰 영향을 받는다는 것을 확인할 수 있었다(Felicetti, 2017). 따라서 정책결정 과정에서 공론화를 적용시킬 수 있을지의 논의는 국가·제도·문화 등 맥락적 특성을 고려할 필요가 있다. 한국 역시 향후 정책결정 과정에 공론화를 도입할 것인가를 판단할 때 무조건적인 공론화 도입보다는 정치적·제도적·문화적 맥락을 선행적으로 고려할 필요가 있다.

둘째, 정책결정 과정에서 효과적인 공론화를 수행하기 위해서는 대표성과 집합적 합리성 모두를 증진시킬 수 있는 공론화 과정을 마련할 필요가 있다. 특정 집단 간 갈등을 심화시킬 수 있는 정책이슈뿐만 아니라 모든 시민들에게 적용되며, 대안이 제한되지 않고 다양하고 창의적으로 제시될 수 있는 정책이슈 역시 갈등 발생의 여지는 충분히 가지고 있다. 따라서 대표성과 집합적 합리성 모두를 증진시킬 수 있는 정책이슈를 선별하기보다는 공론화 과정에서 대표성을 확보하고 이를 통해 정책결정의 집합적 합리성을 증진시킬 수 있는 방안을 모색해야 한다. 이를 위해 공론화 시 모든 국민의 의견을 포괄할 수 있도록 정교한 조사설계가 시행되어야 하며, 대표성이 확보된 이후에는 참여자들의 집합적 합리성을 달성하기 위한 다양한 숙의 방법을 고안할 필요가 있을 것이다. 특히 공론화 과정에 참여하는 시민참여단에게 공론화의 목적, 대안선택 기준, 대안선택에 따른 효과에 관한 정보를 정확하게 전달하여 충분한 기간 동안 이를 학습하도록 해야 한다. 또한 공론화 과정의 토론진행자 또는 소규모 토론의 모더레이터들에 대한 교육을 통해 중립적이고 객관적인 토론과 토의가 이루어질 수 있도록 해야 한다.

모든 국가에서 공론화는 합리적이고 민주적인 정책결정을 달성하기 위한 보완적 도구로 활용될 수 있을 것이다. 시민참여형 정책결정은 모든 국가에서 궁극적으로 달성해야 할 정책결정 방안이지만 시민들의 의견을 어떻게 반영할 것인가는 끊임없는 논쟁의 대상이자 연구의 대상이 되고 있다. 정책결정에 국민 개개인의 의견을 정제되지 않은 상태 그대로 반영하는 것이 적절한지, 정제된 여론을 반영하는 것이 적절한지에 대한 논쟁은 여전히 큰 숙제로 남아있다(Fishkin, 2009). 하지만 효과적인 공론화를 통해 정제된 여론을 정책에 반영하는 것은 대표성과 집합적 합리성을 증진시킬 수 있는 방안임에는 틀림이 없을 것이다. 따라서 최근 한국에서 유행처럼 확산되고 있는 공론화 요구를 효과적으로 반영하고, 적용하기 위해서는 국가·제도·문화 등 맥락적 특수성, 공론화 대상 정책이슈의 대표성과 집합적 합리성 판단, 실질적 공론화 운영의 대표성과 집합적 합리성 확보 가능성 판단이 선행될 필요가 있을 것이다.

제 8 장

공론화 사례

1. 공론화 사례의 선정

본서가 선택한 국내·외 공론화 사례는 한국의 '신고리 5·6호기 공론화' 사례와 일본의 '에너지·환경 선택지 공론화' 사례이다. 두 사례 모두 에너지 관련 공론화 사례이면서, 한국과 일본 모두 진보정권에서 이루어진 사례라는 점에서 유사점이 높다고 할 수 있다. 또한 지방자치단체가 아닌 중앙정부에서 공론화를 시행하였고 두 사례 모두 온 국민들의 관심사가 높았다는 점에서 공통점을 지닌다고 할 수 있다. 그럼에도 불구하고 한국의 '신고리 5·6호기 공론화' 사례에서 조사된 여론조사 인원과 최종 토론형 여론조사에 참가한 시민참여단의 수는 일본의 '에너지·환경 선택지 공론화' 사례의 인원보다 많았을 뿐만 아니라, 토론형 여론조사 종합토론회 기간 역시 길었다.

〈표 8-1〉 신고리 5·6호기 공론화 사례와 에너지·환경 선택지 공론화 사례 비교

	신고리 5·6호기 공론화	에너지·환경 선택지 공론화
실시 국가	한국	일본
공론화 주제	원자력 발전소 건설	미래 에너지 선택
시기	2017년 7월부터 10월	2012년 6월부터 8월
집권정당	진보정권	진보정권
중앙과 지방정부 시행 여부	중앙정부 시행	중앙정부 시행
1차 여론조사 인원	20,006명	6,849명
최종 시민참여단 인원	471명	285명
토론형 여론조사(토론포럼) 종합토론회의 기간	2박 3일	1박 2일
최종 선택방안	신고리 5·6호기 건설재개 여부 판단	세 가지 에너지전환 시나리오 선택

이처럼 한국의 '신고리 5·6호기 공론화' 사례와 일본의 '에너지·환경 선택지 공론화' 사례는 유사점과 차이점을 모두 지닌 공론화 사례이기에 이들을 비교분석하는 것도 의미가 있다고 할 수 있다. 두 사례에 대한 상세한 논의는 아래에서 제시된다.

2. 신고리 5·6호기 공론화 사례

국내 대표적인 사례로 2017년 있었던 '신고리 5·6호기 공론화' 사례를 제시한다. 문재인 대통령 대선 공약 중 '안전한 대한민국 건설'을 위한 방안으로 신고리 5·6호기 공사 중단이 제시되었다.

〈표 8-2〉 신고리 5·6호기 공론화 조사개요 종합

구분	1차 조사	500명 시민참여단 모집	2차 조사 (오리엔테이션)	3차·4차 조사 (종합토론회)
모집단 (조사대상)	전국 만19세 이상 성인남녀	1차 조사 응답자 20,006명		
표집틀	무선전화 : 통신3사 추출 가상번호 (77,076개) 유선전화 : RDD(Random Digit Dialing, 13,494개)	1차 조사 응답자 중 시민참여단 실제 참여의향자 5,047명	500명 시민참여단	2차 조사 응답자 478명
표집방법	지역별, 성별, 연령별 기준 층화 후 비례배분 층화확률추출	1차 조사 응답자를 입장별, 성별, 연령별 기준 층화 후 비례배분 층화확률추출	500명 시민참여단 전수 접촉	오리엔테이션 참석자 478명 전수 접촉
표본크기	20,006명 (유선 2,576명, 무선 17,430명)	500명	478명	471명
조사방법	면접원에 의한 전화면접 조사	면접원에 의한 전화 모집	자기기입식, 면접원조사 혼용	자기기입식, 면접원조사 혼용
조사일시	8월 25일~9월 9일 (16일간)	9월 11일~13일	9월 16일	3차: 10월 15일 4차: 10월 13일

출처: 신고리 5·6호기 공론화위원회(2018: 225)

하지만 2017년 5월 기준 신고리 5·6호기 건설의 종합공정률이 28.8%에 이르고 공사 중단이 지역경제 미치는 영향이 크다는 우려가 제기되자, 신고리 5·6호기 건설 중단여부를 공론화라는 사회적 합의를 바탕으로 결정하고자 하였다(신고리 5·6호기 공론화위원회, 2017). 2017년 6월 27일 제28회 국무회의에서 신고리 5·6호기 공론화위원회와 공론화지원단을 구성하기로 결정하였다. 신고리 5·6호기 공론화에서는 공론화 참여자를 대상으로 총 4회의 조사가 이루어졌다(〈표 8-2〉 참조). 기존의 공론조사는 참여자 선정 조사, 토론회 전후조사 등 총 3회의 조사를 시행하는 것이 일반적이었으나, 신고리 5·6호기 공론화는 시민참여단의 숙의성 강화를 위해 오리엔테이션이라는 절차를 도입하여 총 4회의 조사를 시행하였다(신고리 5·6호기 공론화위원회, 2018: 218).

신고리 5·6호기 공론화의 숙의성과 포괄성을 판단하기 위해서는 신고리 5·6호기 공론화 의제의 특징을 먼저 살펴볼 필요가 있다. 그 특징은 첫째, 건설 중단과 건설 재개 두 개의 대안 중 하나를 선택해야 하는 양자택일의 성격을 지녔으며, 둘째, 공정률이 약 30%에 달하는 공사를 일시 중단시킨 상태이기 때문에 공론화에 있어 상당한 기회비용이 수반되었으며, 셋째, 대통령 공약과 관련된 고도의 정치적 이슈라는 것이었다(신고리 5·6호기 공론화위원회, 2018: 92-93). 또한 신고리 5·6호기 공론화의 예산은 46억3천100만 원으로 책정되어 충분한 재정적 지원이 이루어졌다(연합뉴스, 2017).

건설 중단과 재개의 양자택일형 의사결정은 제로섬 게임이 되어 찬반의 첨예한 대립구도를 야기할 수 있다는 점, 고도의 전문성이 요구되는 원자력 이슈 논의를 단 3개월이라는 짧은 기간 동안 공론화하는 것이 졸속이며 형식적인 이벤트가 될 수 있다는 점, 대통령 공약과 관련된 정치적 선호에 따른 정치적 이슈로도 볼 수 있다는 점은 신고리 5·6호기 공론화의 숙의성을 낮출 수 있다는 비판의 근거가 되었다(신고리 5·6호기 공론화위원회, 2018: 92-93). 그럼에도 불구하고 신고리 5·6호기 건설 중단 또는 재개는 국가경제에 중대한 영향을 미치는 양자택일 결정이었으며, 오히려 이전에 원전에 무관심했던 일반시민 역시 언론보도나 공개 토론회 등을 통해 해당 이슈에 대해 적극적인 관심을 갖게 되는 국가적 의제가 되었고, 원전의 본질적인 측면만이 아니라 정치적, 경제적, 환경적 특징 등 보다 다양한 차원에서 건설 중단과 재개를 판단할 수 있게 되었다는 점을 고려해 볼 때 신고리 5·6호기 공론화는 다소 높은 숙의성을 가진다고 할 수 있다.

무엇보다도 신고리 5·6호기 공론화에서 시민참여단의 숙의효과는 더욱 분명하게 나타났다. 시민참여단은 한달 동안 신고리 5·6호기 건설 재개와 중단에 관한 자료집 학습, 이러닝 강좌수강, 텔레비전 토론회 시청 등을 통해 학습을 하였다. 뿐만 아니라, 그들은 방송 프로그램, 뉴스, 인터넷 정보검색, 지인들과의 대화 등 정보원을 통한 학습, 종합토론회에서의 공개토론회, 자료집, 이러닝, 홈페이지 질의응답 등 다양한 숙의 프로그램을 활용해 학습하였다. 이를 통해 충분한 숙의가 이루어질 수 있었으며,[1] 숙의효과도 큰 것으로 나타났다(〈표 8-3〉 참조). 조사가 거듭될수록 즉, 4차(최종) 조사에 이를수록 시민참여단의 판단유보 비율은 줄어들었으며, 특히 3차와 4차 조사의 판단유보 차이는 21.3%p 감소한 것으로 나타났다. 그리고 조사가 진행될수록 건설 재개와 중단의 비율 모두 증가하였지만, 증가폭은 건설재개가 높은 것으로 나타났다. 이러한 결과를 고려해 볼 때 시민참여단의 숙의효과는 높았다고 할 수 있다.

〈표 8-3〉 신고리 5·6호기 공론화 건설 재개 및 중단 의견 변화 결과

차수		응답 결과 (%)			차수별 의견 변화 (%p)		
		건설재개	건설중단	판단유보	건설재개	건설중단	판단유보
1차 (20,006명)		36.6	27.6	35.8			
시민참여단 (471명)	1차	36.6	27.6	35.8			
	3차	44.7	30.7	24.6	8.1	3.1	-11.2
	4차	57.2	39.4	3.3	12.5	8.7	-21.3
	최종	59.5	40.5	-	2.3	1.1	-3.3

출처: 신고리 5·6호기 공론화위원회(2018: 265)

또한 신고리 5·6호기 숙의과정과 결과를 정부가 전격 수용하기로 하였다는 점은 신고리 5·6호기의 높은 숙의성을 보여주는 중요한

---

[1] 시민참여단은 전반적인 공론화 과정에 대한 공정성을 7점 만점에 5.8점으로 평가하였으며, 종합분임토론 과정의 공정성(7점 만점 6.3점), 분임토론 과정에서 상호존중(7점 만점 6.3점), 다른 사람의 의견 경청(7점 만점 6.3점), 의견교환(7점 만점 6점) 등을 높게 평가하였다(신고리 5·6호기 공론화위원회, 2018).

근거라고 할 수 있다.[2] 시민참여단의 결정에 따라 문재인 대통령은 2017년 10월 23일 수석보좌관회의에서 공론화 과정 전반을 평가하고, 신고리 5·6호기 공사 재개의 후속 조치를 점검하였으며, 국무조정실장 주재 관계부처 차관회의를 개최하였다. 특히 10월 24일 국무회의에서 '신고리 5·6호기 공론화위원회 권고내용 및 정부 방침(안)'에 따라 신고리 5·6호기 건설을 재개하고, 이를 위한 후속조치를 신속하게 추진하였다(신고리 5·6호기 공론화위원회, 2018: 144-146).

신고리 5·6호기 공론화 사례의 포괄성 정도는 표본구성으로 판단해 볼 수 있다. 신고리 5·6호기 공론화 사례의 표본은 모집단 대표성이 매우 높은 것으로 나타났다. 1차 조사 표본 선발의 경우 기존의 공론조사는 단순무작위추출을 사용한 것과 달리, 신고리 5·6호기 공론화 시민참여형조사는 지역·성·연령을 기준으로 160개 층을 구성한 후 무작위 추출하는 방식으로 국민 20,006명을 대상으로 조사하는 '층화추출방법'을 사용하였다. 뿐만 아니라, 숙의참여자 선정의 경우 기존의 공론조사는 숙의 참여 희망자를 모집하는 방식을 취하였으나, 신고리 5·6호기 공론화는 '층화이중추출법'을 사용하였다. 숙의과정 참여 의향을 밝힌 5,981명 중에서 500명을 성, 연령 기준뿐만 아니라 1차 조사에서 나타난 건설 재개/건설 중단/판단유보의 세 가지 의견을 기준으로 30개 층으로 나눈 후 무작위 추출한 것이다(신고리 5·6호기 공론화위원회, 2018: 182). 신고리 5·6호기 공론화는 기존 공론조사의 단순무작위추출방법과는 달리 층화추출법을 활용하여 대표성을 높였으며, 무엇보다도 건설 재개/건설 중단/판단유보의 세 가지 의견 모두를 반영하여 층화이중추출방법을 활용하였다는 점은 시민참여자들

---

2) 문재인 대통령은 시민참여단의 신고리 5·6호기 최종결과가 있기 이전 2017년 10월 10일 수석·보좌관회의에서 "어떤 결과가 나오든 그 결과를 존중해 결정을 내릴 것"이라고 밝혔다. "정부는 그동안 공론화 과정에 대해 어떠한 간섭과 개입 없이 공정한 중립의 원칙을 지켜왔다"고 말했다. 그러면서 "공론화위원회가 핵심인 토론 숙의 과정을 아주 공정하고 책임 있게 해온 것을 높이 평가하고 싶다"며 "찬반 양측 관계자들과 시민참여단, 국민들께서도 공론화 과정에서 도출된 사회적 합의 결과를 존중해주실 것을 당부 드린다"고 강조했다(한국일보, 2017).

의 의견 및 견해 다양성까지 확보한 것으로 평가할 수 있을 것이다 (Goodin & Dryzek, 2006). 특히 숙의참여자의 경우 기존의 공론조사에 서는 참여의사를 밝힌 응답자만을 중심으로 조사하고 이들의 의견을 단순 집계하여 선택편향(selective bias)이 높았으나, 신고리 5·6호기 공론화는 층화이중추출방법과 통계적 추정방식을 도입하여 편향 발생 을 최소했다는 점에서 높은 포괄성을 지닌다고 할 수 있다.

뿐만 아니라 표본의 크기를 고려해 볼 때도 신고리 5·6호기 공 론화는 높은 대표성을 가진다고 볼 수 있다. 기존 공론조사는 일반적 으로 2,000−3,000명을 대상으로 1차 조사 후, 그 중에서 200−300 명을 선발하여 숙의과정을 진행하지만, 신고리 5·6호기 공론화는 1차 참여자 20,006명, 시민참여단 500명의 표본규모로 설정하여 모집 단의 대표성을 증진시켰다. 동시에 신고리 5·6호기 공론화의 높은 참여율(1차 조사 응답율: 50.1%, 시민참여단 최종 종합토론회 참여율: 98.5%) 은 신고리 5·6호기 공론화의 강화된 포괄성뿐만 아니라 숙의성까지 나타내준다고 할 수 있다. 이와 같이 높은 참여율이 나타난 원인은 시 민들의 일상생활과 밀접한 주제로 공론화가 이루어졌고, 시민참여단 의 결정이 정부정책에 그대로 반영된다는 점 때문이었다(신고리 5·6호 기 공론화위원회, 2018: 183).

이러한 점들을 고려해 볼 때 신고리 5·6호기 공론화 사례는 형 식적으로는 공론조사에 가깝지만 기존의 공론조사와는 다른 한국형 공론화 기법을 개발한 것으로 볼 수 있다. 특히, 신고리 5·6호기 공 론화 위원회에서는 이번 조사를 '시민참여형조사'라고 명명하였다(신 고리 5·6호기 공론화위원회, 2018: 96, 181). 기존의 공론조사는 포괄성은 높지만 숙의성이 낮게 평가된다. 하지만 신고리 5·6호기 공론화인 시민참여형조사는 숙의성과 포괄성 모두가 높게 나타났다는 점에서 기존의 공론조사와는 다르다고 할 수 있다. 신고리 5·6호기 공론화 사례는 대통령의 공약과 관련된 정치적 관심사가 높은 이슈를 다루고

있으며, 건설 중단과 재개 중 양자택일하는 선택형 이슈였고, 공정률
이 이미 30% 가량 진행된 사업을 일시 중단한 후 공사 재개 여부를
판단하는 이슈였으며, 종합토론회에 참가하는 참여자들의 경제적 손
실에 충분한 보상이 제공되고, 정부가 시민참여단의 결정을 그대로
수용하는 이슈였다는 점에서 이전의 공론조사와 차별화된 특징을 지
닌다. 이러한 점들을 고려해 볼 때 일률적이며 획일적인 공론화 유형
적용은 우리나라 숙의민주주의 발전과 사회적 문제 해결을 오히려 더
욱 어렵게 만들 수 있다. 따라서 공론화의 목적, 정책특성, 정치적 상
황, 공론화 의제 등 다양한 환경들을 종합적으로 고려하여 탄력적이
고 융합적으로 국내 사례에 적용할 필요가 있을 것이다. 이처럼 국내
환경을 적극 고려한 창의적 숙의민주주의 발전 노력들이 축적되면,
우리나라 고유의 효과성 높은 공론화 모델들을 세계에 선보일 수 있
을 것이다. 그런 의미에서 신고리 5·6호기 공론화 사례는 중요한 의
미가 있다고 할 수 있다. 신고리 5·6호기 공론화 사례는 한국의 특수
성을 반영한 한국형 시민참여형조사를 개발시켰다는 점에서 중요한
의의를 가질 수 있다.

3. 일본 '에너지·환경 선택지' 공론화 사례

1) 분석대상 및 자료수집

본장에서는 2011년 발생한 동일본 대지진과 도쿄전력 후쿠시마
원전사고[3] 이후 일본 에너지·환경 시나리오 선택 공론화 과정을 정
책과정에서의 성공적인 공론화 조건을 중심으로 분석하고자 한다(〈표
8-4〉 참조). 보다 구체적으로, 본장에서는 2011년 3월 도쿄전력 후쿠
시마 원전사고가 발생함으로 인해 일본의 에너지정책 재검토에 대한

---

3) 후쿠시마 원전사고는 2011년 3월 11일 도호쿠 지방 태평양 해역 지진으로 인해 JMA
   진도 7.0, 규모 9.0의 지진과 지진 해일로 도쿄전력이 운영하는 후쿠시마 제1원자력
   발전소의 원자로 1-4호기에서 발생한 방사능 누출 사고이다(위키백과, 2017b).

〈표 8-4〉 정책과정에서의 성공적인 공론화 조건과 본장의 분석내용

성공적인 공론화 조건	세부기준	분석내용
포괄성 (대표성)	무작위 추출	참여자 선발에서의 무작위 추출
	표본의 모집단 비례 추출	인구통계학적 비례 추출
	각 계층의 견해 대표	각 계층의 견해 대표성
숙의과정	정보제공의 정확성과 충분성	정확하고 충분한 정보 제공 여부
	의견 균형	정보제공에서의 의견 균형
	다양성	다양한 사회구성원 의견 대변
	양심성·성실성	진정성을 가지고 토론에 임하였는지 여부
	차별 없는 논쟁	참여자들의 토론 발언에 기회균등
정책효과성	투표 의사변화	정책선호도 변화
	정책 태도변화	

논의가 시작된 이후, 2012년 8월까지 시행된 '에너지·환경 선택지' 국민적 논의(공론화) 과정을 분석하고자 한다. 본장에서 일본 에너지정책 전환 공론화 논의를 연구대상으로 선정한 이유는, 첫째 동일본 대지진과 도쿄전력 후쿠시마 원전누출 사고 이후 국민들이 에너지정책에 대한 전면 전환을 정부에 요구했기 때문이다. 규모 9.0 대지진이라는 외부적 사건과 이로 인해 발생한 원자력 방사능 누출은 일본 국민들에게 큰 충격을 안겨주었다(위키백과, 2017). 도쿄전력 후쿠시마 원자력 발전소 사고로 원자력 안전에 대한 국민의 신뢰가 크게 손상되었으며, 전력·석유·가스 등 에너지 공급에 혼란이 생겼다(日本 經濟産業省, 2012). 도쿄전력 후쿠시마 원자력 발전소 사고는 정부뿐만 아니라 국민들에게 원자력 안전 확보에 대한 중요성, 도시가스의 안정적 공급, 대체에너지 활용 등 에너지정책에 대한 인식을 바꾸는 큰 사건이었다. 둘째, 일본의 에너지정책 전환 공론화 과정이 단기적으로 이루어지지 않았다는 것이다. 2011년 3월 도쿄전력 후쿠시마 원전사고 발생 후 그해 정부는 '에너지·환경회의'를 설치하여 정부차원에서 혁

신적인 에너지 · 환경 기본방침과 전략을 수립하고, 후속조치로 2012년 8월까지 에너지 정책 시나리오에 대한 국민적 숙의과정을 거쳤다. 일본의 에너지정책 공론화 과정은 단기적인 일회성 이벤트 성격을 지니기 보다는 1년 이상의 논의를 거치는 등 충분한 숙의과정을 거쳤다고 할 수 있다.

따라서 본장에서는 일본의 '에너지 · 환경 선택지' 공론화 과정 분석을 통해 바람직한 공공자문을 위한 공론화 조건이 무엇인가를 살펴보고자 한다. 특히 본장에서는 공론 참여자들의 대표성 확보, 숙의과정, 공론과정의 영향 등 세 가지 판단기준에 따라 일본의 '에너지 · 환경 선택지' 공론화 과정을 평가하였다. 보다 구체적으로 첫째, 일본의 '에너지 · 환경 선택지' 공론화 과정의 참여자들이 과연 전체 국민들의 대표성, 즉 정치적 평등을 확보했는지를 살펴보았다. 이를 위해서 공론화 과정 참여자들의 선발이 어떻게 이루어졌는지, 특히 무작위 추출 방법을 통해 참여자들이 선발되었으며 인구통계학적 관점에서 전체구성원들을 표면적으로 대표하는지를 살펴보았다. 그리고 참여자들이 각 계층의 견해 또한 대표하고 있는지를 살펴보았다. 둘째, 공론화 과정에서 참여자들의 숙의가 충분하게 이루어졌는가를 평가하였다. 즉, 토론참여자들에게 에너지정책에 대한 정보가 충분하고 정확하게 제공되었는지, 토의 참여자들에게 한쪽의 견해가 일방적으로 영향을 주지 않도록 정보제공 균형이 이루어졌는지, 토론참여자들의 견해가 다양한 사회구성원들의 의견을 대변했는지, 토론참여자들은 진정으로 토론에 임했는지, 그리고 마지막으로 토론참여자들의 논쟁이 차별 없이 이루어졌는가를 검토하였다. 셋째, 일본의 '에너지 · 환경 선택지' 공론화 과정에서 참여자들의 정책태도 변화, 투표의사 변화, 시민역량 변화, 집합적 일관성 변화, 공공담론 변화, 공공정책 변화 등이 발생하였는지를 평가하였다. 그러나 현실적으로 공론화 과정만을 통해 참여자들의 정책태도 변화, 투표의사 변화 등을 정확하게 측정하기 어렵다. 따라서 본장에서는 에너지 선택 시나리오에 대한 참여자들의 선호도 변화로 공론화 과정에서 나타나는 참여자들의 정책태도 변화를 살펴보았다. 물론 정책태도 변화, 투표의사 변화, 시민역량 변화, 집합적 일관성 변화, 공공담론 변화, 공공정책 변화를 참여자들의 정책에 대한 선호도로 정확하게 나타낼 수 없다는 한계를 지니지만 이들 모두 참여자들의 정책에 대한 선호를 기반으로 하기에 참여자의 정책선호도를 대리지표로 사용하였다.

본장에서는 분석을 위해 '에너지 · 환경 선택지' 토론형 여론조사(공론조사) 원자료(raw data)인 1차 자료와 그와 관련된 일본 정부보고서 및 일본 언론자료 등 2차 자료를 적극 활용하였다. 보다 구체적으로, '일본 경제산업성'에서 매년 발간하는 「에너지에 관한 연례보고서」(エネルギ_に関する年次報告), '에너지 · 환경의 선택에 관한 토론형 여론 조사 실행위원회'의 「에너지 · 환경의 선택에 관한 토론형 여론조사 조사보고서」(エネルギ_ · 環境の選択肢に関する討論型世論調査 調査報告書), '제삼자 검증위원회'의 「에너지 · 환경의 선택에 관한 토론형 여론조사 보고서」(エネルギ_ · 環境の選択肢に関する討論型世論調査), '에너지 · 환경회의'의 「에너지 · 환경에 관한 선택」(エネルギ_ · 環境に関する選択肢) 자료를 분석하였으며, 그 외 일본 언론 자료들을 분석에 활용하였다.

2) 일본 '에너지·환경 선택지' 공론화 배경과 과정

(1) 일본 에너지정책 공론화 배경

2011년 3월 동일본 지진으로 발생한 도쿄전력 후쿠시마 원전사고는 방사능과 방사능 오염수가 공기와 해양으로 누출되어 일본 전역에 미친 부정적 영향이 매우 컸다. 위기상황을 극복하기 위하여 2011년 6월 7일 일본 민주당 정부는(總理大臣: 간 나오토(管直人)) '에너지 · 환경회의'를 설치하였다. '에너지 · 환경회의'는 일본의 기존 에너지정책을 제로 베이스에서 다시 검토하고 새로운 에너지 계획 및 정책을 수립하기 위하여 설립되었다. '에너지·환경회의'를 주관하는 부서로 내각부(內閣府) 국가전략실 대신을 의장으로 하고, 경제산업 대신과 환경 대신 겸 원전사고수습 및 재발방지담당 대신을 부의장으로 하였다(日本 經濟産業省, 2012).

2011년 6월 7일에 설립된 '에너지·환경회의'는 2011년 7월 29일 혁신적인 에너지·환경 전략 수립과 관련해 중간발표를 하였다(日本 經濟産業省, 2012). 이때 원자력 발전소에 대한 의존도를 감소시키고, 에너지를 분산형 시스템으로 전환하며, 에너지정책의 국민적 논의를 확대시키겠다는 세 가지 방향을 제시하였다. 즉, '청정에너지 중점 변화와 성장의 확보(クリーンエネルギーへの重点シフトと成長の確保)', '에너지시스템의 개혁(エネルギーシステムの改革)', '다각적인 에너지·환경의 국제 공헌(多面的なエネルギー·環境の国際貢献)' 등 에너지 구조 개혁에 대한 세 가지 원칙을 발표하였다(エネルギー·環境会議, 2012a: 5). 보다 구체적인 일본의 에너지정책에 따르면 원전은 안전성이 확보되어야 하며, 2030년에 원전제로가 가능하도록 정책을 전환하고, 녹색성장전략을 제시하여 그린 에너지 혁명을 실현시키며, 화석연료 에너지도 공급하여 에너지의 안정적 공급을 달성하도록 하는 것을 주요 목표로 하였다. 이를 실현하기 위하여 2011년 12월 21일 '에너지·환경회의'는 에너지 수급 구조를 바꾸어 국민이 주역이 되는 '전력 시스템 개혁' 등 에너지개혁의 기본방침을 발표하였다(日本 經濟産業省, 2012). 이에 따라 2012년 6월 19일 '에너지·환경회의'는 원자력의 비율을 어느 정도로 할 것인가에 대하여 네 가지의 에너지정책 시나리오를 제시하였다(日本 經濟産業省, 2012). 처음에는 '에너지·환경회의'에서 2012년 봄에 구체적인 에너지정책 시나리오를 제시하려고 하였으나, 비용 검증위원회의 비용 검증결과가 2011년 12월이 되어서야 나오게 됨으로써 부득이하게 일정을 연기해 2012년 6월에서야 구체적인 대안이 제시되었다(エネルギ_·環境会議, 2012a).

첫 번째 시나리오는 원자력발전 비율을 제로로 하는 '제로 시나리오'였다. 이는 2030년까지 일본의 원자력 발전 비율을 제로로 만드는 목표를 설정하여 이를 조기에 실현하고, 신재생에너지를 기본으로 에너지정책을 재편하는 것이다. 즉, 2030년에 원자력은 제로, 신재생에너지는 35%, 화력에너지는 65%로 하는 방안이다. 두 번째 안은 원자력의 비율을 15%로 하는 방안('15 시나리오')으로서, 신재생에너지를 최대한 활용하고 원자력 비율을 낮추는 방안이다(2030년 신재생에너지: 30%, 화력에너지: 55%). 그리고 동시에 원자력 에너지의 안전성을 강화하고, 2030년 이후 에너지정책은 그 성과를 지켜본 후에 논의를 거쳐 결정하는 방안이다. 세 번째 시나리오는 원자력의 비율을 20−25%로 유지하는 방안('20−25 시나리오')으로서 안전기준과 체제 재구축을 먼저 실시한 후에 원자력 발전의 의존도를 낮추는 방안이다(2030년 화력 발전소: 50%, 신재생에너지: 25−30%). 중장기적으로 신재생에너지 확대를 포함하여 다양한 에너지원을 유지하는 방안인 것이다. 세 가지 대안은 2030년까지 원자력에너지의 비율을 어느 정도 유지하겠다는 정량적인 목표를 제시하였지만, 네 번째 안은 명확한 정량적 지표가 제시되지 않고 단순히 에너지 비율을 사회적으로 최적 구성하는 것이었다. 2012년 6월 29일, '에너지·환경회의'는 원자력 비율이 정량적으로 정해져 있는 세 가지 시나리오를 '에너지·환경 선택지'라고 명명하여 이를 국민들에게 제시하였다(エネルギ_·環境会議, 2012a).

⟨표 8-5⟩ 2030년 3가지 에너지정책 시나리오 비교(2010년 대비)

	2010년	제로 시나리오	15 시나리오	20-25 시나리오
원자력비율	26%	0%	15%	20-25%
신재생에너지비율	10%	35%	30%	25-30%
화력에너지비율	63%	65%	55%	50%

출처: エネルギー·環境会議(2012a)

(2) 일본 '에너지·환경 선택지' 공론화 과정과 결과

원자력 에너지 사용 지속여부에 대한 국민적 논의가 증가하자 일본 정부('에너지·환경회의')는 국민들의 이분법적 대립과 갈등을 해결하기 위해 새로운 에너지·환경 전략 수립 차원에서 2012년 7월 '국민적 논의(이하 공론화)'를 시작하였다(討論型世論調査 第三者検証委員会, 2012: 9). 세 가지 에너지전환 시나리오 중 어떤 시나리오를 선택할 것인가를 결정하기 위한 공론화 방안으로 일본 정부는 ① 의견청취회, ② 토론형 여론조사(deliberative polling: 공론조사), ③ 인터넷 홈페이지, 우편, FAX 등을 활용한 퍼블릭 코멘트(public comment)를 활용했다(エネルギ_·環境の選択肢に関する討論型世論調査 実行委員会, 2012).

첫 번째 공론화 과정인 '에너지·환경 선택지에 관한 의견청취회'는 7월 14일 사이타마 시를 비롯하여 8월 4일까지 8일에 걸쳐 총 11곳에서 시행되었다.4) 내각관방(국가전략실), 경제산업성, 환경성 등 장관들이 의견청취에 참석하였다. 의견청취 절차는 회당 100명에서 200명 사이의 참여자들이 참여 희망자 중 추첨을 통해 선발되었다. 의견청취회 과정을 일반 국민들이 볼 수 있도록 인터넷으로도 생중계하였으며, 의견청취회가 시작될 때 정부 인사가 2030년 에너지에 대한 세 가지 시나리오, 즉 '제로 시나리오', '15 시나리오', '20−25 시나리오'에 대해 설명하였다. 공모를 통해 선발된 참여자들은 의견청취회에서 자신들의 의견을 적극적으로 표명하였다. 처음에는 각 시나리오마다 세 명의 참여자들이 의견을 표출하도록 하였으나, 향후 이를 12명으로 확대하였다(討論型世論調査 第三者検証委員会, 2012).

두 번째 공론화 과정으로 정부는 '에너지·환경 선택지에 관한

---

4) 7월 14일 사이타마시, 7월 15일 센다이시, 7월 16일 나고야시, 7월 22일 삿포로시·오사카시, 7월 28일 도야마시, 7월 29일 히로시마시·나하시, 8월 1일 후쿠시마시, 8월 4일 다카마쓰시·후쿠오카시 등에서 의견청취회가 개최되었다(討論型世論調査 第三者検証委員会, 2012).

토론형 여론조사 실행위원회'를 설치하여 2012년 7월 초부터 토론형 여론조사(공론조사)를 실시하였다. 이를 위해 기획·운영을 담당하는 에너지·환경 선택지에 관한 토론형 여론조사 실행위원회, 감수를 위한 감수위원회, 의견 및 조언을 제공하기 위한 전문가위원회, 검증조사를 위한 제3자 검증위원회를 설치하여 토론형 여론조사의 공정성과 객관성을 확보하려고 하였다. 에너지·환경 선택지에 관한 토론형 여론조사는 일본 정부가 주도한 최초의 토론형 여론조사였다. 2012년 7월 7일부터 7월 22일까지 전국 20세 이상 남녀를 대상으로 무작위 추출을 통해 전화여론조사를 실시하였는데 유효응답자 수는 6,849명이었다. 응답자 중 참가를 희망하는 전국 286명(남자: 192명, 여자: 94명)⁵⁾ 참여자들이 8월 4일과 5일 이틀간 게이오대학교에서 열린 토론포럼에 참여하였다. 조사는 총 3회 ① 전화여론조사(T1), ② 토론 전 설문조사(T2), ③ 토론 후 설문조사(앙케이트)(T3)를 실시하였으며, 숙의과정을 통해 변화된 의견의 추이를 살펴보았다(エネルギー·環境の選択肢に関する討論型世論調査 実行委員会, 2012).

세 번째 공론화 과정으로 인터넷 홈페이지, 우편, FAX 등을 활용한 퍼블릭 코멘트가 실시되었다. '에너지·환경 선택지'에 관한 의견 모집은 7월 2일부터 8월 12일까지 연장 시행되었다. 처음 계획은 마감일을 7월 말로 예정하였으나 이를 연장 시행한 것이다.

일본 '에너지·환경 선택지' 공론화를 시행한 결과 의견청취회, 토론형 여론조사(공론조사)(전화여론조사+토론포럼), 퍼블릭 코멘트 세 가지 방법 모두에서 원전 '제로 시나리오' 지지가 가장 높게 나타났다. 의견청취회의 경우 의견을 표명한 약 1,400명 중에서 70%가 '제로 시나리오'를 지지하였으며(日本経済新聞, 2012), 285명이 참여한 토론형 여론조사는 전화여론조사 32.6%, 토론포럼 전 조사 41.1%, 토

---

5) 그러나 마지막 조사일인 8월 5일에 한 명이 참가하지 않아 토론형 여론조사에 참여한 최종 참가자 수는 285명으로 집계되었다.

론포럼 후 조사 46.6%로 '제로 시나리오'를 가장 높게 지지하였고(エネルギ―・環境の選択肢に関する討論型世論調査 実行委員会, 2012), 퍼블릭 코멘트 역시 89,124건 중에서 87%가 '제로 시나리오'를 지지하였다(エネルギ―・環境会議, 2012b). 이러한 공론화 결과를 바탕으로 일본 민주당 정부(總理大臣: 노다 요시히코(野田佳彦)) '에너지・환경 회의'는 2012년 9월 14일 최종적으로 2030년 원전 비율을 '제로'로 하는 혁신적 에너지・환경전략을 결정하였다. 그러나 2012년 12월 26일 아베 신조(安倍晋三)의 자민당으로 정권교체가 이루어져 민주당의 '제로 시나리오' 원전 정책은 재검토되었다.

〈표 8-6〉일본 '에너지・환경 선택지' 공론화 경과

일정	내 용
2011. 3. 11	동일본 대지진・도쿄전력 후쿠시마 원전 사고 발생
2011. 6. 7	내각부 국가전략실 '에너지・환경 회의' 설치 - 경제산업성과 환경성 지원
2011. 7. 29	'에너지・환경 회의' 혁신적인 에너지・환경 전략 수립을 위한 중간발표
2011. 12. 21	'에너지・환경회의', '전력 시스템 개혁' 등 에너지개혁의 기본방침 발표
2012. 6. 19	'에너지・환경회의', '에너지・환경 선택지' 시나리오 발표
2012. 7. - 8.	퍼블릭 코멘트(7. 2 - 8. 12)
	의견청취회(7. 14 - 8. 4)
2012. 7. 7 - 7. 22	토론형 여론조사(전화여론조사)
2012. 8. 4 - 8. 5	토론형 여론조사(토론포럼)
2012. 9. 14	'에너지・환경 회의' 혁신적 에너지・환경전략을 결정
2012. 12. 26	자민당 정권 교체. 원전 '제로 시나리오' 전면 재검토

출처: エネルギー・環境の選択肢に関する討論型世論調査 実行委員会 저자 재구성

앞서 언급한 것처럼 아래에서는 '에너지・환경 선택지' 공론화 과정이 원활하게 시행되었는가를 공론 참여자들의 대표성 확보, 공론 참여자들의 숙의과정, 공론 참여자들의 영향 등 세 가지 평가 기준에 따라 분석하였다.

3) 일본 '에너지·환경 선택지' 공론화 과정 분석

(1) 공론화 참여자들의 포괄성 또는 대표성

'에너지·환경 선택지' 공론화 과정에서의 대표성은 의견청취회, 토론형 여론조사(전화여론조사＋토론포럼), 퍼블릭 코멘트 과정에서 모두 중요하게 고려되어야 하지만, 특히 토론형 여론조사의 참여자들이 전체 국민들에 대한 대표성을 확보했는지가 가장 중요한 문제로 고려될 수 있을 것이다. 물론 의견청취회와 퍼블릭 코멘트 참여자들의 대표성 역시 중요하다. 그러나 의견청취회는 각 개최 회마다 100명에서 200명의 참여자들이 자발적으로 신청하여 추첨에 의해서 선발되고, 퍼블릭 코멘트는 인터넷, 우편, FAX 등을 통해 자발적으로 의견이 모집되는 방법이기에(討論型世論調査 第三者検証委員会, 2012), 두 방법 모두 현실적으로는 무작위 추출이 어렵다. 때문에 포괄성 또는 대표성 여부를 판단하기 어려운 것이다. 이러한 점을 고려해 볼 때 '에너지·환경 선택지' 토론형 여론조사 참여자의 포괄성 또는 대표성을 판단하는 것이 보다 적절할 것이다.

본장에서는 토론형 여론조사 참여 대상자들이 전체 국민에 대한 대표성을 확보하고 있는가의 문제를 두 가지 측면으로 나누어 살펴보았다. 첫째, 선발된 참여자가 표면적으로 대표성을 지니고 있는가에 대한 것이다. 전화여론조사(T1)는 전체 국민들 중에서 20세 이상의 남녀를 대상으로 무작위 추출하였다. 구체적인 분포와 관련해 성별은 여성 53.2%, 남성 46.8%이며, 연령은 20대 3.7%, 30대 13.1%, 40대 18.4%, 50대 17%, 60대 24.5%, 70대 이상 23.1%, 기타 0.2%로 나타났다. 일본의 인구 구성에 비례하여 추출된 6,849명 표본은 대표성을 지닌다고 할 수 있다. 그럼에도 불구하고 학력 또는 소득 등 다른 인구통계학적 기준에 따른 전화여론조사 참여자들의 대표성 여부는 명확하게 판단할 수 없다는 한계를 지닌다. 이 밖에, '에너지·환경 선택지' 토론형 여론조사 숙의과정에 참여한 285명이 대표성을 지니고 있는가를 살펴볼 필요가 있다. 전화여론조사에 참여한 6,849명 중 토론 참여자 301명을 선발하였으며, 최종적으로 285명이 토론과정(T3)에 참여하였다. 285명의 성별에 따른 분포를 살펴보면 남성 67%, 여성 33%로 나타났다. 숙의과정에 참여한 성별 비율은 남성이 절대적으로 많아 전화여론조사 참여 성비와도 다르며, 전체 인구 비율과도 완전히 다르게 나타났다. 이는 전화여론조사자들 중에서 토론 참여 의사가 있는 참여자들만을 선발하다 보니 무작위 추출이 이루어지지 않아 발생한 결과이다. 이러한 결과는 참여자들의 정치적 평등 문제를 야기할 수 있다. 뿐만 아니라, 연령은 20대 4.9%, 30대 10.5%, 40대 23.9%, 50대 13.7%, 60대 29.5%, 70대 이상 17.5%, 기타 0.2%로 나타났다. 이러한 분포는 다소의 차이가 있기는 하지만 전화여론조사 연령 분포와 큰 차이가 나지 않아 연령 차원에서는 대표성과 포괄성을 지닌다고 할 수 있다.

둘째, 표면적 대표성뿐만 아니라 참여자들이 인구 각 계층의 의견을 대표하고 있는가를 전화여론조사(T1)와 숙의과정 이전 조사(T2)의 차이를 통해 살펴보았다.[6] 285명 토론포럼 참여자의 견해는 6,849명 전화여론조사 참여자의 의견분포와 비슷하게 나타났다. 보다 구체적으로, 에너지 선택 판단기준, 에너지 시나리오 평가에 대한 6,849명의 응답비율과 285명의 응답비율이 비슷하게 나타났다. 예를 들어, 전화여론조사(T1) 참여자인 6,849명의 '제로 시나리오'에 대한 찬성 분포가 53.7%, 중간 28.3%, 반대 15.4%로 나타났고, 285명 토론포럼 참여자의 숙의과정 이전 조사(T2) 역시 찬성 59.6%, 중간 21.1%, 반대 18.9%로 나타났다. 이러한 점을 고려해 볼 때 숙의과정에 참여한 구성원들은 각 계층의 견해를 대표하고 있다고 볼 수 있을 것이다.

---

6) 숙의과정 이후 조사(T3)는 비교하지 않았다. T2→T3의 변화는 대표성 문제를 판단하기 보다는 숙의과정 효과 변화를 살펴보는 데 더욱 적합하다고 할 수 있다.

⑵ 공론화 참여자들의 숙의과정

'에너지·환경 선택지' 공론화 숙의과정은 공론과정에서 참여자들에게 어느 정도의 사려 깊음(thoughtfulness)이 나타났는지를 중심으로 분석하였다. 판단기준으로는 첫째, 공론화 과정에서 참여자들에게 충분한 정보가 제공되었는지를 살펴볼 필요가 있다. 의견청취회는 국민들의 자발적인 참여로 이루어지고, 퍼블릭 코멘트 역시 국민들이 인터넷 홈페이지, 우편, FAX 등을 통해 자유롭게 자신들의 의견을 개진할 수 있기 때문에 정보접근성에 있어서는 제한이 없다고 할 수 있다. 무엇보다도 285명의 토론포럼 참여자들에게 충분한 정보가 주어졌는가가 가장 중요한 판단 기준이 될 수 있다. 토론포럼 과정에서 세 가지 '에너지·환경 선택지' 방안에 대한 충분한 정보가 포함된 토론자료집을 우편으로 발송하여 이를 학습하도록 하였다. 또한 8월 4일과 5일에 개최된 토론포럼에서도 참여자들을 소그룹으로 나누어 토론에 참여하게 하고, 전체회의에서 에너지 전문가들에게 적극적으로 질문할 수 있도록 하였기 때문에 참여자들은 '에너지·환경 선택지' 정책과 관련된 정보를 충분히 제공받았다고 할 수 있다. 설문조사결과에 의하면 '토론과정에서 전문가들의 정보제공은 참여자들의 의견형성과 소그룹 토론에 도움이 되었다'는 응답이 각각 81.4%, 76.4%로 높게 나타났다(エネルギ一·環境の選択肢に関する討論型世論調査 実行委員会, 2012: 50). 이와 같이 숙의과정에서는 정보에 근거한 의견(informed opinion)이 제시되었다고 할 수 있다. 그럼에도 불구하고 토론포럼이 2일밖에 진행되지 않았고, 소그룹 토론과 전체회의가 각각 2회, 3시간밖에 진행되지 않았다는 점을 고려해 볼 때 충분한 정보가 제공되었는지에 대해 의문이 제기될 수 있을 것이다.

둘째, 토론형 여론조사 시 제공된 정보가 한쪽으로 쏠림 없이 균형 있게 구성되었는지 여부를 살펴볼 필요가 있다. '에너지·환경 선택지'에 관한 세 가지 시나리오의 찬반 정보가 제공되었으며, 단순히 정부 관련 정보뿐만이 아니라 국민과 산업체가 어느 정도 부담을 져야 하는가 등에 대한 다양한 차원의 조사가 이루어졌다. 특히, 찬성 또는 반대 한쪽만의 전문가와 매체에 의해서 정보를 제공한 것이 아니라 다양한 매체를 통해서 정보를 제공함으로써 정보의 신뢰성을 증진시켰다. 뿐만 아니라, 세 가지 '에너지·환경 선택지' 시나리오에 관한 질문 구성 시 세 가지 시나리오 중 가장 바람직한 대안이 무엇인지를 묻는 질문만을 포함시키지 않고, 11점 척도(0-4점: 반대, 5점: 중간, 6-10점: 찬성)를 활용한 각 시나리오별 선호도 조사를 포함시켜 일방적인 선택을 강요하지 않았다. 이러한 점을 고려해 볼 때 '에너지·환경 선택지' 토론형 여론조사에서는 토론과 토의 참여자들 어느 한쪽의 의견이나 견해가 다른 참여자들의 견해나 주장에 일방적으로 영향을 줄 수 없도록 함으로써 실질적 균형(substantive balance)이 이루어졌다고 할 수 있다. 그럼에도 불구하고, 소규모 토론과 전체회의 시간의 제약, 그리고 원전유지와 탈원전 전문가 그룹의 전문성 차이가 존재할 수 있어 실질적인 측면에서 균등한 수준의 정보가 제공되었는지에 대한 의문은 여전히 존재할 수 있다.

셋째, '에너지·환경 선택지' 국민적 토의 과정 참여자들이 일반 사회 구성원들의 의견을 대변할 수 있는 다양성을 지녔는가를 살펴볼 필요가 있다. 즉, 어느 한 집단의 의견만을 대변하지 않고 다양한 집단의 의견을 제시하고 있는가를 고려해 볼 필요가 있다는 것이다. 이는 전화여론조사에 참여한 6,849명 표본의 구성을 살펴보면 알 수 있다. 성별과 연령은 고르게 분포되어 있었으며, 직업구성은 근로자 35.4%, 자영업 10.3%, 주부 25.7%, 농림어업 2.0%, 무직 25.2%, 기타 1.2%로 나타났다. 거주 지역은 관동지역 33.9%, 중부지역 13.2%, 킨키지역 17.1%, 큐슈·오키나와지역 10.1%, 동북지역 7.4%, 호쿠리쿠지역 4.1%, 북해도 4.8%, 중국지역 5.7%, 시코쿠지역 3.1%, 무응

답 0.6%로 나타났다(エネルギ_・環境の選択肢に関する討論型世論調査 実行委員会, 2012). 그리고 285명의 토론포럼 참여자들 역시 전화여론 조사 참여자 중에서 무작위로 선택된 인원이기에 성별, 연령, 지역, 직업 등에 있어서 다양성이 확보되었다고 할 수 있다. 그러나 그 외 학력, 소득 수준 등에 따른 조사가 충분히 이루어지지 않고 있어 참가 자들의 표면적 다양성 확보가 완전히 달성되었다고는 볼 수 없다(김정 인, 2016c). 또한 에너지·환경에 대한 다양한 가치관들이 선택지에서 반영되었는가에 대한 의문도 존재한다. 주로 조사 질문들이 객관식 선택형으로 이루어졌기 때문에 참여자들의 가치관과 선호 등이 정확 하게 반영될 수 없다는 근본적인 한계가 존재한다.

넷째, '에너지·환경 선택지' 국민적 토론 참여자들이 적극적으로 토론에 참가하였는지를 살펴볼 필요가 있다. 15명 정도의 소그룹을 구성하여 활발한 토론과 토의가 이루어질 수 있도록 하였으며, 토론 과정에서 참여자 간 상호학습이 발생할 수 있도록 하였다. 단순히 개 인의 의견만을 개진하는 것이 아니라 토론을 통해 자신들의 의견을 형성해 나갈 수 있도록 한 것이다. 뿐만 아니라, 전문적인 훈련을 받 은 진행자에 의해서 참가 시민들 간 중립적이고 적극적인 토론이 진 행될 수 있도록 하였으며, 전문지식과 관련해 참여자들은 전문가(패널 리스트)들에게 적극적으로 질문을 할 수 있도록 하였다. 그럼에도 불구 하고 소그룹 참여자들의 토론 시간은 2일간 총 3시간밖에 되지 않아 시간의 한계가 존재했다. 뿐만 아니라, 토론포럼 참여자들이 소그룹에 처음 배정되면 다른 소그룹 멤버들과는 심도 깊은 토론을 할 수 있는 기회가 줄어들 뿐 아니라 소그룹 구성원이 어떤 구성원인가에 따라 토론의 참여도가 달라질 수 있다는 한계도 존재했다.

마지막으로, 토론과정에서 참여자들이 차별 없이 발언할 수 있었 는지를 살펴볼 필요가 있다. 특히, 토론형 여론조사는 후쿠시마 원전 사고 이후 원전지속과 탈원전이라는 극명히 대립되는 이슈에 대해 이루어진 것이기 때문에 참여자들이 차분하게 토론할 수 있는 분위기를 조성하여 모든 참여자들의 의견이 동등하게 고려될 수 있도록 하는 것이 중요하다. 이러한 분위기를 형성하기 위해서는 실행위원회의 역할이 매우 중요했다. 그럼에도 불구하고 소그룹 구성원들 중에서 외향적이고 자신의 주장을 강하게 제기하는 구성원이 일부 존재한다면 총 3시간의 토론 시간이 그들 중심으로 이루어질 가능성도 배제할 수 없다는 한계가 존재하였다.

(3) 공론화 과정의 효과성

'에너지·환경 선택지' 공론화 과정의 효과성은 숙의과정 전후 각 에너지 선택 시나리오에 대한 참여자들의 선호변화로 살펴보았다. 통제집단 또는 비교집단이 존재하지 않아 숙의과정을 통한 효과성 평가가 정확하게 측정될 수는 없지만, 변화의 추이를 통해 숙의과정의 효과를 추정할 수 있었다. 공론화 효과를 평가하기 위해 전화여론조사(T1), 숙의과정 이전 토론형 여론조사(T2), 숙의과정 이후 토론형 여론조사(T3)에서 T1→T2의 추이변화와 T2→T3의 추이변화를 살펴보았다. 먼저 6,849명 표본의 전화여론조사(T1) 질문은 에너지 선택 판단기준, 에너지 시나리오 평가, 에너지·환경정책 선호[7] 등 세 가지 질문에 관한 것이었다. 처음 질문은 '에너지 선택을 할 때 가장 중요한 판단기준이 무엇인가?'에 관한 것으로 안전 확보, 에너지 안정공급, 지구온난화, 비용의 4가지 기준에 따른 응답자들의 선호를 표시하였다.[8]

---

[7] 세 번째 질문은 이른바 에너지·환경 정책에 대해 원자력 발전의 이용, 온난화 대책, 라이프 스타일의 변화(에너지 절약·절전)에 대한 질문으로 구성되었다.

[8] 각 기준에 대해 '가장 중요시하지 않으면' 0, '가장 중요시하면' 10으로 하여 이를 표시하도록 하였다(11단계 수준으로 평가). 예를 들어, 에너지선택 시 안전 확보가 가장 중요하다고 생각되면 10, 가장 중요하지 않다고 생각되면 0으로 표시하였다. 이때 각 질문에 대한 응답자의 선호도를 측정하였다. 예를 들어, 안전 확보, 에너지 안정공급, 지구온난화, 비용 기준 중에서 처음부터 우선순위에 대한 질문을 한 것이 아니라, 각 기준을 10점 만점으로 하여 각각의 선호도를 평가한 것이다. 즉, 각 기준 선호도의 절대적 점수가 높을수록 높은 선호도를 지닌다고 평가하였다.

그 결과 안전 확보에 대한 선호도가 가장 높게 나타났다.[9] 두 번째 질문은 '에너지·환경 선택지', '제로 시나리오', '15 시나리오', '20－25 시나리오'에 대한 평가이다. 각각 시나리오에 대한 0점－10점의 선호도 평가를 분석한 결과 제로 시나리오는 찬성(6－10점) 의견이 전체 53.7%로 가장 높게 나타났다. 이에 비해 '15 시나리오' 찬성은 45.5%, '20－25 시나리오' 찬성은 27%로 나타났다. 전화여론조사에서 성별, 연령, 지역, 직업 모든 차원에서 '제로 시나리오'를 가장 높게 지지한 것이다. 이와 같은 결과는 숙의과정 이전 토론형 여론조사(T2)에서도 유사하게 나타났다. 285명이 숙의과정을 거치기 이전 토론형 여론조사(T2) 참여자들 역시 에너지 선택의 가장 중요한 판단기준을 안전 확보에 두었다(찬성: 약 87%).[10] 이와 같이 T1→T2 참여자들의 응답추이를 분석해 볼 때 큰 변화는 없다고 볼 수 있다. T1에서 T2의 조사과정에서 가장 큰 차이는 토론자료집에 대한 학습에 있을 것이다. T2는 토론포럼 참여자들이 토론자료집을 제공 받아, 이를 학습한 이후 조사한 결과이다. 참여자들의 개인적 특성에 따라 정보습득 방법과 학습정도는 달라진다고 할 수 있지만, 제시된 조사결과만을 가지고 평가할 때 토론자료집 학습이 정책변화에 미치는 영향은 미흡하였다. 즉, T1→T2 과정에서 대부분 참여자들의 정책태도 변화, 투표의사 변화, 시민역량 변화, 집합적 일관성 변화, 공공담론 변화, 공공정책 변화 등은 발생하지 않았다고 할 수 있다.

---

9) 응답자의 60%가 가장 높은 점수인 10점으로 대답하였으며, 약 70%가 6점 이상(찬성)으로 대답하여 참여자들은 네 가지 기준 중에서 안전 확보를 에너지·환경 선택 시나리오의 가장 중요한 판단기준으로 고려하였다. 또한 여기에 부가질문으로 안전 확보, 에너지 안정공급, 지구온난화, 비용의 4가지 판단기준 중에서 우선순위가 무엇인가를 질문하였다. 그 결과 안전 확보를 가장 중요하게 고려한다는 응답이 67.5%로 가장 높았으며, 에너지 안정공급 16.7%, 지구온난화 9.3%, 비용 4.5% 순으로 나타났다(エネルギー・環境の選択肢に関する討論型世論調査 実行委員会, 2012: 11).

10) 안전 확보가 중요하다고 판단한 분포는 약 87%, 에너지 안정공급는 74.4%, 지구온난화는 62.8%, 비용은 42.1%로 나타났다. 또한, 첫 번째로 중요하게 고려해야 하는 판단기준은 안전 확보 68.1%, 에너지 안정공급 19.3%, 지구온난화 7.4%, 비용 4.2%로 나타났다.

본격적인 숙의과정에 대한 평가는 T2와 T3 변화를 살펴보는 것이다. T1→T2→T3 모든(찬성, 중간, 반대) 과정에서 의견이 바뀌지 않는 참여자들도 많았다. 예를 들어, 세 시점 모두에서 '제로 시나리오'에 대한 의견 변화가 발생하지 않고 고정적으로 유지하는 인원은 149명으로 참여인원 285명의 약 52.2%를 차지하였으며, '15 시나리오' 역시 78명으로 전체 약 27.3%를 나타냈다. '20-25 시나리오'는 112명으로 약 39.2%로 나타났다. 이와 같이 에너지 시나리오마다 정책변화 효과는 다르게 나타났다. '제로 시나리오'에 대해 T1→T2→T3 모든 과정에서 찬성을 선호하는 참여자는 122명이나 되어 전체적으로도 조사단계에 따라 자신의 선호를 바꾼 참여자보다 바꾸지 않은 참여자가 더 많았다. 이에 반해 '15 시나리오'에 대해서는 조사마다 선호를 바꾼 참여자가 더 많았다. 특히, T1과 T2 시기까지 한 번도 찬성 입장을 보이지 않다가 T3에서 찬성으로 바꾼 참여자는 23명(약 8.1%)이나 되었다. 또한 '제로 시나리오'에 대해서는 T2→T3 과정에서 자신의 선호를 바꾼 인원이 76명(약 26.7%), '15 시나리오'에 대해서는 119명(약 41.7%)이 자신의 선호를 바꾸었으며, '20-25 시나리오'에 대해서는 101명(약 35.4%)의 참여자들이 T2→T3 과정에서 자신들의 선호를 변화시켰다.

　　단순히 찬성, 중간, 반대가 아니라 보다 세부적 구간 즉 0점에서 10점으로 11단계 척도를 구성하였을 경우 모두 같은 척도를 선택한 사례(예: T1, T2, T3 모두 10점인 경우)는 거의 없었다. 에너지 시나리오 선택 시 '찬성', '중간', '반대' 범위 안에서 선호의 변동이 있었다. 예를 들어, T1과 T2에서 '15 시나리오' 강력 찬성(선호강도: 10)의 강도로 지지한 사람이 T3 조사에서 중간(선호강도: 5)으로 응답한 사람 16명(약 5.6%), 강력 반대(선호강도: 0)로 선호를 바꾼 참여자가 32명(약 17.3%)에 이르렀다. 통제집단을 설정할 수 없어 명확한 비교가 힘들지만 숙의과정 전후로 참여자들의 선호도 변화가 발생한 점을 고려해 볼 때 공론화에서 숙의 효과가 존재한다고 할 수 있을 것이다.

4) 일본 에너지정책 공론화의 함의점과 한계

(1) 일본 에너지정책 공론화 사례 한계

본장에서는 숙의민주주의와 공론화에 대한 이론적 논의를 바탕으로 2011년 발생한 동일본 대지진과 도쿄전력 후쿠시마 원전사고 이후 2012년 8월까지 시행된 일본 에너지정책 공론화 과정을 분석함으로써 정부 정책결정의 공론화 필요성과 의미를 살펴보았다. 또한, 성공적인 공론화를 위해서는 어떤 요인이 필요한가를 살펴보았다. 일본 '에너지·환경 선택지' 공론화는 동일본 대지진과 도쿄전력 후쿠시마 원전사고라는 강력한 외부 사건이 발생함으로써 기존의 에너지·환경 정책과는 전혀 다른 정책수단이 필요한 상황에서 시행되었다. 먼저 일본 정부는 내각부 국가전략실, 경제산업성, 환경성 등을 중심으로 '에너지·환경회의'를 신설하여 향후 2030년 원전을 어느 정도 활용할 것인가에 대해 '제로 시나리오', '15 시나리오', '20-25 시나리오' 세 가지 대안을 마련하여 일본 국민들을 대상으로 공론화를 시행하였다. 보다 구체적으로, 의견청취회, 토론형 여론조사, 퍼블릭 코멘트 등 공론화 방안을 실시한 것이다. 공론화와 관련된 이론적 논의를 기반으로 일본 사례를 분석한 본장의 결과에 따르면 첫째, 일본 '에너지·환경 선택지' 공론화 과정 참여자들은 모든 인구통계학적 요소를 고려하지는 못했지만 연령, 성별, 지역, 직업에 있어서의 표면적 대표성은 나타났으며, 전화여론조사와 토론포럼 조사 의견이 큰 차이를 보이지 않은 점을 고려해 볼 때 각 계층의 의견 대표성 또한 존재한다고 볼 수 있었다. 둘째, 일본 '에너지·환경 선택지' 공론화 과정에서 제한된 시간과 비용이라는 측면, 그리고 토론포럼의 본질적 한계를 제외하고는 참여자들이 충분히 학습할 수 있는 기회가 주어졌고, 특히 전문가들에 의해 균형 있는 정보가 제공된 것으로 나타났다. 또

한 지역, 직업, 연령 등 사회 다양한 구성원들의 의견을 반영하고 특히 각 에너지 선택 시나리오에 대한 선호를 조사함으로써 참여자들의 의견을 적극적으로 표명할 수 있었을 뿐 아니라 발언의 기회가 공평하게 주어지고 적극적인 토론이 가능해 충분한 숙의가 이루어졌다고 할 수 있었다. 셋째, 일본 '에너지·환경 선택지' 공론화 과정을 통해 참여자들의 선호변화가 발생함을 알 수 있었다. 비록 통제집단이 설정되지 않아 토론형 여론조사의 효과성을 정확하게 판단할 수는 없지만, 토론포럼 과정에서 참여자들의 태도·의견 변화가 있는 것으로 나타났다. 뿐만 아니라, 참여자들은 다른 사람의 의견을 존중하여 자신들의 선호와 의견을 변화시키는 행태를 나타내었다(エネルギ_·環境の選択肢に関する討論型世論調査 実行委員会, 2012).

본장은 공론화의 필요성과 성공조건을 논의하기 위해 일본 '에너지·환경 선택지' 공론화 과정을 분석하였지만, 일본이라는 정치·경제·사회·문화의 특수성을 고려하자면 공론화 과정을 일반화시키는 데는 한계가 존재할 수 있다. 특히 공론화 과정은 맥락적 상황에 따라 결과가 다르게 나타날 수 있어 일본 사례만을 가지고 일반화하기에는 한계를 지닐 수 있다는 것이다. 뿐만 아니라 일본 사례에서 나타나듯이 대의민주주의를 근간으로 하는 국가에서는 정권교체 등 정치적인 영향에 의해 공론화의 결과가 정책의사결정에 지속적으로 반영되지 못하는 한계도 나타날 수 있다. 따라서, 향후 연구에서는 보다 많은 국가의 공론화 사례를 조사하여 각 국가의 맥락적 특징을 고려한 공론화 분석이 필요하다고 할 수 있을 것이다. 그럼에도 불구하고 본장에서는 공론화에 대한 다음과 같은 함의점을 제시할 수 있다.

(2) 일본 에너지정책 공론화의 함의점

일본 '에너지·환경 선택지' 공론화 분석결과를 기반으로 하여 정책과정에서의 공론화 활용 필요성을 제시할 수 있다. 첫째, 국민들의 생활에 큰 영향을 줄 수 있는 중요한 정책의사결정은 공론화가 필요할 수 있다. 앞서 이론적 논의에서 제시하였듯이 공론은 국민들의 선호를 단순 집계하는 여론과는 달리 여러 사람들이 함께 모여 주요 정책에 대해 숙의하고 이를 통해 의견을 형성하는 과정이다. 공론화 과정은 상당한 시간과 비용이 드는 한계를 지니기에 모든 이슈와 정책에 대해서 공론화를 시행하는 것은 오히려 사회적 비용을 초래할 수 있다. 따라서 공론화가 필요한 정책이슈는 국민들의 생활과 밀접한 관련성이 있어야 한다. 일본의 예에서 알 수 있듯이 2011년 동일본 대지진과 도쿄전력 후쿠시마 원전사고는 특수한 계층에만 적용되는 이슈가 아니라 모든 국민의 생명과 직결되는 매우 중요한 이슈였다. 기존의 에너지정책을 원점에서 다시 검토하고 새로운 에너지 계획을 수립하기 위해서는 모든 국민들 사이에 충분한 논의와 의견교환이 이루어질 필요, 즉 공론화할 필요가 있었던 것이다. 이러한 점을 고려해 볼 때 향후 모든 이슈에 대한 공론화 추진보다는 국민의 생활에 영향을 미칠 수 있는 기준(예: 위험성)을 설정하여 이 기준에 따라 공론화 이슈를 선정하는 것이 필요하다고 할 수 있다.

둘째, 일본 '에너지 · 환경 선택지' 공론화 결과에서 알 수 있듯이 때로는 대립적이고 충돌하는 정책이슈에 있어서도 공론화가 이루어질 수 있을 것이다. 특히, 사회 전체적으로 의견이 분열된 사회(divided societies)에서도 공론화는 차이를 극복(deliberating across differences)하는 방안이 될 수 있다(Fishkin, 2009: 161-169). 이는 우리나라의 신고리 5 · 6호기 공론화 사례에서도 명확하게 나타났다. Fishkin(2009: 168-179)은 분열된 사회에서 네 가지 공론화 방안 ① 공론화 참여자들의 상호신뢰와 이해 증진 전제(preconditions for mutual trust and understanding), ② 소수 엘리트들의 숙의(elite deliberative politics), ③ 선호가 유사한 그룹 간의 숙의(enclave deliberation), ④ 대표성과 균형 있는 정보가 주어진 대중들의 숙의(deliberation by microcosm of the mass public)가 제시될 수 있지만 가장 현실적이고 바람직한 대안은 네 번째 방안이라고 주장하였다. 대중들이 숙의과정에 참여하는 동안 대표성이 존재하고 균형 있고 충분한 정보가 제공될 때 숙의과정을 통해 상호신뢰와 이해가 증진될 수 있다. 이는 일본 공론화 과정에서도 나타났다. 일본은 도쿄전력 후쿠시마 원전사고 이후 탈원전과 원전지속이라는 에너지정책이 대립하는 상황이었지만, 공론화과정을 통해 국민들의 에너지정책에 대한 합의를 이루어 낼 수 있었다. 특히 일본은 원전 축소라는 정책목표를 달성하기 위하여 세 가지 대안(제로 시나리오, 15 시나리오, 20 - 25 시나리오)을 제시하고 이에 대한 국민들의 선호를 전화여론조사와 토론포럼 조사를 통해 분석하였다. 이처럼 다양한 정책대안을 제시하고, 동시에 국민들의 선호를 다양하게 조사한다면 분열된 정책이슈에 대해서도 공론화가 가능할 것이다. 실제 우리나라의 신고리 5·6호기 공론화도 이러한 노력을 통해 이루어진 것이다. 비록 신고리 5·6호기의 건설을 재개할 것인지, 중단할 것인지를 선택하는 양자택일적 대안이 핵심 논의 대상이 되기는 하였으나, 국가의 전반적인 에너지 정책이 어떻게 개선될 필요가 있을지에 대해서는 다양한 대안이 검토될 수 있었던 것이다.

일본 '에너지·환경 선택지' 공론화 분석결과를 토대로 성공적인 공론화 조건을 다음과 같이 제시할 수 있을 것이다. 첫째, 공론화를 통한 숙의민주주의 달성을 위해서는 공론화 과정 참여자들의 대표성과 숙의성이 모두 성립해야 한다. 그러나 대표성과 숙의성은 본질적으로 교환관계(trade-off)일 수밖에 없다. 국민들의 의견을 대표하기 위해서는 공론화 참여자 수를 확대해야 하지만 참여자 수가 증가하면 충분한 토론과 토의가 이루어지기 어려워 숙의과정이 원활하게 이루어지지 않는다. 이는 일본의 에너지 선택 공론화 과정에서도 나타났다. 토론포럼 285명이 선택될 때 표본오차가 발생할 수밖에 없었으며, 15명의 소그룹 토론은 대표성을 약화시킬 수밖에 없었다. 따라서 향후 성공적인 공론화를 달성하기 위해서는 우리나라의 신고리 5·6 호기 공론화에서와 마찬가지로 표본수집 시 대표성을 확보할 수 있는 표본추출방안(예: 정교한 층화표본추출)을 마련해야 하며, 참여자들에게 충분한 정보접근성과 공정한 의견교환이 달성될 수 있도록 환경을 조성해 주어야 한다.

둘째, 성공적인 공론화를 위해서는 정부와 국민의 적극적인 지지가 필수적이다. 일본 '에너지·환경 선택지' 공론화 과정은 2011년 6월 '에너지·환경회의'를 설립하고, 2012년 8월 토론형 여론조사를 시행하기까지 약 1년 2개월이라는 시간이 걸렸다. 오랜 기간은 아니었지만, 도쿄전력 후쿠시마 원전사고가 있은 후 향후 에너지정책을 결정해야 하는 점을 고려해 볼 때 충분한 기간 동안 정부의 지원이 있었다고 할 수 있다. 뿐만 아니라 일본 정부는 성공적인 공론화를 위해 의견청취회, 토론포럼, 퍼블릭 코멘트가 이루어질 수 있도록 재정적인 지원을 하였다. 또한 공론화가 성공적으로 이루어지기 위해서는 국민들의 지지가 필수적이다. 일본 '에너지·환경 선택지' 공론화 과정 검증위원인 오사카 대학 고바야시 교수에 의하면, 일본 국민들은 단순히 에너지 시나리오를 선택하는 것보다는 에너지정책과 관련하여 사회를 어떻게 개선하고 바꿀 것인가를 논의하는 데 더 초점을 두었다고 한다(村上圭子, 2016). 이러한 점을 고려해 볼 때 공론화는 국민들이 직접 정책에 참여하고자 하는 열의가 높을 때 성공적으로 이루어질 수 있을 것이다.

이와 같이 숙의민주주의를 기반으로 한 공론화가 정책의사결정의 새로운 대안으로 제시되고 있기는 하지만 무조건적인 공론화 도입은 적합하지 않다. 특히 공론화는 정치적 환경에 상당한 영향을 받는다. 일본 '에너지·환경 선택지' 공론화 과정을 통해 알 수 있듯이 공론화의 성공은 일본 정부의 지속적인 지원 때문에 가능했다. 하지만, 반대로 공론화가 지속되지 못한 이유 역시 일본의 정치적 상황 때문이었다. 특히, 일본 민주당 정부는 '에너지 · 환경 선택지' 공론화 결과를 충분히 고려하지 않고 2012년 8월 공론화가 끝난 직후인 9월에 원전 '제로' 시나리오를 국가 에너지정책으로 받아들였다. 이는 9월말로 예정된 민주당의 당대표 선거로 인해 그 이전까지 정책을 결정하려는 정치적 의도가 있었기 때문이다(村上圭子, 2016). 또한 2012년 12월 민주당에서 자민당으로 정권이 바뀌면서 공론화에 대한 논의가 전면 재검토되는 상황까지 발생하였다.11) 그러나 우리나라에서는 정권 초기에 신고리 5 · 6호기의 공사 중단 혹은 재개에 대한 공론화가 시행되면서 공론화의 결과를 정부가 전면 수용하게 되었다.

이처럼 공론화 방안은 현대사회에서 국민들의 의견을 정책에 직접적으로 수렴 · 반영하고 국민들이 해당 사안에 대해 충분히 숙의할 수 있는 방안임에도 불구하고, 오남용된다면 정부의 책임회피 도구로 전락할 수 있을 것이다. 또한 사회비용 증가와 정치적 변동에 따른 희생도 유발시킬 수 있을 것이다. 공론화의 장점을 정책결정에 적극적으로 활용하기 위해서는 필요한 영역에 공론화를 제도화시키는 방안을 고려해 보아야 한다. 이를 위해 공론화가 어떤 정책영역에서 활용될 수 있는가에 대한 범위와 기준을 설정하고, 정책결정 시 공론화를 어떻게 활용할 것인가를 논의해야 하며, 국민들의 공론화 논의 결과가 지속될 수 있는 방안을 마련할 필요가 있다.

---

11) 자민당 정권 이후 발간된 '에너지백서 2013'에는 민주당 정권의 '에너지 · 환경 선택지' 공론화 내용이 아예 생략되었다(최승은, 2013).

제 9 장

한국 사회에서의 공공갈등관리를 위한 숙의민주주의 제도화 가능성

1. 숙의민주주의 제도화 의의

숙의민주주의는 사회구성원들이 '공론의 장(public sphere)'을 형성하여 자신의 의견과 견해를 토론과 토의를 통해 학습해 나가는 과정이다. 공론의 장은 '복수의 사람들이 모여 공동의 문제를 논의하고 일정한 결론에 도달해 가는 제도화된 의사소통의 공간과 과정'이라고 정의할 수 있다(하상복, 2016: 53). 공론의 장을 어떻게 형성해 나가는가는 숙의민주주의에서 중요하게 고려되어야 사항이다. 최근 민주주의에 대한 새로운 관점으로 숙의민주주의에 대한 관심이 증가하면서, 숙의민주주의는 21세기에 들어 큰 전환기를 맞고 있다(Goodin & Dryzek, 2006). 특히 자유민주주의(liberal democracy)에 대한 비판이 커지면서 숙의민주주의에 대한 관심이 점차 증대되고 있는 것이다(Bohman, 1998). 소수의 정치엘리트들이 정치과정에서 중요한 역할을 하는 자유민주주의는 시민들의 의견을 직접적이고 합리적으로 반영하지 못하는 한계를 지녀왔다(박희봉, 2006; 유재원, 2003). 예를 들어 소수의 정치엘리트들이 사회전체의 공익을 대변하기보다 오히려 자신들의 집단 이익을 중요시하면서, 시민들은 직접 자신들의 의견을 정책과정에 반영할 수 있는 숙의민주주의에 더욱 큰 관심을 가지게 되었다(Dahl, 1989).

숙의민주주의는 고대 아테네에서 시작되어, 18−19세기 E. Burke 및 J. S. Mill에 의해 발전되었으며, 20세기에 들어 J. Dewy 등의 학자들에 의해 급격히 발달하기 시작하였다(Elstub & McLaverty, 2014: 3−7). 그 이후 1980년대 Habermas가 공론의 장(public sphere)을 통한 국민들의 숙의를 강조하면서 제1세대 숙의민주주의가 시작되었으며, 제2세대 숙의민주주의는 Bohman 등의 학자를 중심으로 1세대 숙의민주주의의 규범적·이론적 차원을 넘어선 문화적 다양성 등을 강조하면서 발전하였다. 그 이후 최근까지 이어지는 제3세대 숙의민주주의에서는 숙의민주주의의 생활화를 통한 지속적이고 안정적인 운영에 관심을 가지고, 이를 제도화(institutionalized)하는 방안을 모색하기 시작하였다(Elstub, 2010).

이처럼 숙의민주주의를 연구한 기존 학자들은 어떻게 숙의민주주의를 제도화(institutionalizing deliberative democracy)시킬 수 있을 것인가에 대하여 끊임없는 관심을 가져왔다(예: McLaverty, 2014; Schmidt, 2008; Thompson, 2008). 그럼에도 불구하고, 숙의민주주의는 자유민주주의에 대한 보완장치로서 논의가 제기될 뿐이지 아직까지 민주주의의 주류 방안으로는 자리 잡고 있지 못한 상황이다. 특히 숙의과정에 참여하는 참여자들은 전체 국민들을 대표할 수 없어 정치적 평등(political equality) 문제를 야기할 뿐만 아니라, 때로는 소수 특정 집단이 숙의과정을 주도하는 고립된 공론화(enclave deliberation) 문제를 야기시킬 수 있어 갈등과 대립을 초래하기도 한다(Collingwood & Reedy, 2012; Fishkin, 2009). 뿐만 아니라 공론조사, 시민배심원제, 시민의회 등 다양한 공론화 방안들이 강조될 때 의회 본래의 기능이 약화될 수 있어 대의민주주의를 저해할 수 있다는 비판도 제기되고 있다(Fishkin, 2009; Nelbo, 2015).

숙의민주주의는 정부정책 결정 시 시민들의 의견을 토론과 토의, 학습 과정을 거쳐 정제된 여론으로 형성하고 이를 반영한다는 차원에서 민주적이고 합리적인 정부 정책의사결정을 도모하는 제도라고 할 수 있다(Elstub, 2014; Fishkin, 2009). 그럼에도 불구하고 여전히 한국을 비롯한 여러 국가에서는 숙의민주주의 제도화가 성공적으로 이루어지지 못하고 있으며, 숙의민주주의 제도화 과정에 대한 논의 역시 충분히 제기되지 못하고 있는 실정이다.

따라서 본장에서는 숙의민주주의가 어떻게 제도화될 수 있는가에 대한 논의를 제기하고자 한다. 이를 위해 먼저 제도화 관점에서 숙의민주주의가 어떤 의미를 지니는지를 살펴보고, 숙의민주주의 제도화의 한계와 이를 성공적으로 달성할 수 있는 조건들을 이론적 측면에서 살펴볼 것이다. 이러한 이론적 내용을 바탕으로 일본 삿포로 시의 제설정책과 관련된 숙의민주주의 제도화 사례를 분석해 볼 것이다. 또한, 일본 삿포로 시에 대한 실증 사례 분석을 통해 숙의민주주의 제도화 조건이 무엇인가를 중점적으로 살펴볼 것이다. 본장의 분석결과는 향후 우리나라의 숙의민주주의 발전에 큰 기여를 할 수 있을 것이며, 숙의민주주의 제도화 연구의 기틀을 마련하는 데 중요한 기초자료로 활용될 수 있을 것이다.

2. 숙의민주주의 제도화에 관한 이론적 논의

1) 숙의민주주의 제도화 의미와 중요성

숙의민주주의 제도화를 논의하기 이전에 제도주의 관점에서 신제도주의에 대한 논의를 간략히 살펴본다. 신제도주의의 세 가지 유형으로 제시되는 역사적, 사회학적, 합리적 선택 제도주의는 서로 다른 형성 배경을 지녔지만(안경섭·김나영, 2009), 공통적으로 변화(change)보다는 연속성(continuity)에 관심을 두고 있다(Schmidt, 2010: 1). 역사적 제도주의는 경로의존성 논의에 따른 관습화된 형태로서, 사회학적 제도주의는 구조화된 규칙과 규범으로서, 합리적 선택 제도주의는 개인의 행위를 억제시키는 유인체계로서 제도의 제약(constraint)성에 대해 논의해 왔다(김정인, 2017a). 이 세 가지 신제도주의 관점에서 제도화는 개인의 행위가 제약을 받아 일정하게 유지되는 것을 의미하며, 변화는 주로 제도 밖에서 형성되는 외부적인 사건에 의해 발생된다는 것이다(김정인, 2016a; Schmidt, 2010).

그러나 최근 정치학을 중심으로 한 신제도주의 학자들은 역사적, 사회학적, 합리적 선택 제도주의를 제외하고 아이디어(ideas)와 담론

(discourse)을 중요하게 고려하는 새로운 형태의 '신제도주의'를 제시하고 있다(Schmidt, 2008; 2010). 이를 '담론적 제도주의(discursive in-stitutionalism)'라고 명명하고 네 번째 신제도주의 유형이라고 간주하기도 한다.1) 담론적 제도주의에 의하면 맥락 속에서 정치적 변화와 연속성을 설명할 수 있는 변수는 다른 세 가지 신제도주의 유형과는 달리 '아이디어'와 '담론'이라는 것이다. 다시 말해, 사회구성원들의 아이디어와 상호 간의 담론이 상황을 지속적으로 유지하거나 변화시키는 중요한 제도화 형성의 요인이 된다는 것이다. 사회구성원들 사이에서 어떤 아이디어와 담론이 제기되는가에 따라서 제도 변화와 지속성이 달라지기도 한다. 무엇보다도 담론적 제도주의가 역사적, 사회학적, 합리적 선택 제도주의와 가장 큰 차이를 나타내는 부분은 세 가지 신제도주의는 정적이고 제약이라는 제도의 역할을 강조하지만, 담론적 제도주의는 동적이고 변화라는 제도의 역할을 강조한다는 것이다. 특히 제도 변화의 주요 요인으로 구성원들 간 상호작용 및 커뮤니케이션을 강조하였다. 즉 담론적 제도주의에서는 커뮤니케이션을 중요한 설명 논리로 고려하며, 제도는 의미구조이자 구성물(meaning structures and constructs)이라는 점을 강조하였다. 담론적 제도주의에서는 구성원들 간 아이디어와 담론의 상호작용을 통해 제도 변화를 발생시킨다고 본다(Schmidt, 2008; 2010).

담론적 제도주의가 네 번째 신제도주의 유형으로서 타당성을 가지는지에 대한 논의는 차치하고서라도, 다양한 사회구성원들의 토론과 토의를 통해 학습하는 과정을 중시하는 '숙의민주주의'가 담론적 제도주의와 깊이 연관되어 있음을 알 수 있다. 다시 말해, 구성원들 간 활발한 담론형성을 바탕으로 하는 담론적 제도주의에 기반해 보면, 숙의민주주의의 제도화는 실현 가능한 부분이라는 것이다. 무엇보다

---

1) 담론적 제도주의와 유사한 개념으로 관념적 제도주의(ideational institutionalism)와 구성적 제도주의(constructivist institutionalism)를 제시할 수 있다(Hay, 2006).

〈표 9-1〉 네 가지 신제도주의 비교

	역사적 제도주의	사회학적 제도주의	합리적 선택 제도주의	담론적 제도주의
설명 대상	구조와 관습	사회적 행위자들의 규범과 문화	합리적 행위자들의 행위	지각 있는 행위자들의 아이디어와 담론
설명의 논리	경로의존성	적절성	계산	커뮤니케이션
제도의 정의	거시적·역사적 구조와 규제들	문화적 규범과 프레임들	인센티브와 구조들	의미구조와 구성들
변화 접근방법	정적: 중요한 사건 해석과 경로의존성을 통한 연속성	정적: 문화적 규범과 규칙을 통한 연속성	정적: 고정된 선호, 안정된 제도 등을 통한 연속성	동적: 아이디어와 담론의 상호작용을 통한 변화 (그리고 연속성)
변화설명	외부적 충격	외부적 충격	외부적 충격	관념적 배경과 눈에 띄는 담론 능력을 통한 내부 과정
변화를 설명하는 최근 혁신물	겹치기, 이동, 변화 등을 통한 점진적 변화의 내부적 묘사	내부적 건설 (담론적 제도주의를 병행한 합병)	합리적 선택 제도주의의 정치적 연합 또는 역사적 제도주의 자기강화 또는 자기이해 과정을 통한 이익변동의 내부적 원인	재설계·수정의 집단적 사고를 통한 내부적 건설, 인식론적 커뮤니티, 옹호연합체, 커뮤니케이션 행동, 숙의민주주의를 통한 내러티브 방법

출처: Schmidt(2010)

담론은 언어로서 세상을 이해하는 공유된 수단이다(Dryzek, 2010: 18). 또한 민주주의는 담론을 통해 여론을 형성하고 커뮤니케이션 수단을 통해 여론을 전달하는 과정이라는 것을 가정한다. 뿐만 아니라 숙의 민주주의에서 강조하는 숙의의 과정 중 구성원들 간 아이디어와 담론 교류 및 형성은 제도적 변화와 연속성을 발생시키는 주요 원동력이 된다(Schmidt, 2008). 이러한 차원에서 숙의민주주의는 그 발생 자체가 제도일 수 있으며, 숙의과정 참여자들이 아이디어와 담론을 통해 그들의 행동과 사고를 변화시키는 과정 자체가 숙의민주주의의 제도화가 될 수 있을 것이다. 민주주의는 공간과 시간의 공유된 경험을 가진 사람들 간 의사결정 제도이다(Theis, 2016: 46). 따라서 숙의민주주의가 제도화될 수 있는 이유는 숙의과정 참여자들이 토론과 토의를 바탕으로 상호간 경험을 공유하고 학습을 통해 이를 지속적으로 유지할 수 있기 때문이다.

숙의민주주의의 제도화는 구성원들의 담론(discourse)을 통해 이루어질 수 있다. 담론은 아이디어 또는 텍스트 그 자체일 뿐만 아니라 맥락이자 동시에 구조이다(Schmidt, 2008: 305). 아이디어와 담론을 중요하게 고려하는 합리성은 단순히 도구적 합리성(instrumental ration-ality)이라기보다는 인지적 관점에서 해석될 수 있다(Boudon, 2003: 18). 즉, 인지적 합리성(cognitive rationality)은 객관적으로 구분되기 보다는 주관적이고 상대적으로 형성된다. 인지적 합리성은 각 주체들이 충분하고, 효과적이며, 건설적인 과학적 지식을 얻고자 하는 능력이다. 이러한 인지적 합리성의 증진은 언어에 의해서 주로 이루어지며, 구성원 간 아이디어 공유와 담론 형성에 의해서 인지적 합리성이 더욱 증진될 수 있다(Schmidt, 2008). 이러한 차원에서 숙의민주주의는 구성원들의 인지적 합리성을 증진시키는 데 큰 기여를 할 수 있다. 숙의과정 참여자들의 상호 토론과 토의를 통해 개인의 견해나 의견 변화를 경험하게 되는 숙의민주주의가 구성원 간 인지적 합리성을 증진시키는데 기여할 수 있다는 것이다. 개인의 효용극대화가 합리성을 결정하는 것이 아니라, 아이디어와 담론을 통해 인지적 합리성이 증진될 수 있다(Schmidt, 2008). 숙의민주주의가 구성원들의 인지적 합리성을 증진시킬 수 있다는 측면을 고려해 본다면 숙의민주주의 제도화는 합리적인 정책의사결정을 위해 반드시 필요하다. 최근에는 정부 정책이 사회구성원 개개인의 효용추구보다 구성원 간 아이디어와 담론 형성에 크게 영향을 받는다는 점을 고려해 볼 때(Campbell, 2004: 21), 숙의민주주의 활성화를 통한 인지적 합리성 증진은 합리적인 정책의사결정에 필수 요건이 된다고 할 수 있다.

이상에서 살펴본 바와 같이, 숙의민주주의의 제도화가 필요한 이유는 정책의사결정에서 합리성, 특히 인지적 합리성을 증진시키기 위해서이다. 만약 숙의민주주의가 제도화되지 못하고 일회성으로 운영된다면 숙의민주주의는 단순히 선호의 집합으로 구성원들의 견해를 반영하는 자유민주주의의 한계를 극복하지 못할 것이다. 예를 들어, 숙의민주주의가 제도화되지 못하면 숙의민주주의 공론의 장 형성은 일회성 이벤트로 흐를 가능성이 높을 뿐만 아니라, 모든 시민들이 차별 없이 자유롭게 공적추론(public reasoning)을 할 수 있는 숙의민주주의 달성이 어렵게 될 것이다(Bohman, 1998: 402).

2) 숙의민주주의 제도화 달성 조건

(1) 제도화의 의미

오늘날 숙의민주주의는 시민의회, 시민배심원제, 플래닝 셀, 합의회의, 공론조사 등과 같이 소규모 그룹으로 운영 되고 있는 실정이다(Elstub, 2014). 이처럼 소규모 그룹으로 운영되는 숙의민주주의 과정은 시민을 대표하는 참여자들로 구성되며, 이들은 자신들의 의견과 견해를 자유롭게 토론하고 토의하면서 원래 가졌던 의견을 바꾸거나 심화시키는 학습효과를 나타낸다. 이러한 과정이 바로 숙의민주주의의 핵심이 되는 숙의인 것이다. 그리고 소규모로 운영되는 숙의민주주의 과정에서는 참여자들 간 정보 접근성, 정보 획득성, 정보 공유성 등에 불평등이 나타나지 않아 소규모 숙의민주주의 확산과 제도화는 큰 어려움이 없이 이루어질 수 있다.[2]

숙의민주주의의 안정적이고 장기적인 정착을 위해서는 제도화가 필수적으로 이루어져야 한다. 제도화(institutionalization) 개념과 과정에

---

[2] 그러나 숙의민주주의의 핵심 요소인 숙의 참여규모를 전 사회적으로 확대한다면 숙의민주주의의 제도화에 대한 논의는 달라질 수 있다. 현실적으로 전 사회구성원을 대상으로 한 대규모의 숙의민주주의 제도화는 쉽게 이루어질 수 없다. 이처럼 숙의민주주의 제도화에 한계가 나타나는 이유는 현실적으로는 담론 과정의 불평등 문제가 해결될 수 없기 때문이다(McLaverty, 2014: 38-39). 숙의에 대규모 사회구성원들이 참여할 경우, 현실적으로 정보접근 및 취득 등에 있어 참여자 간 불평등 문제가 발생할 가능성이 있다. 이와 같은 불평등 문제가 해결되지 못한다면 숙의민주주의의 효과는 기대하기 어려울 것이다.

대한 다양한 논의가 제시될 수 있지만(하연섭, 2003), 제도화의 특징은 조직이 외부환경 변화에 순응(conformity)하는 과정이라고 할 수 있다 (Oliver, 1991: 145). 초기 제도주의 학자들(예: Selznick, 1949)은 조직이 사회적으로 당연하게 고려되는 제도 규칙과 신념들을 받아들이는 과정을 제도화로 보았으며, 이후의 제도주의 학자들은 제도화를 조직이 새로운 제도를 도입할 때 사회적으로 정당성(legitimacy)을 확보하고 제도적 동형화(isomorphism)를 형성해 가는 과정으로 보았다(DiMaggio & Powell, 1983). 또한, 일부 제도주의 학자들은 조직이 제도를 조직 내에 정착시키기 위해서 디커플링 전략을 활용하기도 한다고 보았다 (김정인, 2017b; Meyer & Rowan, 1977). 이와 같이 다양한 제도화의 논의에도 불구하고 제도화의 공통적인 특징은 "시간의 경과에 따라 일정한 상태를 이루거나 습득한 사회질서, 규범, 조직, 규칙, 행위의 조직화된 반복된 유형"이라고 논의할 수 있다(한세억, 2000: 75). 즉 제도화는 일반적으로 규칙 또는 규율과 같은 외부적으로 주어지는 제도와 오랫동안 공식적인 조직구조에 배태된 행위를 의미한다고 볼 수 있다 (Zucker, 1977: 728). 이러한 의미에서 제도화는 공식적인 제도가 형성되고 제도 관련 행위자들의 행위가 일정하게 유지되고 확립되는 모든 것을 포함한다고 할 수 있다. 일반적인 제도화 단계로는 제도 도입, 제도 확산, 입법화 등 세 단계를 제시할 수 있다. 보다 구체적으로는 환경변화가 발생하고 소수의 행위자들이 이러한 제도를 받아들이는 제도 도입단계가 이루어지고, 이러한 제도가 특정영역에서 다른 영역으로 다양한 구성원들에게 빠르게 확산되는 제도 확산이 이루어지며, 마지막으로 이를 정착시키고 안정화되는 입법화 단계가 이루어진다는 것이다(임동완, 2007: 131). 같은 맥락에서 제도화가 이루어진다는 것은 공식적이고 가시적인 제도가 생성되어야 하며, 그 제도의 영향을 받은 개인들의 행위가 일관적이고 지속적으로 발생해야 한다는 것을 의미한다.

⑵ 숙의민주주의 제도화 과정과 조건

제도화의 의미와 단계는 숙의민주주의 제도화에도 적용될 수 있다. 숙의민주주의에 대한 관심이 사회구성원들에게 일시적 이벤트성 현상이 아니라 일관되고 지속적으로 운영되기 위해서는 숙의민주주의의 제도화가 필요하며, 이를 위해서는 다음과 같은 전제 조건을 고려할 필요가 있다. 그러나 아래에서 제시하는 숙의민주주의 제도화 조건은 모든 조건이 완벽하게 일시에 충족되기보다는 단계적으로 충족될 필요가 있다. 숙의민주주의 제도화의 첫 번째 단계는 숙의민주주의 생성단계로 숙의민주주의 제도가 형성되는 단계이다. 두 번째 단계는 숙의민주주의 제도 운영단계로 사회구성원이 숙의민주주의에 적극적으로 참여하는 단계이며, 마지막으로 숙의민주주의 정착단계는 숙의민주주의가 지속적으로 운영될 수 있도록 숙의민주주의 참여자의 행위가 지속되는 단계라고 할 수 있다.

보다 구체적으로, 첫 번째 단계인 숙의민주주의 제도 생성단계에서는 명시적인 제도 형성이 고려될 필요가 있다. 숙의민주주의를 달성하기 위해서는 우선 법제도적 차원에서 시민들의 의견이 반영될 수 있는 참여제도를 확립시키거나, 시민들의 의견을 경청하기 위한 사전적 제도장치를 마련할 필요가 있다는 것이다.[3] 특히 제 3세대 숙의민주주의 연구학자들은 투표와 다수의 규칙, 숙의와 관련된 법률 절차 마련 등과 같은 숙의민주주의 제도화에 지속적인 관심을 가져왔다(예: Bohman, 1998: 401). 다시 말해, 이러한 학자들은 숙의민주주의 제도화를 위해서는 가시적인 법제도적 장치 마련이 필요하다고 본 것이다.

---

3) 제도주의 학자들에 의하면 정치적 제도는 개인행동의 집합적 선택을 유인하는 기회 또는 이를 억제하는 역할을 한다. 개인행위에 영향을 미치거나, 더 나아가 이를 규제하는 맥락적 요인으로 제도가 작용할 수 있다는 것이다(Diermeier & Krehbiel, 2001). 제도는 개별 행위자들이 자신들의 목적을 달성하기 위해 고려해야 할 맥락적 특징이라고 할 수 있다. 따라서 정부가 공식적인 정책의사결정을 내리기 이전에 반드시 시민 대표자들을 선발하여 숙의과정을 거치고, 정제된 시민의견을 경청해야 하는 제도장치가 존재한다면 숙의민주주의의 효과적인 발전을 도모할 수 있는 것이다.

그러나 숙의민주주의 제도화에 반대하는 학자들(예: Przeworski, 1998)은 숙의민주주의가 명확하게 입증된 제도가 아니며, 지나치게 이상성이 강하다고 주장하기도 하였다.

이러한 상반된 논의에 있어서, McLaverty(2014: 39)는 숙의민주주의 실행 제도의 형성이 반드시 숙의민주주의의 제도화를 야기하는 것은 아니라고 주장하였다. 즉 적합한 제도를 확립하는 것은 숙의민주주의 제도화에 필요조건일 수 있지만, 그것이 충분조건일 수는 없다는 것이다. 정부는 적합한 제도를 수립하여 숙의민주주의를 실행할 수는 있지만, 숙의민주주의의 성공은 단순히 정부의 제도 수립이 아닌 시민들의 적극적이고 진정성 있는 참여에 의해서 결정된다고 할 수 있기 때문이다. 참여자들의 진정한 의지(solicitous goodwill), 창조적 진정성(creative ingenuity), 최적의 답을 제시하는 열정(the desire to get the best answer)이 있을 때 숙의민주주의가 달성될 수 있다는 점을 고려해 볼 때, 제도성립만이 숙의민주주의 형성에 필수적인 유일 조건은 아닐 것이다(Shapiro, 2003: 48). 그럼에도 불구하고, 숙의민주주의를 제도화하기 위해서는 숙의민주주의 실행 제도가 선행적으로 형성될 필요가 있다.

두 번째 단계인 숙의민주주의 운영단계에서는 다양한 사회구성원들의 참여를 도모할 필요가 있다. 다양한 시민들의 숙의과정 참여 확대를 위해서는 사회구성원들이 정책이슈에 대해 토론하고 토의하며 학습할 동기가 충분히 제공될 필요가 있다. 특히 권력의 불평등이 존재하는 오늘날의 사회에서 권력이 약한 사회구성원들은 숙의민주주의 실행 과정에서 자신들이 배제될 가능성이 높다고 인식해 숙의민주주의 제도화에 회의를 느끼는 경우가 많다(McLaverty, 2014). 사회적으로 다소 강한 권력을 가지고 있는 사회구성원들은 자신들과 유사한 배경을 지닌 사람들 간에 정보를 공유하고자 하는 성향이 강하기 때문에 숙의민주주의의 확산을 반대하는 경향을 나타낸다(McLaverty, 2014: 39).

다시 말해 권력을 유지하고자 하는 계층들은 숙의민주주의로 인해 그들의 권력과 부, 정보 독점에 손해를 볼 수 있다고 여겨 숙의민주주의의 제도화에 반대하는 경향이 있다는 것이다(Cohen & Rogers, 2003). 따라서 숙의민주주의 제도 실행 및 운영 단계에서 동기부여를 통해 권력이 약한 사회구성원과 강한 권력을 지닌 사회구성원 모두의 참여를 이끌어내지 못한다면 숙의민주주의 제도의 안정적인 운영은 어렵다고 할 수 있을 것이다.

　물론 숙의민주주의 제도 참여자들에 대한 동기부여보다 제도 형성 자체에 중요성을 두는 학자들도 있다(예: Habermas, 2006). 제도 자체가 사회구성원들을 공론의 장(public sphere)에 참여하게 만드는 중요한 요인으로 작용한다는 것이다. 정당한 절차에 따라 규칙이나 제도가 마련되어 있다면 다양한 구성원들이 평등하게 참여할 수 있다는 여론이 형성될 수 있을 것이고, 그로 인해 권력이 약한 사회구성원들도 또 권력이 강한 구성원들도 함께 공론의 장에 참여하여 합리적인 가치, 사실, 논쟁들을 활성화하는 데 기여할 수 있다는 것이다(Habermas, 2006: 419－420). 그러나 숙의민주주의 제도가 명확한 규칙과 규율에 따라 마련된다고 하더라도 이러한 제도에 모든 사회구성원들이 적극적으로 참여하여 충분한 숙의과정을 거치게 되는 것은 아니다. 사회학적 제도주의에 의하면 제도는 개인의 행위를 변화시키거나 제약할 수 있는 유인체계로서 작동할 수는 있지만 개인의 행위를 완전히 통제할 수는 없다(Schmidt, 2008). 다시 말해, 제도의 맥락이 개인의 동기와 일치할 때에만 제도는 개인의 행위에 영향을 줄 수 있는 것이다. Thompson(2008)에 의하면 숙의민주주의에 사회구성원들이 관심을 가지고 참여하기를 원하는 이유는 다른 사회구성원들과의 상호작용을 통해 자신들이 긍정적인 영향을 받을 수 있을 것이라고 가정하기 때문이라고 한다. 이러한 관점에서 볼 때, 권력이 약하든, 강하든 상관없이 사회구성원들은 누구나 숙의민주주의 실행 제도에 참여하여 토론하고 토의하는 것이 자신들에게 도움이 된다고 생각한다면 적극적으로 숙의민주주의 제도에 참여할 것이다. 그리고 이러한 과정에서 숙의민주주의의 제도화가 가능해질 것이다.

숙의민주주의 제도에 다양한 사회구성원들의 참여를 도모하여 제도 실행 및 운영을 원활하게 하기 위해서는 참여 비용(cost) 절감도 고려할 필요가 있다. 현대 사회구성원들은 현실적으로 숙의과정에 참여할 수 있는 시간적 여유가 충분하지 못할 뿐만 아니라, 정치나 정책에 대한 관심이 그렇게 높지 않다(McLaverty, 2014). 숙의민주주의는 현대 사회구성원들이 정치나 정책에 적극적인 관심을 가지고 참여한다는 것을 가정하지만, 현실은 그렇지 못하다. 또한 정부 단독으로 의사결정하는 것보다 숙의민주주의를 통한 의사결정에 더 많은 비용이 소모될 수 있다. 숙의민주주의 제도 실행 과정에 드는 대표적인 비용으로는 참여자 선발 비용과 참여자에 대한 학습비용 등이 있다(Elstub, 2014; Fishkin, 2009). 예를 들어, 공론조사의 경우 운영비용이 약 20만 파운드(한화 약 3억 780만원) 정도이다(Smith, 2009). 뿐만 아니라 공론조사는 일정한 기간 동안 특정 장소에서 참여자들이 집중 토론과 토의를 수행해야 하기에 참여자들의 시간적 소모도 많은 편이다. 이러한 현실적 상황을 고려해 본다면 현대 사회에서 숙의민주주의에 참여할 수 있는 인원은 제한적일 수밖에 없다. 다시 말해, 숙의민주주의가 아무리 우수하고 필요한 제도라고 하더라도 이를 운영하는 데 많은 사회적 비용이 든다면 숙의민주주의는 제도화가 되기보다 일회적 정치 이벤트화가 될 가능성이 높을 것이다.

마지막 단계인 숙의민주주의 정착단계에서는 다양한 사회구성원들의 숙의민주주의 제도 지속참여를 위한 숙의역량(deliberative ca-pacity) 증진 교육이 시행될 필요가 있다. 숙의역량은 숙의민주주의를 체계적으로 이해하고 정착시키는 데 필수 요소가 된다(Dryzek, 2009). 숙의민주주의가 지속적으로 발전하기 위해서는 충분한 숙의역량이 갖추어질 필요가 있는 것이다. 숙의역량은 Dryzek(2009)에 의해 처음 고안된 용어로 이는 숙의제도가 진정으로(authentic), 포괄적이고(inclusive), 중요한(consequential) 숙의과정을 유지할 수 있는가에 대한 것이다. 보다 구체적으로, 숙의민주주의 실행 제도 참여자들의 숙의역량을 증진시키기 위해서는 커뮤니케이션을 통해 숙의품질을 증진시키고자 하는 진정성(authenticity)이 존재해야 하며, 참여자들이 사회구성원들을 대표하며 차별 없이 논의를 펼칠 수 있는 포괄성(inclusivity)이 있어야 하고, 포괄적이며 진정한 숙의과정이 사회에 의미 있는 영향을 미칠 수 있는 중요성(consequentiality)이 있어야 한다는 것이다. 이러한 숙의역량이 바탕이 될 때 숙의민주주의 실행 제도는 진정한 숙의민주주의로 전이(transition)가 가능해질 것이고, 숙의민주주의가 지역사회와 연계된 사회적 운동(social movement)으로 정착해 나갈 수 있을 것이다(Felicetti, 2017).

숙의역량 강화를 위해서는 교육기관 및 지역사회와의 연계노력이 필수적이다. 특히 시민참여 제도 정착을 위해서는 지역대학(community college)과의 연계노력이 필수적이라고 할 수 있다(Kisher, 2016; Ronan, 2016). 지역대학에서는 시민들이 적극적으로 정책과정에 참여할 수 있도록 시민참여의 기회를 확대하고 토론 기술 및 소통 능력 향상을 위한 프로그램 운영을 통해 시민들의 숙의역량 강화에 기여할 수 있다. 예를 들어, 지역대학에서 시민 리더십과 민주주의(civic leadership and democracy)를 향상시킬 수 있는 교육·훈련 프로그램을 마련하고 지역사회와의 연대를 통해 시민들 특히 지역주민들이 적극적으로 숙의과정에 참여하는 기회를 마련할 수 있다는 것이다(Kisher, 2016: 14). 이처럼 지역대학과의 연계를 통해 시민들은 숙의역량을 더욱 강화할 수 있는 것이다(Ronan, 2016: 28). 이와 같이 안정적이고 지속적인 숙의민주주의 제도 정착을 위해서는 정부, 시민사회 등 모두의 노력이 필요한 것이다.

〈그림 9-1〉 숙의민주주의 제도화 과정에 따른 연구의 분석틀

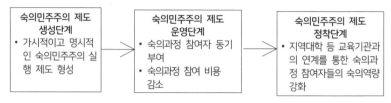

3. 숙의민주주의와 제도화 사례 분석

1) 조사 및 분석대상

본장에서는 일본의 삿포로 시 제설정책 사례를 중심으로 숙의민
주주의의 제도화 과정을 실증적으로 분석하였다.4) 본장에서 일본 삿
포로 시의 제설정책 사례를 숙의민주주의 제도화 사례로 선택한 이유
는 이 사례가 숙의민주주의 제도 생성에서부터 정착까지의 전 단계를
잘 나타내 주고 있기 때문이다. 19세기 후반 메이지 유신 이후로, 적
설량이 매우 높은 삿포로 시의 주요 관심사는 어떻게 효과적인 제설
을 통해 시민들의 편의를 증진시킬 수 있는가에 있었다. 삿포로 시민
들 역시 제설문제가 자신들의 일상생활과 밀접하게 관련된 주요 사항
이었기 때문에 약 35년 동안 매해 시행된 삿포로 시정여론조사에서
언제나 시민들의 가장 높은 지지를 받은 정책은 효과적인 제설에 관
한 것이었다. 이와 같이 제설정책에 관한 삿포로 시의 숙의민주주의
제도화 과정은 2014년 시행된 공론조사5)에 한정되는 것이 아니었다.

---

4) 제설(除雪)은 쌓인 눈을 치우는 전반적인 행위를 일컫는다. 이에 반해, 배설(排雪)은
쌓인 눈을 길바닥이나 선로 따위에서 치워 버리는 행위로서 차이가 있지만, 본장에서
는 삿포로 시의 전반적인 눈 제거 정책으로 제설정책이라는 용어를 사용하기로 한다.

5) 특히 본장에서는 2014년 일본 삿포로 시에서 시행된 제설정책 관련 공론조사인 '눈과
우리 생활(雪とわたしたちのくらし)'을 중심으로 분석을 시행하였다. 2014년에 일
본 삿포로 시에서는 시민들이 삿포로의 제설정책을 어떻게 인식하고 있으며, 제설 문
제를 어떻게 해결해야 하는 지에 관해 공론조사를 시행하였다.

다시 말해, 삿포로 시뿐만 아니라 시민들 역시 이미 오래 전부터 제설정책에 관심을 가지고 효과적인 제설정책을 수립하려는 노력을 기울여 왔다는 것이다. 따라서 삿포로 시의 제설정책은 역사적으로 오랜 기간 동안 시민들이 가장 중요하게 고려하는 정책이었으며, 일회성 이벤트로 끝난 이슈가 아니라 매년 반복되는 생활이슈이자 생활정치의 사례로 숙의민주주의가 어떻게 제도화되는지를 보여주는 좋은 사례가 된다는 것이다.

본장에서는 삿포로 시의 공론조사 자료, 삿포로 시정부자료와 통계, 언론자료 등을 활용하여 삿포로 시 제설정책에 관한 숙의민주주의 제도화 과정을 분석하였다. 구체적으로 삿포로 시 제설정책과 관련해 숙의민주주의의 제도화가 어떻게 이루어졌는가를 숙의민주주의 제도화 세 단계를 중심으로 살펴보았다. 본장에서는 첫째, 삿포로 시 제설정책 관련 숙의민주주의 제도 생성단계를 분석하기 위해 제설정책에 대한 숙의민주주의 제도 형성과 관련된 가시적·명시적인 제도들에 대해 살펴보았다. 둘째, 숙의민주주의 제도 운영단계를 분석하기 위해 제설정책에 대한 숙의과정에서 참여자들에 대한 충분한 동기부여가 이루어졌는지의 여부를 검토하였다. 마지막으로, 숙의민주주의 제도 정착단계를 분석하기 위해 숙의역량 강화를 통한 숙의민주주의 제도 지속 및 안정화가 이루어졌는지의 여부를 검토하였다.

2) 일본 삿포로 시 제설정책 사례 특징과 개요

일본 삿포로 시의 시민들을 대상으로 매해 시행하는 시정여론조사 결과에 의하면, 2009년을 제외하고 약 35년간 시민들의 가장 높은 관심을 받은 정책이 바로 효과적인 제설정책이었다.[6] 삿포로 시는 인구 약 190만 명의 대도시로서,[7] 일본의 다른 대도시에 비해 강설량이

---

6) 예를 들어, 2013년 시정여론조사에서도 삿포로 시민들의 가장 높은 지지를 받은 시정책은 효과적인 제설정책에 관한 것이었다(약 40.6% 지지).

월등히 많다. 1년 중 약 1/3 즉 평균 125일 동안 눈이 내리며, 매년 겨울 강설량은 평균 6미터 정도가 된다. 최대 적설 높이는 평균 1미터로 다른 일본 주요 도시들에 비해 매우 높다. 특히 일상생활에서 시민들의 자동차 운행량이 많은 편이라, 삿포로 시의 제설정책은 시민들에게 중요한 관심사항이 되고 있다.

기존에 삿포로 시는 제설작업을 위해 매년 약 150억 엔 정도의 예산을 배정하고 있었다. 이는 2013년 기준 일반회계 예산의 약 1.7%를 차지한다. 특히 가장 높은 비중을 차지하고 있는 비용은 제설 운반비로서 약 39억 엔(약 24.5%) 정도이고, 가구당 13,000엔, 시민 1인당 7,600엔 정도가 배정되어 있었다. 그러나 시 예산의 한계로 인해 매해마다 제설정책에 충분한 예산이 배정될 수 있었던 것은 아니다. 특히 눈이 더 많이 내리는 해에는 더욱 많은 예산을 필요로 했지만, 시의 예산지원은 한정적으로 이루어질 뿐이었다. 그러나 2012년에는 삿포로 시에 기록적인 폭설이 내렸으며 이로 인하여 제설 예산이 최대 213억 2,400만 엔까지 증가하였고, 이는 삿포로 시 재정 적자의 주요 원인으로 작용하였다(札幌市, 2013).

제설작업에 대한 예산이 시 예산의 많은 부분을 차지하고 있음에도 불구하고 삿포로 시는 제설 서비스 제공에 많은 어려움을 겪었다. 삿포로 시 전역에 눈이 내리면 제설이 필요한 도로는 약 5,400km에 달하며, 이때 필요한 제설 기계는 약 1,000대 정도이다. 또한 제설작업 인원은 약 3,000명 이상으로, 1억 2천만 엔 가량의 막대한 제설비용이 든다. 특히 도로 위의 눈을 제거하는 배설비용은 단순히 눈을 치우는 제설비용보다 약 80배나 많이 드는데, 예를 들어 간선도로 약 100m를 1회 제설하는 비용은 약 3,000엔인데 반해 배설 비용은 약 24만 엔 정도가 든다. 또한 눈 퇴적장 부족으로 인해 교외의 눈 퇴적

---

7) 삿포로 시의 면적은 1,121 평방 km(도쿄 23구의 약 2배 넓이)이며, 도시의 경제 규모를 나타내는 시 총생산(실질)은 약 6조 5000억 엔이고, 일반 회계 예산은 약 8,500억 엔(2013 년도) 정도이다.

장 수를 확대했지만(札幌市, 2013), 교외 눈 퇴적장 수 증가는 오히려 눈 운반 거리증가에 따른 비용증가 및 도로 교통체증, 대기 오염 등의 문제를 유발시켰다.

뿐만 아니라, 제설작업 참여 기업 감소 또한 삿포로 시가 직면한 심각한 문제였다. 특히 제설작업에 참여하는 민간 건설·토목 기업이 경제난을 겪으면서 제설작업 참여 기업 수가 지속적으로 감소하여 삿포로 시의 제설정책에 더욱 큰 어려움이 나타났다. 1999년에는 250여 개에 달했던 제설작업 참여 기업의 수가 2008년에는 200여 개로 감소하였다(札幌市, 2013). 제설작업 참여 기업의 도산과 수익 구조 악화는 시의 제설역량 저하로 나타났다. 2002년에서 2011년 사이에 약 1,000여 대의 눈 운반 트럭이 감소했으며, 민간 기업이 보유하고 있는 제설기계(제설 그레이더)의 노후화도 진행되어 2008년경에는 민간이 보유한 제설 기계 중 21년 이상 경과한 차종이 48%에 달했다. 삿포로 시에서는 제설정책과 관련해 돌파구를 마련할 필요가 있었던 것이다.

3) 삿포로 시 제설정책 관련 숙의민주주의 제도화 과정 분석

(1) 제설정책에 대한 숙의민주주의 제도 생성단계

삿포로 시 제설정책에 관한 숙의민주주의 제도화를 위해서는 우선 시민들이 제설정책에 대해 적극적으로 자신들의 의견을 개진할 제도적 여건이 마련되어 있어야 한다. 이러한 제도적 여건 마련 여부를 검토하기 위해서 본장에서는 삿포로 시에서 시행된 제설정책 관련 제도 현황을 살펴보았다. 삿포로 시의 제설정책은 메이지 유신 이후부터 시작되었다. 삿포로 지역은 눈이 많이 내리는 지역이기 때문에 메이지 유신 이후부터 도시 계획 사업의 일환으로 상하수도, 도로포장, 교량 수축 등의 사업에 많은 관심을 가져왔다. 2차 대전 이후 제설작업의 기계화가 시작되었고, 1967년 이후부터는 본격적으로 현대화된 제설작업이 이루어졌으며, 보다 체계적인 삿포로 시의 제설정책은

1991년 이후부터 수립되었다고 할 수 있다.8)

　　1991년 삿포로 시는 '눈 삿포로 21 계획(雪さっぽろ21計画)'이라는 눈 대책 종합 지침을 수립하였다. 이때 삿포로 시는 2000년까지의 연차별 눈 처리 방안을 마련하게 된다. 특히 제설정책에 대한 삿포로 시민들의 관심을 증진시키기 위해, 1991년에는 북방도시들을 중심으로 제1회 '겨울도시문제연구모임(冬季都市問題研究部会)'을 구성·운영하였다. 이 연구모임에는 공식적 정책행위자인 시정부뿐만 아니라 제설 및 환경 전문가, 시민단체, 시민 등 비공식 정책행위자 역시 적극적으로 참여하여 삿포로 시의 제설정책을 함께 연구하고 논의하는 제도적 장치를 마련하였다. 이후, 1992년에는 삿포로 시 제설정책에 대한 대표적인 숙의민주주의 제도장치들이 생성되었다. 일례로, 제설정책을 추진하는 데 있어 시와 시민들이 협력적 관계를 유지하고 함께 문제를 해결하기 위하여 생활도로 제설문제해결을 위한 '제설 파트너십 제도(除雪パートナーシップ制度)'를 구축한 것이다.9) 이 제도를 효과적으로 운영하기 위하여 관련 숙의민주주의 제도인 '반상회 및 이에 준하는 조직'과 '지역 오염 배출 및 제설을 위한 조직'도 설립·운영하였다. 이 조직들은 시정부, 시민, 그리고 제설업체 등이 자발적으로 참여하여 형성한 비영리단체이다. 제도운영은 시민, 특히 지역주민들의 합의형성을 통해 이루어졌고, 합법적인 신청절차를 통해 지역주민들이 참여하였으며, 제설작업에 드는 비용 역시 주민들이 스스로 지불하였다. 이와 같이, 제설 파트너십 제도와 관련 제도는 시민들이 자발적이고 적극적으로 참여하여 숙의민주주의를 실현시킨 제도 사례로 볼 수 있다. 시민뿐만 아니라 삿포로 시정부 역시 이러한 제도에 적극적으로 참여·지원하였다. 제설작업과 관련해 시정부는 경찰 등 관계기관에 통지·신고하는 업무를 담당하였으며, 제설작업을 지시·감

---

8) http://www.city.sapporo.jp/kensetsu/yuki/jigyou/hist_ayumi.html

9) http://www.city.sapporo.jp/kensetsu/yuki/jigyou/partner.html

독하고, 작업에 따른 비용 일부도 부담하였다(三日市 宏展, 2010). 즉 삿포로 시정부와 시민들은 제설문제를 함께 해결하기 위하여 1992년 이후 지속적으로 관련 조직과 제도를 정비하였고, 이를 통해 민주적 절차에 따라 자유롭게 의견을 나누었으며, 함께 일하고, 비용도 분담하였다.10)

1998년 삿포로 시의 시정여론조사 결과에 따르면, 제설정책은 20여 년 동안 삿포로 시민들이 가장 관심을 가진 중요한 정책이었다 (札幌市, 2013). 삿포로 시 제설정책은 시민들의 생활과 밀접한 관련성을 지니고 있기 때문에, 대부분의 시민들은 삿포로 시정부에 적극적이고 지속적으로 효과적인 제설정책 마련을 요구해 왔다. 이처럼 삿포로 시에서 오랜 기간 동안 시행해 온 공식적인 시정여론조사는 시민들의 의견을 시정에 적극 반영하기 위한 제도로써 숙의민주주의 제도 생성에 중요한 기틀을 마련하였다고 할 수 있다.11)

2000년대 들어서는 제설정책에 관한 시민들의 의견을 더욱 적극적으로 받아들이기 위해, 시민들의 참여를 확대하는 조직을 신설하거나 이전부터 존재한 반상회 조직 등을 통해 시민참여를 확대하였다. 2000년에는 제설에 어려움을 겪고 있는 고령자나 장애인들을 위한 복지 제설서비스의 일환으로 '삿포로 시 복지 제설을 위한 시민위원회 (札幌市の福祉除雪を考える市民委員会)'를 조직하기도 하였다.12) 또한 2005년에는 생활도로 제설작업과 관련하여 반상회 등 주민자치회 의

---

10) '제설 파트너십 제도'와 유사한 맥락으로 '시민조성트랙제도(市民助成トラック制度)' 역시 존재하였다. 이는 1965년도부터 시작 되었으며, 배출한 눈을 처리할 때 연 1회 운반용 트럭을 무료로 운영할 수 있는 제도로서 반상회 같은 조직에서 지원하고 있다. 이 두 제도는 시의 생활도로 제설작업을 위한 대표적인 정책들이다. (http://www.city.sapporo.jp/kensetsu/yuki/jigyou/track.html)

11) 다시 말해, 삿포로 시에서 오랫동안 지속해 온 시정여론조사는 시민들이 자신들의 의견과 견해를 지속적으로 표출할 수 있도록 하는 중요한 제도적 장치라는 것이다. 만약 시정여론조사가 단편적이고, 간헐적으로 이루어졌고, 시민들의 제설정책에 대한 끊임없는 요구도 없었다면 삿포로 시 제설정책에 대한 숙의민주주의 제도화는 사실상 불가능했을 것이다. 시정여론조사를 기반으로 한 시민들의 요구는 결국 2014년 공론조사로 이어졌으며, 제설정책에 대한 시민들의 의견이 제도적으로 반영될 수 있었다.

12) http://www.city.sapporo.jp/fukushijosetsu/iinkai/index.html

견을 보다 적극적으로 삿포로 시정부에 전달하였으며, 2006년에는 '눈을 극복하는 삿포로 만들기 본부(雪に負けないサッポロづくり本部)'를 설치하여 저출산·고령화 인구환경 변화에 따른 제설정책 마련에 적극적으로 앞장섰다(札幌市, 2006).

〈표 9-2〉 1991년 이후의 삿포로 시 제설정책 관련 숙의민주주의 제도 생성 과정

연도	내용
1991년	제설 방향 확립 • 눈 삿포로 21 계획: 2000년을 목표로 한 연차별 제설 계획 수립 • 삿포로 시에서 북방도시 회의 제1회 '겨울도시문제연구모임' 개최
1992년	제설 파트너십 제도 수립 • 생활도로 제설 문제 해결을 위한 시민, 시, 제설업체 등의 '제설 파트너십 제도' 도입
1998년	생활도로와 산책로 주위 제설작업에 대한 주민들의 끊임없는 요구 • 삿포로 시정여론조사에 따르면 생활도로와 산책로 주위 제설작업에 대한 시민요구는 20년 연속 1위를 차지 • 제설작업 무이자 융자 알선 제도 실시
2000년	'삿포로 눈 대책 기본 계획' 수립 • '제4차 삿포로 시 장기 종합 계획'에 따라 '삿포로 눈 대책 기본 계획' 수립 • '삿포로 시 복지 제설을 위한 시민위원회(札幌市の福祉除雪を考える市民委員会)' 조직 및 개최
2005년	생활도로 제설작업 시 반상회와 의견 교환 시행 • 배설량 초과로 임시 눈 퇴적장 설치(처음 설치 69개소 이외에 13개의 임시 처리장 설치) • 생활도로 제설작업과 관련하여 반상회와 적극적인 의견 교환 실시
2006년	눈을 극복하는 삿포로 만들기 본부(雪に負けないサッポロづくり本部) 설치 • 눈을 극복하는 삿포로 만들기 본부를 설치하여 저출산·고령화의 인구환경 변화 및 어려운 지방재정 현황을 극복하기 위한 효과적인 제설정책 마련 • 특히 생활도로 제설 문제와 관련하여 반상회와 적극적인 의견교환 시행
2007년	'제2차 삿포로 눈 대책 기본 계획 검토위원회' (第2次札幌市雪対策基本計画検討委員会) 설치·운영 • 전문가, 삿포로 시 제설 관계자, 시민 위원 등으로 구성된 '제2차 삿포로 눈 대책 기본 계획 검토위원회'를 설치·운영
2009년	삿포로 겨울의 길 만들기 플랜 설정 • 새로운 눈 대책 지침으로서 '제2차 삿포로 눈 대책 기본 계획'을 바탕으로 '삿포로 겨울의 길 만들기 플랜' 설정
2010년	액션 프로그램 설정 • '삿포로 겨울의 길 만들기 플랜'의 적절한 진행을 도모하기 위해 '액션 프로그램' 설정
2014년	공론조사 실시 • 눈과 우리생활(雪とわたしたちのくらし)이라는 토론형 공론조사 실시

출처: http://www.city.sapporo.jp/kensetsu/yuki/jigyou/hist_ayumi4.html을 기반으로 재구성

⑵ 제설정책에 대한 숙의민주주의 제도 운영단계: 참여자 동기부여를 중심으로

숙의민주주의의 핵심인 숙의과정에 사회구성원들이 적극적으로 참여하기 위해서는 충분한 동기부여가 이루어질 필요가 있다. 특히 사회구성원들에게 숙의과정은 시간 등 여러 가지 비용이 부담되는 부분이기에, 많은 사람들이 적극적으로 숙의과정에 참여하기는 어렵다. 따라서 숙의과정에 보다 많은 사회구성원들이 활발하게 참여할 수 있도록 독려할 수 있는 동기부여가 필요한 것이다. 삿포로 시의 제설정책과 관련해서도 삿포로 시민들은 눈 퇴적장 설치 등과 관련해 많은 직·간접적 비용을 부담하게 되었다. 특히 눈 퇴적장 주위에 거주하는 시민들은 덤프트럭 통과로 인한 교통체증 등의 피해로 눈 퇴적장 설치에 반대하기도 하였다(札幌市·慶應義塾大学DP 研究センター, 2014).[13]

이러한 상황에서 만약 삿포로 시 시민들(교외 거주 시민들 포함)이 제설정책 관련 숙의민주주의 제도화에 참여하지 않았다면, 성공적인 제설정책 마련은 어려웠을 것이다. 삿포로 시 시민들이 숙의민주주의 제도에 적극적으로 참여한 이유는 숙의과정에서 서로 토론하고 토의하는 것이 자신들에게 편익을 초래할 수 있다는 동기부여가 이루어졌기 때문이다. 또한 이러한 숙의과정을 통해 눈 퇴적장 설치가 장기적으로 시와 자신들에게 도움이 될 수 있다는 확신을 얻을 수 있었기 때문이다. 삿포로 시정부는 숙의를 통한 시민들의 합의된 의견에 따라 새롭게 건설되는 눈 퇴적장의 위치를 삿포로 역에서 약 10km 이상 떨어진 곳에 설치하여 지역주민들의 피해를 최소화하기 위해 노력하였으며(札幌市·慶應義塾大学DP 研究センター, 2014), 도심 외곽에 퇴적장을 설치하는 대신에 배설된 눈을 도심에서 처리하자는 원칙에 따

---

13) 2013년에는 새로운 눈 퇴적장이 3곳이나 생겨 퇴적장 건설이 지역주민들에게 큰 부담으로 작용하였다.

라 1998년부터 '도신키타유세쓰소'(都心北融雪槽)라는 냉장고를 설치하여 운행하였다(연합뉴스, 2016). 또한 이 시설을 통해 눈을 에너지원으로 활용하기도 하였다. 이처럼 숙의를 통한 시민의견을 반영한 삿포로 시의 제설정책이 도심 주민들뿐만 아니라 도심 외곽 주민들까지도 보다 적극적으로 숙의과정에 참여하도록 하는 계기를 마련해 준 것이다(北の交差点, 1997; 札幌市建設局, 2007).

이처럼 삿포로 시민들이 제설정책에 대한 숙의과정에 보다 적극적으로 참여한 이유는 제설 이슈가 자신들의 생활과 매우 밀접하게 연계된 생활정치 이슈였기 때문이다. 다른 도시에 비해 많은 적설량, 그와 관련된 제설예산, 눈 퇴적장 설치 등의 문제는 삿포로 시민들에게 매우 중요한 정치적 이슈가 되었다. 예를 들어, 눈 퇴적량을 줄이기 위해서 눈 퇴적장 이용을 유료화한다거나, 눈 퇴적장 설치를 어디에 할 것인가의 문제 등은 시민들의 비용부담과 밀접한 관련성이 있기에 삿포로 시민들에게는 매우 중요한 정치적 이슈가 되었다(札幌市・慶應義塾大学DP 研究センタ_, 2014).[14] 뿐만 아니라, 제설 수준을 어느 정도로 할 것인가 역시 시민들의 생활과 관련된 중요한 정치적 문제가 되었다. 예를 들어, 생활도로의 눈을 모두 제설할 것인지, 배설까지 할 것인지, 아니면 차량 1대가 지나갈 수 있을 정도만 제설할 것인지 등에 대한 논의는 시민들에게 매우 중요한 생활정치 이슈가 된 것이다(札幌市・慶應義塾大学DP 研究センタ_, 2014).

삿포로 시 제설정책 사례에서는 숙의과정에 다양한 시민들이 참여한 것도 중요하지만, 시정부가 제설정책 공론화에 적극적으로 참여했다는 점도 상당히 중요한 의미가 있다. 제설문제로 인하여 시에서

---

14) 또한 제설 서비스 증진을 위해 시민들에 대한 비용 부담을 증가시킨다고 하더라도 과연 삿포로 시의 제설 서비스 효과가 증진될 수 있을 것인가의 문제 역시 중요한 논의의 대상이 되었다. 이 때문에 제설정책에 대한 비용부담 문제는 2014년 실시된 공론조사에서 가장 중요한 주제 중 하나가 되었다. 제설정책에 대한 예산 부담 증가는 삿포로 시의 재정을 악화시킬 뿐만 아니라, 시민들에게도 큰 부담인 것이었다. 따라서 시민들의 제설 비용부담은 매우 중요한 정치적 이슈가 되었다.

는 매년 상당한 액수의 예산을 집행하고 있음에도 불구하고, 제설정책에 대한 시민들의 불만은 증가하고 있어 시정부로서도 제설정책에 대한 시민들과의 의견 교류가 시급했던 것이다. 특히 눈 퇴적장을 도시 중심부에서 떨어진 도심 외곽에 설치하는 경우, 눈 운반 거리 증가로 인해 운반비용 등이 증가하게 되고 이 밖에 다른 환경 문제도 고려해야 한다. 이러한 이유들 때문에 퇴적장 증설 문제는 인근 지방자치단체와의 조정도 필요한 사항이며, 삿포로 시정부가 독단적으로 결정할 수 있는 사항이 아니다. 따라서 삿포로 시정부는 제설정책에 대한 적극적인 공론화 참여가 필요했던 것이다(札幌市·慶應義塾大学DP研究センター, 2014). 또한 시민들이 제설비용을 직접 부담하고, 제설작업도 시민들이 민간 기업에게 직접 위탁하려는 요구가 높아지자 삿포로 시정부는 더욱 적극적으로 제설정책에 대한 공론화에 참여하고자 하였다. 시정부는 제설 서비스를 시가 제공하면서 이에 세금을 부과하는 것을 선호하지만, 오히려 시민들은 세금부과 없이 본인들이 직접 민간기업과 제설작업 계약을 체결해 비용을 부담하는 것을 선호한 것이다. 이러한 상황에서 삿포로 시정부는 제설 서비스의 시 제공 필요성을 시민들에게 설득하기 위해 숙의과정에도 적극적으로 참여하였다. 이와 같이 삿포로 시는 제설정책과 관련된 모든 문제를 공론화 과정을 통해 시민들과 적극 소통하고 설득하고자 하였으며, 제설정책에 대한 시민들의 요구변화는 시정부가 숙의민주주의 제도에 적극적으로 참여하게 된 중요한 동기요인이 되었다.

(3) 제설정책에 대한 숙의민주주의 제도 정착단계: 참여자 숙의역량 (deliberative capacity) 강화와 참여 확대

숙의민주주가 지속적·안정적으로 정착되기 위해서는 참여자들의 숙의역량(deliberative capacity) 강화와 지역대학 연계를 통한 숙의민주주의 참여 확대가 필요하다. 앞서 논의하였듯이 삿포로 시 제설정책 관련 숙의민주주의 제도들은 '제설 파트너십 제도', '복지 제설을 위한 시민위원회', '반상회' 등이 존재하였으며, 이러한 제도들을 바탕으로 숙의민주주의가 더욱 발전된 것은 2014년 삿포로 시에서 시행한 제설정책 관련 공론조사였다. 특히, 삿포로 시는 공론조사를 통해 이에 참여한 시민들이 숙의과정을 경험할 수 있었고, 숙의과정에서의 토론과 토의, 학습을 통해 진정성 있고, 포괄적이며, 중요성을 강조하는 숙의역량을 강화할 수 있었다(Fishkin, 2009).[15]

보다 구체적으로, 삿포로 시 숙의민주주의 제도 정착단계에서의 참여자 숙의역량 강화와 관련해 삿포로 시민들은 공론조사에서의 숙의과정 참여를 통해 삿포로 시의 제설 시설비용 부담 문제, 향후 정책에 관한 방향성, 미래의 정책을 진정성(authenticity)있게 고민하고 논의하였다. 특히, 숙의과정에서는 제설정책 관련 전문가들과 훈련된 사회자의 도움을 받아 15명 내외의 소규모 그룹으로 토론과 토의, 학습을 진행하였으며, 참여자들의 진정성 있는 숙의를 통해 삿포로 시 제설정책을 발전시킬 수 있는 방안에 대한 참여자들의 의견 및 태도변화도 이루어질 수 있었다(札幌市·慶應義塾大学DP 研究センター, 2014). 또한 공론조사에 참여한 시민 205명은 성별, 연령, 거주지, 직업 등을 고려하여 선발되었기 때문에 인구통계학적 대표성, 즉 포괄성(inclusivity)을 확보하고 있다고 볼 수 있을 뿐 아니라, 다양한 제설정책 의견과 관련해 대표성을 지닌다고 할 수 있다. 또한 공론조사로 도출된 시민들의 합의된 의견은 삿포로 시정부가 제설정책을 결정하는 데 중요(consequentiality)한 영향을 미쳤다(札幌市·慶應義塾大学DP 研究センター,

---

15) 2014년 삿포로 시 제설정책 관련 공론조사에서는 3,000명의 삿포로 시민을 대상으로 제설정책관련 여론조사를 실시하였고, 그 결과 1,368명이 여론조사(T1)에 응답하였다. 이후 응답자 중에서 연령, 직업, 성별 등을 고려하여 205명을 대상으로 토론 포럼을 실시하였는데, 토론 포럼 시작 전에 참여자들을 대상으로 설문조사(T2)를 실시한 다음 정보제공과 토론, 학습과정을 거친 후 마지막 설문조사(T3)를 실시하여 숙의과정 참여자들의 삿포로 시 제설정책에 관한 의견과 태도변화를 조사하였다. 1차 여론조사는 2014년 1월 22일부터 2월 10일까지 실시되었으며, 그 후 토론형 참여자들을 선발하여 2014년 3월 15일 토요일 9시부터 18시 30분까지 토론형 공론조사를 실시하였다(札幌市·慶應義塾大学DP 研究センター, 2014).

2014). 다시 말해, 앞서 언급한 것처럼 삿포로 시정부는 시민들의 합의된 의견을 바탕으로 시의 제설정책을 결정한 것이다. 이처럼 숙의민주주의의 정착단계에서는 진정성, 포괄성, 중요성 등과 같은 시민들의 숙의역량 강화가 이루어진다고 할 수 있다.

〈표 9-3〉 삿포로 시 제설정책과 관련된 숙의민주주의 제도화

단계	구체적 변수	삿포로 시 적용
숙의 민주주의 생성단계	가시적이고 명시적인 숙의민주주의 제도 형성	• 1991년: '눈 삿포로 21 계획(연차별 제설 계획 설립)', 북방도시 회의 제1회 '겨울 도시 문제 연구 모임' 개최 • 1992년: 생활도로 제설 문제 해결을 위한 '제설 파트너십 제도' 도입 • 1998년: 삿포로 시의 시정여론 조사(시민들의 제설작업에 대한 강력한 요구) • 2000년: '삿포로 시 복지 제설을 위한 시민위원회' 조직 • 2005년: 생활도로 제설작업 시 반상회와 의견 교환 실시 • 2007년: 전문가, 삿포로 시 제설 관계자, 시민 위원 등으로 구성된 '제2차 삿포로 눈 대책 기본 계획 검토위원회' 설치·운영 • 2010년: '삿포로 겨울의 길 만들기 플랜'의 적절한 진행을 도모하기 위해 '액션 프로그램' 시행 • 2014년: '눈과 우리생활(雪とわたしたちのくらし)'이라는 공론조사 실시
숙의 민주주의 운영단계	숙의과정 참여자 동기부여 증진	• 삿포로 시 외곽 주민들의 적극적 참여: 눈 퇴적장을 도심에 건설('도신키타유세쓰소(都心北融雪槽)'라는 냉장고 건설) • 숙의과정에 시민들의 적극적인 참여: 제설정책은 시민들에게 생활정치 이슈임. 시민들은 제설정책의 비용부담자로서 적극 참여 • 숙의과정에 시정부의 적극적 참여: 제설정책 관련 지속적 예산 증가와 눈 퇴적장 위치 선정 설득을 위해 적극적인 공론과정 참여
숙의 민주주의 정착단계	숙의과정 참여자들의 숙의역량 강화 및 지역대학 과의 연계	• 제설 파트너십 제도, 복지 제설을 위한 시민위원회, 반상회 등의 제도들과 2014년 공론조사: 시민들의 숙의역량 증진기여 • 삿포로 대학의 자원봉사 활동: 지역주민 연계 및 학습역량 증진

또한 이러한 시민들의 숙의역량 강화는 특히 지역대학과의 연계를 통해 더욱 활성화될 수 있다. 특히 지역대학을 중심으로 숙의민주주의 제도화 교육·훈련 프로그램이 구축될 때, 숙의민주주의의 제도화가 정착될 수 있는 것이다. 삿포로 시의 경우, 제설정책과 관련해 삿포로 대학 등 지역대학과의 연계가 존재했다. 예를 들어, 삿포로 대

학의 경우 학생들을 제설 서비스에 적극적으로 참여시키는 자원봉사 프로그램을 구축하고 있었다. 삿포로 대학은 니시오 카 지구(西岡地区) 제설 자원봉사활동에 학생들을 적극적으로 참여시킴으로써 지역주민들과의 연계를 강화하였다. 또한 삿포로 대학은 제설 파트너십 제도의 일환으로 홋카이도 코카콜라 보틀링 주식회사, 니시오 카 마을 만들기 센터, 반상회와 협업하여 제설작업에 참여하였다.16) 이와 같이 삿포로 대학이 지역주민들과 적극적으로 연계하여 삿포로 시의 제설작업에 동참하고 협력함으로써 삿포로 시민들의 숙의역량은 더욱 강화되고 숙의민주주의는 정착될 수 있었던 것이다.

4. 숙의민주주의 제도화 함의점

본장은 숙의민주주의 제도화 가능성을 일본 삿포로 시의 제설정책 사례를 중심으로 분석하였다. 삿포로 시의 제설정책은 메이지 유신 이후로 오랜 기간 동안 삿포로 시민들이 중요하게 고려해 온 생활 정치 이슈였다. 시민들은 시정부가 효과적으로 제설정책을 수행해 줄 것을 끊임없이 요구하였으며, 이를 위해 시정부, 시민, 그리고 제설업체 등이 파트너십을 구축하기도 하였다. 또한 제설 파트너십 제도와 반상회 등 주민 자치조직을 중심으로 제설정책에 대한 시민들의 의견과 견해를 적극적으로 시정부에 전달하였으며, 시정부 역시 시민들의 의견을 반영해 제설정책을 수립·추진하고자 노력하였다. 이처럼 숙의민주주의가 제도화되기 위해서는 단기적인 관점이 아닌, 장기적인 관점으로 접근할 필요가 있다. 즉, 시민들의 의견을 반영할 수 있는 숙의민주주의 선행 제도가 마련될 필요가 있다는 것이다. 또한 삿포로 시의 제설정책 관련 숙의과정 즉 숙의민주주의 운영과정에 일반시민, 시정부 모두가 적극적으로 참여하였다는 점은 주목할 필요가 있

---

16) https://www.sapporo-u.ac.jp/news/contribution/2017/0210090027.html

다. 삿포로 시의 제설정책은 숙의과정 참여자뿐만 아니라 모든 시민들에게 비용이 부담되는 중요한 이슈일 뿐만 아니라, 시민 모두의 일상과 관련된 생활징치 이슈였기 때문에 숙의과정에 대한 시민들의 참여 동기는 매우 높았다고 할 수 있다. 뿐만 아니라, 인구통계학적 특성 등 환경변화와 시민들의 제설정책에 대한 요구변화 등으로 인해 삿포로 시정부 역시 제설정책 관련 숙의과정 참여에 강력한 동기를 가지고 있었다는 점도 주목할 필요가 있다. 이처럼 숙의민주주의 특히 숙의과정에의 시민 적극 참여는 충분한 동기부여가 이루어졌을 때 가능한 것이다. 마지막으로, 삿포로 시 제설정책 관련 공론조사는 시민들이 제설정책의 중요성과 이러한 정책에의 직접 참여 의미를 이해하도록 하는 시민 숙의역량 증진에 기여하였으며, 삿포로 대학 등 지역대학과의 연계가 숙의민주주의 제도화 정착에 중요한 영향을 미쳤다는 것을 알 수 있다.

최근 한국 사회에서 숙의민주주의 제도화에 대한 필요성이 제기되고 있음에도 불구하고, 실질적으로 숙의민주주의 제도화는 실행에 어려움을 겪고 있다. 숙의민주주의 제도화의 한계는 다양한 원인 때문에 발생할 수 있지만, 본장에서는 우리나라 숙의민주주의 제도화의 한계가 일회적이고 이벤트성으로 추진되는 제도형성에 기인한다고 본다. 다시 말해, 제도의 지속성과 연속성이 중요함에도 불구하고, 한국에서는 숙의민주주의가 지속적으로 이루어지지 못하고 이벤트화되는 경향이 강했다는 것이다.[17] 한국은 이제 정치적 변화에 따른 숙의민주주의 제도의 생성과 소멸이 아닌, 지속적으로 유지될 수 있는 숙의민주주의 제도 생성과 운영, 정착을 고민해야할 시점에 있다.

앞서 살펴본 일본 삿포로 시 제설정책의 숙의민주주의 제도화 과정을 고려해 볼 때, 숙의민주주의 제도화를 위해서는 오랜 기간 동안

---

17) 사실 숙의민주주의는 정치적 맥락과 환경에 중대한 영향을 받을 수 있어(Fishkin, 2009), 숙의민주주의 제도화 전 단계가 정치적 여건과 상황에 따라서 결정되는 경우가 많다.

시민들의 참여와 관심을 이끌어 낼 수 있는 정책이슈, 즉 시민들의 생활과 밀접한 관련이 있는 생활이슈에 대한 숙의민주주의 제도화 도입을 우선시할 필요가 있다. 삿포로 시의 제설정책과 같이 교통정책이나 육아정책, 쓰레기 처리 정책 등과 같은 비정치적 생활이슈는 시민들이 자신들의 생활과의 밀접성을 고려해 더욱 관심을 가지고 숙의과정에 참여할 가능성이 높다. 즉 이러한 이슈에 대한 숙의민주주의 제도화는 심각한 갈등을 유발하는 쟁점이슈들보다 더욱 높은 제도화의 가능성을 가진다고 할 수 있는 것이다. 따라서 우리나라에서도 비정치적 생활이슈부터 숙의민주주의를 제도화할 필요가 있다. 비정치적 생활이슈들은 제도형성이 쉽게 일어날 수 있으며, 시민들의 숙의과정 참여 동기부여와 지속적인 시민 숙의역량 강화가 용이하다. 숙의민주주의 제도화 정착단계에서도 비정치적 생활이슈들은 시민 숙의역량 강화를 위해 시민단체 또는 반상회 같은 조직과 연계하기가 용이한 것이다. 이처럼 비정치적 생활이슈에서부터 숙의민주주의 제도화를 도입한다면 이는 다른 사회문제 해결과정으로도 보다 쉽게 전이될 수 있을 것이다. 비정치적 영역에서 숙의민주주의 제도화를 통해 시민들의 숙의역량을 증가시키고, 이를 바탕으로 첨예한 대립이 있는 갈등이슈에 대해서도 숙의민주주의 도입을 이룰 수 있다는 것이다. 이러한 점들을 고려해 볼 때, 우리나라에서 효과적으로 숙의민주주의를 제도화하기 위해서는 비정치적 이슈 즉 생활이슈와 관련된 숙의민주주의 제도화 과정이 선행적으로 이루어질 필요가 있을 것이다.

본장에서는 숙의민주주의 제도화 가능성을 살펴보기 위해 일본 삿포로 시의 제설정책 사례를 분석하였다. 그러나 해당 사례는 일본의 문화적 특수성 때문에 발생된 것일 수도 있기에 사례 연구결과의 일반화가 저해될 수 있다는 한계가 있다. 또한 본장에서는 삿포로 시 제설정책 관련 숙의과정 참여자들의 인식조사결과를 원시데이터(raw data)가 아닌 정부자료, 언론자료, 통계자료 등을 중심으로 분석하다

보니, 정책대상자들의 인식을 정확하게 파악할 수 없었다는 한계가 존재한다. 따라서 향후 연구에서는 설문조사와 인터뷰 등 직접적인 실증조사를 통해 숙의민주주의 제도화 형성과정을 보완할 필요가 있다고 할 수 있다. 그럼에도 불구하고, 본장은 한국에서 숙의민주주의를 어떻게 제도화해야 하는지에 대한 함의점을 제시하였다는 점에서 중요한 의의를 가진다고 할 수 있다.

5. 참여형 공공갈등관리 함의점

본서는 전반적인 공공갈등관리에 대한 이론적 논의를 기반으로 하여 참여형 공공갈등관리에 초점을 맞추어 설명하였다. 참여형 공공갈등관리의 필요성과 중요성, 그리고 참여형 공공갈등관리의 효과를 설명하였고, 대표적인 참여형 공공갈등관리 방안으로 ADR과 공론화에 대해 논의하였다. 정부의 일방적이고 강압적인 갈등관리 방안과 사법적 소송을 통한 전통적 갈등해결 방안은 다양성, 민주성, 불확실성 등의 최근 행정환경 변화의 특징을 고려해 볼 때 더 이상 적합한 공공갈등관리 방안이 될 수 없었다.

전통적 공공갈등관리 방안의 대안으로 제시된 ADR과 공론화(숙의민주주의)는 비록 한계점이 존재하였지만 향후 한국사회에서 갈등해결에서 필요한 공공갈등관리 방안이라고 할 수 있었다. ADR은 갈등당사자들의 첨예한 대립관계를 갈등당사자들이 모두 자율적으로 수용할 수 있는 합리적 조정 및 중재방안이었으며, 공론화(숙의민주주의)는 적극적인 시민들의 참여를 기반으로 하며 토론과 토의를 통해 시민 스스로가 학습하는 참여형 공공갈등관리 방안이었다.

본서는 ADR과 공론화(숙의민주주의)라는 참여형 공공갈등관리가 현대사회에 필수적인 갈등관리 방안이라는 것을 강조하였지만, 모든 갈등상황에 일괄적으로 적용할 수 있는 방안들이 아니라는 것을 강조하였다. ADR과 공론화(숙의민주주의)는 적용 갈등사례의 맥락과 특징에 따라 달리 적용되어야 한다. 특히 갈등사례는 갈등 참여자, 갈등 문제의 특징, 갈등 상황에 따라 달리 나타나기 때문에 효과적인 참여형 공공갈등관리 방안은 다르게 적용되어야 한다. 향후 한국의 효과적인 공공갈등관리 방안을 위해서는 각 갈등사례에 맞는 참여형 공공갈등관리 방안이 제시되어야 할 것이다. 이러한 차원에서 본서는 의미가 있을 것이다.

사항색인

QR코드를 스캔하면 이 책의 참고문헌으로 이동합니다.

박영사 홈페이지 (www.pybook.co.kr)의 고객센터-자료실 참조.

김정인(金貞忍)

서울대학교 행정대학원과 미국 University of Southern California(USC)에서 각각 행정학(정책학 전공) 및 정책학 석사를, 미국 University of Georgia에서 인사혁신 논문으로 행정학 박사를 취득한 후 서울대학교 한국인적자원연구센터에서 선임연구원으로 재직하였다.

현재는 수원대학교 법·행정학부 조교수로 재직하고 있다. 주요 연구 관심분야는 인사정책, 조직관리, 조직행태, 협상론 등이다. 5급, 7급, 9급 국가공무원 공채 출제위원으로 활동하였으며, 2017년 신고리 5·6호기 공론화위원회 위원으로 활동하였다.

저서로는 『인간과 조직: 현재와 미래』(2018 전면 개정) 등이 있다.

참여형 공공갈등관리의 이해

초판발행	2018년 8월 30일
중판발행	2019년 12월 15일
지은이	김정인
펴낸이	안종만
편 집	문선미
기획/마케팅	이영조
표지디자인	조아라
제 작	우인도·고철민
펴낸곳	(주)박영사
	서울특별시 종로구 새문안로3길 36, 1601
	등록 1959. 3. 11. 제3070-1959-1호(倫)
전 화	02)733-6771
f a x	02)736-4818
e-mail	pys@pybook.co.kr
homepage	www.pybook.co.kr
ISBN	979-11-303-0626-1 93350

정 가   18,000원